合规国际化

中国企业走出去合规风险防控指南

张小凤　著

法律出版社
LAW PRESS · CHINA
—— 北京 ——

图书在版编目(CIP)数据

合规国际化 ：中国企业走出去合规风险防控指南 / 张小凤著. -- 北京 ：法律出版社，2023
ISBN 978 - 7 - 5197 - 7486 - 8

Ⅰ. ①合… Ⅱ. ①张… Ⅲ. ①企业－对外投资－涉外经济法－研究－中国 Ⅳ. ①D922.295.4

中国国家版本馆 CIP 数据核字（2023）第 004276 号

合规国际化
——中国企业走出去合规风险防控指南
HEGUI GUOJIHUA
—ZHONGGUO QIYE ZOUCHUQU HEGUI FENGXIAN FANGKONG ZHINAN

张小凤　著

策划编辑 陈　妮
责任编辑 陈　妮　刘会泽　刘雪莲
装帧设计 鲍龙卉

出版发行 法律出版社
编辑统筹 法治与经济出版分社
责任校对 王　丰　李景美
责任印制 吕亚莉
经　　销 新华书店

开本 710 毫米×1000 毫米　1/16
印张 18.25　**字数** 246 千
版本 2023 年 2 月第 1 版
印次 2023 年 2 月第 1 次印刷
印刷 固安华明印业有限公司

地址：北京市丰台区莲花池西里 7 号(100073)
网址：www.lawpress.com.cn
投稿邮箱：info@lawpress.com.cn
举报盗版邮箱：jbwq@lawpress.com.cn

销售电话：010 - 83938349
客服电话：010 - 83938350
咨询电话：010 - 63939796

书号：ISBN 978 - 7 - 5197 - 7486 - 8
定价：98.00 元
凡购买本社图书，如有印装错误，我社负责退换。电话：010 - 83938349

中国企业走向国际，是推进高水平对外开放、推动共建“一带一路”高质量发展、维护多元稳定的国际经济格局和经贸关系的重要途径。在走出去的过程中，中国企业必然会面临经营管理合规的问题。因此，走出去的中国企业必须强化合规意识，加强合规管理，更加自觉地遵守当地法律法规和风俗习惯，善于运用法治和规则维护自身合法权益。本书从微观的角度，对中国企业国际化合规风险防控作了系统思考，务实而具体，可操作性强，值得参考。

——黄进

中国政法大学教授、中国国际法学会会长。

习近平总书记在党的二十大报告中要求统筹推进国内法治和涉外法治。本书就加快完善我国涉外法律规范体系提出了有针对性的意见建议，为涉外立法工作提供了有益参考。

作者以丰富的实践经验、扎实的理论功底、宽广的国际视野，总结了中国企业国际化的合规经验，以问题为导向提出了可行的应对策略，堪为中国企业国际化过程中法务合规工作的指导图书。

——臧铁伟

全国人大常委会法制工作委员会研究室主任。

作者敏锐聚焦合规选题并系统解题，以前瞻的视野和全新的视角，既进行了认识论的规则论证，又提供了方法论的解决方案。本书是一本极应当前中国企业境外合规实践之需的理论探索和操作指引。

——刘超

中国国际贸易促进委员会法律部部长、

国际商事争端预防与解决组织秘书长。

境外经营合规是中国企业合规管理的重点和难点。本书作者作为中央企业合规管理的从业人员，知重而负，向难而行，以国际的视野、政策的高度和实务的经验，判断形势，解读规则，剖析案例，为走出去的中国企业境外合规经营提供了可资借鉴的方案和建议。

——张顺

中国国际贸易促进委员会全国企业合规委副秘书长、

中国国际贸易促进委员会商事法律服务中心副主任。

近年来企业合规的话题和讨论日益增多，但关于涉外合规方面的论著极少。这是一本导向明确、问题聚焦、自成体系、逻辑清晰的关于中国企业国际化涉外合规的专著。

作者以敏锐的观察力、广博的涉猎面和扎实的功底，触及形势分析、企业运营、团队塑造、科技发展等多个维度，兼合规理念、治理与策略为一体，将理论与实践相结合，既具有较高学术性，又具有很强实操性，值得企业管理人员、中介机构、合规人员和法律人员以及从事合规理论研究的人员拨冗一读。

——杜焕芳

中国人民大学法学院副院长、中国国际贸易促进委员会经贸摩擦法律顾问委员会委员、全国十大杰出青年法学家。

本书作者勇于担当、善于思考、敢于创新，在构建中国企业国际化合规治理体系的基础上，通过层层递进的方式，对中国企业“走出去”常见的十类合规风险进行了国际条约的分析、国家法律的分析并设计了细致、准确的合规风险控制的有效工具，为中国企业国际化合规提供了实践参考。 相信无论是高校研究人员、企业管理人员、一线业务人员还是涉外中介机构，都能从本书中得到启发、获益良多。

——屠新泉

对外经济贸易大学中国世界贸易组织研究院院长、商务部经贸政策咨询委员会对外贸易专家、全球化智库特邀专家。

合规是一种基于风险防控的公司管理体系。一个行之有效的合规体系，一定要以相称性原则为基点，贯彻最高层承诺、风险识别和风险管理的理念。

本书作者以自己深厚的理论功底，总结了在中央企业从事法律合规工作的经验，精准地设计了50多项涉外合规应对策略，提出了企业建立有效合规管理体系的方式方法，具有较强的可操作性和可复制性。

——陈瑞华

北京大学法学院教授、博士研究生导师，最高人民检察院专家咨询委员会委员，全国十大杰出青年法学家。

本书最突出的特点有二：一为新，二为实。

所谓“新”，作者前瞻性地将涉外合规与数字经济、气候变化等人类发展新时际相结合，赋予了涉外合规新的战略使命和科学理性；同时，又创新性地提出了新的合规治理模型和管理工具，为我们打开了境外合规的新视角和新窗口。

所谓“实”，作者从合规机构、合规团队、合规制度等企业合规治理体系到反垄断调查、国家安全审查、数据保护等若干涉外合规专项的规则分析和应对工具论证，扎实、细致地为中国企业“走出去”合规风险防控提供了务实的解决方案。

企业合规永远在路上，希望我们能够培养出更多的合规实践家兼合规理论家，全面、系统地为中国企业国际化提供持续的合规保障和服务。

——汤欣

清华大学法学院教授、博士研究生导师，上海证券交易所上市委员会委员、深圳证券交易所法律专业咨询委员会委员。

作为富有国际化经营特征的公司合规操盘手，我既为公司在境外合规上取得的成绩感到欣慰，也为百年变革新形势下中国企业境外合规变得更复杂、更艰巨而感到不安。企业迫切需要正确的理念、科学的治理和更完善的工具，才能做好境外合规工作。翻阅此书，我眼前一亮，这些问题在此书中均得到了全面、具体、深入亦颇具前瞻性的阐述，是作者向实践理论家兼理论实践家的一次重要转变。此书是关于企业境外合规富有指导性和可操作性的一本书，非常值得向合规界同仁推荐。

——张华

中国航空集团有限公司(中国国际航空股份公司)总法律顾问、

首席合规官。

小凤总以深厚的理论功底、丰富的实践经验写成的这本书，让我眼前充满了赏心悦目的绿色。她以第一人称浸入式的阐述，让合规理论不再是灰色和晦涩的。

——杜江波

中国石油化工集团有限公司总法律顾问。

经过40多年的改革开放和高速发展，中国越来越多的优秀企业，包括民营企业和国有企业，在党的号召和指引下，都以“加快建设世界一流企业”为目标。一流企业必须有一流合规，中国企业的合规，特别是国际化合规，对自身的国际化经营尚未形成充分支撑，导致不易走出去，或者走出去后运营管控不顺利。所幸，中国有先行先试的优秀企业及其管理人不断贡献自己的理论思考与实践经验，本书可谓其中的顶流分享。

作者享有律师资格，在高校做过教学和研究，在企业长期从事法律合规管理工作，还做过业务经营。其专业素养过硬、理论功底深厚、实践经验丰富、学术作风严谨，并且勤于思考和记录，这决定了其搭建的体系框架完整可行，运用的分析工具丰富实用，阐释的实践理念直击人心。读之，时而有如查阅百科全书之感，时而有与作者的共鸣而不禁拍案叫绝。作者贯穿始终的法律逻辑思维以及对国内外学说和例证的旁征博引，更增添了本书的可读性，令人读之不忍释卷。

本书在企业国际化合规方面既是理论层面的认知指引，又是实践层面的操作指南，可谓正知正见，可作为中国企业走向世界、迈向一流的合规国际化培训教材。

——刘青春

中国五矿集团有限公司总法律顾问。

涉外合规，无论在理论界还是实务界都是一个比较复杂的问题。作为一名从事国际化法律合规工作多年的企业管理者，个中的挑战与应对，我深有体会。 看到作者在繁忙的工作之余，努力撰写了这本前瞻、务实、系统并富有深度的涉外合规专著，我很欣喜。 本书是中国企业国际化合规体系建设中一个难得的示范文本。

——慈正开

中国交通建设集团有限公司总法律顾问、首席合规官。

对中国企业而言，推动合规国际化，首先要切实解决合规中国化问题，需要大力强化企业合规理念、机制及行动。 合规理论与实践，本是非常晦涩和极其复杂的。 小凤女士以其深刻的体会思索、丰富的实践经验和扎实的文字功底，将其铺陈得清晰明了，且做到了与商业管理相融合，实属难得，值得商界、学界、实务界作为案前参考。 尤其于企业法务合规风控人员，可期一册在手、开卷有益。

——王书宝

中国电力建设集团有限公司总法律顾问、首席合规官。

中国企业走出去深度参与全球产业分工与合作，积极参与“一带一路”共建共享，迫切需要加强对国际规则的研究、遵守、运用和完善。本书从企业内部微观治理到企业外部竞争应对，做了颇有价值的尝试，是一本难得的合规综合管理型、实务操作类读本。

——胡振杰

中国铝业集团有限公司总法律顾问、首席合规官。

本书创造性地提出了“三线四维十二键”企业国际化合规治理体系，总结提炼了50多项涉外合规风险防范应对工具，在相关方面为中国企业制定国际化合规策略提供了前瞻的视野、系统的思路和实用的方法，具有一定的参考价值，值得企业管理人员、涉外业务人员、法律合规人员以及律师朋友们拨冗一读。

——董全学

中国华电集团有限公司总法律顾问、首席合规官。

序　一

北京的秋天不仅是收获的季节，而且色彩斑斓，美不胜收。我非常高兴读到张小凤女士《合规国际化——中国企业走出去合规风险防控指南》的书稿，犹如看到多姿多彩的企业管理读物百花园中又增添了一朵色彩鲜艳的绚丽鲜花，由衷地愿意作一推介。

中国共产党第二十次全国代表大会擘画了中国未来走向辉煌、自立于世界民族之林的清晰路径和雄伟目标。习近平总书记在大会上明确提出，“推进高水平对外开放，稳步扩大规则、规制、管理、标准等制度性开放”，为中国企业以合规拓展国际化视野、开展国际化经营和成长指明了方向。本书的出版正当其时。

改革开放以来，随着国门的打开，中国企业开始走向海外。以2000年中国加入世界贸易组织为契机，中国经济乘全球化之势，取得了快速发展，一大批中国企业在国际化进程中迅速成长。学习、掌握国际经营的通行规则是中国涉外企业壮大的重要环节。各种事实清楚表明，由包括“规则、规制、管理、标准等”在内的合规理念、制度的形成与合规治理体系的实践已成为每一个已经或准备开展国际化经营企业所必须面对的考验。合规就像是密布暗礁险滩航道上的航标,企业就如搏击风浪的航船,严守准则,依规而行,就可能奋楫扬帆,驶向光明彼岸;心存侥幸,漠视规则,就难免触礁遇险,付出惨重代价。

张小凤女士依据其在世界500强企业开展国际经营法务和合规工作多年的积累与实际工作经验,笔耕不辍,奋笔成书,力求透彻认识中国海外经营企业实施合规的深刻内涵,认真梳理企业合规实践的经验教训,逐一分析企业合规制度建立的重点,详细描述企业合规制度实施的措施与工具。这在当前有着十分重要的意义,也是我对张小凤女士笔耕成果格外看重并尝试与大家分享几点思考的初衷所在。

本书应被看作企业国际化经营的指导书。随着国际上逆全球化浊浪泛起,越来越多的从事国际经营业务的中国企业遭受境外政府以缺乏合规的内控制度、违反交易对象国相关法规之名的无妄之灾,不仅受到经济上的巨大损失,而且难以在国际市场上正常经营。如何以合规体系建设提高中国企业自身素质,打破国际化经营中的恶意壁垒刻不容缓。本书正视这一重大命题,从理论上对企业面临的机遇和挑战进行了透彻分析,特别是把数字经济驱动下的科技革命和产业变革、全球气候变化等最新影响因素统一加以考虑。全书最终形成了中国企业应对国际化经营中合规挑战时,从世情和国情、国内和国际两个大局出发,进行战略谋划、顶层设计、全局统筹、系统思考的理论依据,开展战略方针、战略部署、战术设计的思维框架,完全可以有效指导企业认识、了解合规知识,学习合规管理体系和做法,进行合规系统治理的先期准备。

本书应被看作企业国际化经营的工具书。企业要在国际经营中立于不败之地,首先要以合规为标准,全面强化并提升法务管理、内部控制、风险管理、审计监察等内部管理水平,形成企业的风险防控长效机制。有效实现这些管理活动与企业经营的融合，是企业合规管理体系建设成功与否的关键。本书详细地说明了企业如何在庞杂的体系中从目标出发，以风险为导向，以制度流程为保障，以监督评价追责为抓手，统筹构建合规管理体系的具体方法。作者依据工作积累和专门研究，详述了企业开展国际经营中容易出现合规纠纷的主要国际、国内法律、规则、标准。同时，本书创造性地提出了“三线四维十二键”国际化合规治理体系，即以前瞻性、全球性、系统性三条主线为基本原则，以精简的合规治理机构、职业的合规团队、科学的合规制度、高效的合规管理机制四个维度为支撑，以侧重于事前防范预警、事中控制应对、事后评价整改的“研”“识”“训”“守”“审”“报”“查”“考”“宣”“评”“罚”“改”12 个键为举措。企业开展合规建设和应对具体问题时，都可以方便地从书中提供的系列简明实用的工作理念、具体案例和实操做法中找到依据与参考借鉴。

本书应被看作企业国际化经营的策划书。开展国际经营的各类企业当务之急是通过总体策划，建立健全风险、内控、合规、法律一体化管理体系，构建资源整合、有效协同、良性循环的合规工作机制，积极利用大数据、人工智能等先进技术手段提高企业合规治理的效能，推动企业合规经营，高质量、可持续协调发展。作为专题策划的可资借鉴，本书把要培育和树立良好的合规文化理念贯穿于全书，强调董事长是合规掌舵手，总经理是合规守门人，首席合规官是合规操盘手，合规部门、业务部门、监事会分别承担了重要且各有侧重的合规职责。本书为企业全面开展合规策划时最难界定的合规人责任确定了清晰定位，为制定合规策划书提供了具体多样的方式方法，为策划企业合规方案时给出了一批生动鲜活可以直接引用的案例。对“企业合规依附于企业的数字化转型”的论述更加凸显本书在企业合规管理策划中的最新时代特征。

本书应被看作企业国际化经营的参考书。当前企业经营发展所面临的内外部环境日趋复杂多变，合规管理已成为企业实现高质量发展的重要利器。本书汇集了大量国内外的数据、信息和各类资料，针对中国企业境外投资、国际贸易等海外经营模式面临的外国投资安全审查、劳动用工、环境保护等10类主要境外合规专题，不仅给予了相关主要规则的详细论证，而且结合案例分析，提出了50多项针对性的管控工具，所作境外合规特别问题的专门总结提示，是中国企业海外经营化解合规风险的难得参考。这不仅是对国有企业的重要提醒，而且对在国外开展经营活动的各类民营企业也有极大启示和警示作用。

朗朗乾坤，天道酬勤。张小凤女士用心、用情、用力撰写的这部著作，已经远远超出一般专业书籍的局限，其严谨的结构、流畅的语言和生动的实例每每增色，应能成为企业家、企业管理工作人员、专家学者、高等院校师生等关注企业管理和合规事务人士的喜读书籍。如果张小凤女士延续本书的仪轨，有进一步论述企业国内合规经营提升素质的著作问梓，无疑是对读者更好的回馈，也是我的殷切期许。

朱宏任*

2023年1月

---

* 朱宏任，中国企业联合会、中国企业家协会常务副会长兼理事长。

序　　二

习近平总书记在党的二十大报告中强调指出,“依托我国超大规模市场优势,以国内大循环吸引全球资源要素,增强国内国际两个市场两种资源联动效应,提升贸易投资合作质量和水平”,“深度参与全球产业分工和合作,维护多元稳定的国际经济格局和经贸关系”。

中国企业走出去是开拓国际市场、参与全球产业分工合作、整合全球资源的重要途径之一。在走出去的过程,中国企业遵守国际规则,善用国际规则,维护合法权益,任重道远。涉外法律服务是法律服务领域的短板,其中,合规风险是一项极具挑战性的复杂课题,因为国际化企业的组织、业务、客户、员工等跨越不同的国家和地区,涉及风景各异的法系法规、宗教信仰、文化习俗,涉及数据隐私、知识产权、环境保护等多个种类、多个司法辖区的合规风险。理论与实践相结合的企业涉外合规著述,对企业走出去具有指引、借鉴作用。

张小凤女士作为世界500强企业之一的法律合规部门管理者,作为公司律师,深度参与了中国企业走出去、国际化进程中的涉外合规工作。她结合多年法律实践和合规工作经验,大胆探索、总结经验,入微思考,完成了本书,对当前企业国际化现实问题,有针对性地提出了参考见解,体现了作者求真务实的前瞻思维和实践理性。

本书逻辑清晰完整,语言简洁透彻,内容深刻扎实,知识触点密集。全书三编十八章,为企业走出去提出了明确的合规参考,设计了前瞻、系统的合规治理模型,相对全面地分析了企业国际化运营常见的反垄断、劳动用工、知识产权、环境保护等10类专项合规领域的相关国际规则、部分东道国法律风险和应对策略。全书涵盖了企业涉外合规相关理论、规则、管理工具与案例,辅助以专业知识的延伸阅读,针对国有企业涉外合规特别问题进行了专题分析。就广度而言,本书相关知识触点非常丰富,能够助力企业国际化运营合规风险防范的基本需要,同时,具有以下特点:

1. 开创性。近年来关于合规的研究增多,但关于涉外合规的论著鲜见,尤其具有实践性和可操作性的涉外合规论述,对企业走出去、国际化运营合规风险防范提供借鉴,具有开创性的特点。

2. 前瞻性。本书将涉外合规与数字经济、气候变化等人类发展的全球性新问题相结合,为我们提供了涉外合规思考的全球视野;同时,主张前瞻性地构建事前防范性的企业合规风险防控体系,居安思危、未雨绸缪,有利于涉外合规的低成本、高效率并取得实效。

3. 融入性。本书将企业涉外合规与企业运营管理、团队塑造和文化建设相结合,实现了企业合规与企业日常运营管理的高度融合,将企业合规作为驱动企业安全和高质量发展的系统能力来设计、统筹和运用。这是多年大型企业集团合规管理经验的公司律师特有的长处。

4. 实用性。本书为企业完善涉外合规治理提供了体制机制模型参考,针对十大主要涉外合规风险提出了可操作、可复制的风险防控策略和应对工具,针对若干合规管理流程列示了合规管理表单，是一本拿来即可参照使用的企业国际化合规操作范本，具有较强的示范、参考作用，可作为企业涉外合规风险防控的“口袋参考书”。

面对百年未有之大变局，希望作者持续守正创新、求真务实的专业精神，把握大局意识和法的理念，以实际行动落实习近平总书记的讲话精神，为企业涉外合规风险防范与管控，为企业打造具有全球竞争力的世界一流的国际化公司尽可能地发挥作用。

*

2023 年 1 月

---

* 高子程，中华全国律师协会会长。

序　三

小凤女士嘱我为其新作写序，本是一件值得骄傲的事，但我踌躇再三。作为大型国有企业法务负责人，小凤女士具有深厚的法律底蕴和丰富的实践经验，其视野和体会非一校园学者所能比拟；当今世界正经历百年未有之大变局，于小凤女士而言是弄潮儿向涛头立，于我却是被动适应、感悟迟缓。后转念一想，自己的这种犹豫不正好说明小凤女士这一新作的意义吗？为何不向读者热情推荐这一浸透着小凤女士敏锐观察、深刻思考的时代问答呢！

相信很多人像我一样，见证了中国经济发展、世界格局演变、历史发展周期。抽象地说世界分分合合是容易的，具体地处理面对的棘手问题是困难的。当今世界，经济深刻调整，多边主义和多边贸易体制受到严重冲击，世界进入动荡变革期，世界经济不确定性加大。世界怎么了？我们怎么办？在这关乎各国利益、关乎人类前途命运的重要历史关头，习近平总书记指出："各国应该坚持开放的政策取向，旗帜鲜明地反对保护主义、单边主义，提升多边和多边开放水平，推动各国经济联动融通，共同建设开放型世界经济。"

习近平总书记的讲话为新时代中国国际经济法研究以及中国企业国际化涉外合规实践指明了方向，赋予了新的使命。小凤女士所做的工作正是落实习近平总书记思想的实践与探索。

2022 年恰值尼克松访华 50 周年。中美关系、中美经贸关系有过一段良性发展的阶段，但自美国政府发起贸易摩擦以来，美国对中国采取了一系列措施，多方面、多角度扼制中国发展势头、压制中国发展空间。美国政府采取的包括制裁措施在内的诸多措施，极大地破坏了中国企业的境外生存环境、发展机遇，对中国企业造成了沉重的负担。中国企业被迫采取应对美国单方面规定的一系列合规措施，逆境中求生存、求发展。

在美国之外，中国与 170 多个国家和国际组织签署了 200 多份共建"一带一路"的合作文件，共建"一带一路"的国家已由亚欧延伸到非洲、拉美、南太、西欧等区域。中国企业凭借"一带一路"倡议带来的契机，积极走出去，采取国际化经营，但同时面临着新的法律制度和营商环境带来的"危"与"机"。熟悉国际规则以及这些国家的相关立法，并处理好境外合规与业务发展以及经营管理的关系，有效防范境外合规风险，成为中国企业必须做的功课。

站在这一具有里程碑意义的历史节点，小凤女士对中国企业国际化涉外合规研究具有很强的敏锐性和前瞻性。我很高兴看到如此一本具有时效性和实用性的著作问世。本书具有以下三个特点：

第一，具有现实价值。面对当前逆全球化思潮盛行、贸易摩擦持续升级、中国企业频遭制裁，本书主张克服规则之不完美、反制规则之滥用，重塑公正、合理的国际贸易新规则，并针对中国企业跨越陷阱、重塑规则需要解决的实际问题，提供了具有实效性的解决方案和应对策略，具有现实价值。

第二，具前瞻性和创新性。企业合规尤其是境外合规，在中国理论界和实务界都是一个新课题。2022 年是中央企业合规管理强化年，国资委于 2021 年年底提出要加强涉外法律合规风险防范。本书前瞻性地并创新性地提出了“数字化将成为合规治理体系的终身伴侣”、“驱动性是企业合规制度的生命”、“ABOSOL”合规制度体系模型以及“十二键仪表盘”合规管理机制等新理念和新方案。选题紧贴时代脉搏，践行了新时代涉外法治和企业境外合规的新战略、新使命，具有前瞻性和创新性。

第三，具有可操作性和可复制性。本书基于作者近30年来实践经验和理论思考，提供了涉外合规体系建设的解决方案，并在规则分析的基础上，针对近10项境外合规专题，提出了50多项应对策略，对中国企业国际化如何沉着、合理、合法地处理和应对相关境外合规问题，提供了一个很好的参考，具有一定的可复制性。

小凤女士不是从事教学科研的学院人员，也不是从事法律研究的公务人员，能够在繁忙的企业实践一线、繁重的工作之余静下心、潜心思考、形成著作，且将法律规则与商业管理深度融合，实属不易。我支持并鼓励小凤女士的这种探索，也希望本书能够为中国企业国际化的境外合规之路提供支持、指引和帮助。

*

2023年1月

---

* 韩立余，中国人民大学法学院教授、博士研究生导师，WTO争端解决专家组成员，国务院关税税则委员会关税专家咨询委员会委员，国务院反垄断委员会专家组成员。

自　序

2022 年 5 月 3 日，美国贸易代表办公室（Office of the United States Trade Representive，USTR）宣布，美国依据所谓“301 调查”结果对中国输美商品加征关税的两项行动将在 2022 年 7 月 6 日和 8 月 23 日分别结束。自 2017 年 8 月美国宣布正式对中国发起“301 调查”以来，中美之间的“关税加征—反制应对”持续发生十几轮，其间美国针对中国实体或个人实施了多轮清单制裁。

但凡有点涉外业务的企业，无论涉及境外投资、出口贸易，还是涉及境外工程建设，都开始关注境外合规问题，从境内合规走向境外合规，走向合规的国际化。

习近平总书记在党的二十大报告中明确指出：“健全反

制裁、反干涉、反'长臂管辖'机制。"①企业合规的国际化，已然成为中国企业国际化运营应当主动、积极面对的一个常规性问题。

规则是不完美的。

但，规则，总是公开的。规则的意义和执行也是可研究的，也总有规律可循。更重要的是，我们也终将从消极地遵从规则走向积极地应用规则、完善规则。

因此，基于多年实践和研究，笔者想写一本关于中国企业走出去、国际化过程中关于合规实践的书，主要目的就是想让大家在面对远在天涯又近在咫尺的出口管制、国家安全审查、反垄断等境外合规相关调查、诉讼或制裁等时，不要胆怯生畏，更不要谈虎色变、风声鹤唳；而是客观、镇定地面对问题，自信、前瞻地解决问题。

本书探讨的核心问题是，面对当前百年未有之大变局，世界经济深刻调整、多边体制深受冲击、贸易摩擦持续升级以及中国企业在国际化运营中频遇境外合规事宜，中国企业应当如何有效应对，应当采取什么样的实现路径和应对策略。

一方面，习近平总书记强调："要坚持统筹推进国内法治和涉外法治。要加快涉外法治工作战略布局，协调推进国内治理和国际治理，更好维护国家主权、安全、发展利益。要强化法治思维，运用法治方式，有效应对挑战、防范风险，综合利用立法、执法、司法等手段开展斗争，坚决维护国家主权、尊严和核心利益。"②

"涉外法治"是中国依法治国的重要组成部分，"涉外法治"也是国内法治向国际法治的延伸以及国际法治与国内法治融通的桥梁。一个国家，正是通过

---

① 习近平：《高举中国特色社会主义伟大旗帜　为全面建设社会主义现代化国家而团结奋斗》，载新华网，http://www.news.cn/politics/cpc20/2022-10/25/c-1129079429.htm。

② 《习近平谈治国理政》（第4卷），外文出版社2022年版，第296页。

"涉外法治"参与国际法治、构建国际规则并促进全球治理。中国企业走出去，实现国际化，遵守国际规则、国际惯例和东道国国家法律也正是对涉外法治和国际法治的重要践行和维护。

另一方面，当前全球经济严重衰退，多边贸易体制受到严重冲击，全球治理体系亟待改革和完善。我们应当如何跨越国际化合规风险的陷阱？国际规则还有用吗？

针对上述问题，笔者结合自身工作实践和研究，坚持理性、客观的立场认为：国际法、国际规则是世界各国共同的行为规范，也是人类文明的结晶。面对不完美的规则和对规则的滥用，中国企业应当坚决贯彻习近平总书记在党的二十大报告中提出的"加强重点领域、新兴领域、涉外领域立法，统筹推进国内法治和涉外法治，以良法促进发展、保障善治"[①]的指示，研究规则、严守规则、善用规则，高效制定策略、有效应对挑战、坚决维护中国企业合法利益和国家主权，从而跨越"陷阱"，坚定不移地重塑规则之路，通过良法善治来推动多边主义全球治理。

目前的困难是，中国企业遇到境外合规实际问题时，面对庞杂的国际规则、陌生的外国法律、复杂的法律逻辑和晦涩的专业术语等，很难找到一本针对性比较强的实务性指引。笔者就曾因为某项境外合规问题在国家图书馆查询了一整天，但查到的资料非常有限，且内容较陈旧，缺乏对现实问题的指导实效。由此可见，理论和实务的研究与现实的需要均存在很大差距。

习近平总书记强调："我们谋划改革发展，必须统筹考虑和综合运用国际国内两个市场、国际国内两种资源、国际国内两类规则。"[②]知识和能力是解决中国

---

① 参见习近平：《高举中国特色社会主义伟大旗帜　为全面建设社会主义现代化国家而团结奋斗》，载新华网，http://www.news.cn/politics/cpc20/2022-10/25/c-1129079429.htm。

② 《习近平谈治国理政》（第2卷），外文出版社2017年版，第442~443页。

企业境外合规的必要条件。笔者力图从中国企业的现实需要出发,从企业的角度和微观的层次,以解决一线操作实际问题为目标,针对当前形势下中国企业常见境外合规挑战进行分析,结合相关国际规则、中国法律和外国法律进行初步梳理和论证,从而提出具有针对性、可操作性的解决方案和风险管控工具。

中国企业走出去一般有4种路径:一是直接投资模式,包括并购东道国公司股权以及直接投资设立合资企业或独资企业等。二是贸易型模式,主要是出口产品或服务东道国。三是境外工程建设模式,包括政府和社会资本合作的PPP模式、[①]BOT模式[②]等。四是境外融资模式。走出去不同路径和模式涉及众多不同的涉外合规风险,笔者初步总结如表1所示:

表1 走出去模式及涉外合规风险类别

对外投资并购模式	产品服务贸易模式	境外工程建设模式	境外融资模式
反垄断风险	知识产权风险	环境保护风险	境外上市风险
外国投资安全审查风险	境外税务风险	商业贿赂风险	境外发债风险
知识产权风险	环境保护风险	劳动保护风险	世界银行贷款风险
环境保护风险	商业贿赂风险	境外税务风险	商业贿赂风险
商业贿赂风险	反补贴风险	—	数据安全风险
境外税务风险	反倾销风险	—	—
劳动保护风险	出口管制风险	—	—
数字安全风险	—	—	—

注:由于时间仓促,本书未能对境外融资模式的对合规进行专门研究和论述。

---

① PPP(public-private partnership),又称PPP模式,即政府和社会资本合作,是公共基础设施中的一种项目运作模式。在该模式下,鼓励私营企业、民营资本与政府进行合作,参与公共基础设施的建设。

② BOT(build-operate-transfer)即建设—经营—转让。是私营企业参与基础设施建设,向社会提供公共服务的一种方式。

结合上述走出去的路径和模式以及所涉及主要合规风险类别,本书的内容分为三编:

第一编包括第一章和第二章,主要分析当前百年变革之新形势及新形势下中国企业国际化面临的境外合规新挑战,以及中国企业针对境外合规新挑战的应对理念和路径。

第二编包括第三章至第七章,主要着力于中国企业自身合规治理体系的建设,力图帮助中国企业设计一套前瞻性、全球性和系统性的国际化合规治理体系,提升企业自身国际化合规能力,从而更高水平地遵循国际规则、履行国际义务。"打铁必须自身硬",第二编的内容着力于苦练内功、自我锻造、提升企业自身国际化合规系统能力和合规风险免疫力。

第三编包括第八章至第十八章,是关于企业针对境外合规风险的管控工具部分,针对中国企业境外投资、国际贸易等海外经营模式面临的外国投资安全审查、反垄断调查、数据安全、知识产权、反商业贿赂、出口管制、反倾销、反补贴、劳动用工、环境保护10类主要境外合规专题,分别进行了相关主要规则的论证,在规则论证基础上,结合案例分析,提出了50多项有针对性的合规风险管控工具,并针对中国国有企业走出去面临的境外合规问题专门进行了总结。

第一编和第二编的撰写始终坚持了审慎。一方面,笔者担心囿于视野无法全面把握和描述当前国际形势下中国企业境外合规挑战的趋向和难点,管中窥豹、盲人摸象,影响判断的准确、透彻和周全。另一方面,国际化合规治理体系建设对中国企业而言还是一个新的课题,短短几年的实践尚未积累足够多的经验以供总结和提炼。更重要的是,企业所处行业不同、规模不同、发展阶段不同、海外市场布局不同等导致中国企业国际化面对的合规问题也千差万别,笔者尽所能总结共性问题并对特别事项作出特别说明。但现实永远比模板更丰富,未来永远比当下更复杂,我们只能以有限的思维去努力无限地接近难以企及的完美方案。

第三编的撰写具有些许挑战性，因为竞争都是博弈的过程。在我们设计管控工具的同时，竞争方也在思考和预判我们会如何行动，并据此制定其工具以使我们的工具失效。所以，当工具成为工具的时候，由于博弈的存在，工具又从未成其为工具。

但是博弈终归是一个动态的过程，最终我们还是要摈弃零和博弈，实现一个由有关规则形成的相对均衡的治理态势，而参与博弈的工具正是最终实现均衡的策略。“工欲善其事，必先利其器。”我们需要前瞻性地研究、设计、制作我们的风险管控工具，丰富我们的管控“工具箱”，以实现弥补国际规则之不完美、克服一国法律之局限，从而实现重塑国际规则之力量、完善国际治理之目标的仁者初心。

知识的框架、执业的经历和经验的积累始终制囿着我们的思维，但实践没有末路，认识没有终结，也没有边界。在人类历史上，任何重大理论问题都曾经历针对现实问题的困惑与探索和反复实践的纠错与反观。

我们有幸生活在这样一个充满变化、创新和挑战的时代，并有幸参与复杂、全新的课题。唯有不知疲倦地思考、研究和输出才能感恩时代给予我们的知识更新、思维开拓和意志磨炼的宝贵机会。

本书的写作利用了将近一年的业余时间，主要是周六周日和法定长假。由于日常工作相当繁忙，业余时间的写作就非常辛苦。2022 年“五一”长假“赶工”，每天至少写 16 ~ 17 个小时，个中艰辛和快慰自有体会。

2022 年端午三天假期，正式完稿。节后回到办公室，我首次给身边同事分享，大家惊诧于我在事务如此繁忙之余竟能静下心来写一本书。

当要谈感谢时，我真切地感受到文字竟如此匮乏。

在本书写到 4 万多字时，由于工作的异常繁忙，工作日的持续加班已让周末的我殚精竭虑。我曾想过放弃，但面对多边主义受到冲击、贸易摩擦持续升级，我又深知这样一本书对中国企业还是有一定价值的。

在我挫败踌躇之际，一位国际商业领域的顶流专家鼓励我将本书坚持写完。他也是一位具有正直品格和非凡经历的实践理论家兼理论实践家，还是这本书最初目录和4万字书稿的浏览者。非常感谢他的智慧、胸怀和视野！如果没有他的这份鼓励，也许就没有这样一本书呈现在读者面前。

书稿完成后，我送请几位朋友试读。他们都是具有优秀品格且在各自行业享有卓越建树的领军人，感谢他们在百忙之中对本书的阅读和提出的真诚建议。他们的经历和成就让我自惭形秽，但又激励了我，让我见贤思齐。

习近平总书记在党的二十大报告中提出："实践没有止境，理论创新也没有止境。"[①]本书是国内比较早地力图较系统、全面地针对中国企业涉外合规进行论述的著作，由于时间仓促、水平有限，疏漏和错误难免。笔者希望本书能够成为中国企业构建国际化合规治理体系并积极应对境外合规挑战的思考起点。

① 习近平：《高举中国特色社会主义伟大旗帜　为全面建设社会主义现代化国家而团结奋斗》，载新华网，http://www.news.cn/politics/cpc20/2022-10/25/c-1129079429.htm。

CONTENTS 目·录

第一编

理　念

第二编

治　理

第一编

理 念

规则的本质是正义。

良法善治，是全球治理的基本手段与途径，也是中国企业国际化合规之路的应有之义和仁者初心。

第一章
新形势与新挑战

全球化规则遭遇冲击，新的规则尚未形成，中国企业国际化面临更为纷杂的境外合规新征程。

一、逆全球化浪潮导致更严峻的境外合规新挑战

当今世界，逆全球化浪潮导致国际性条约和多边贸易协定的效力和权威受到威胁，单边主义主导下的双边协定、区域性协定开始强化，全球治理面临合作共建情景丧失趋势下的规则调整。

例如，美国政府正式宣布退出跨太平洋伙伴关系协定（Trans - Pacific Partnership Agreement，TPP）。与此同时，美国政府与加拿大、墨西哥就《北美自由贸易协定》重新谈判，2020 年 7 月正式生效的《美国—墨西哥—加拿大协定》（U. S. -Mexico-Canada Agreement，USMCA），取代了《北美自由贸易协议》，该协定提高了国际贸易保护、劳工保护等贸易和投资标准。

再如，2020 年 1 月生效的美国《外国投资风险评估现代化法案》（Foreign Investment Risk Review Modernization Act，FIRRMA）大幅扩大了美国外国投资委员会（Committee on Foreign Investment in the United States，CFIUS）的审查权限，针对 TID 业务进一步加强了外国投资者在美国的投资安全审查力度，提升了外国投资者在涉及美国关键技术、关键基础设施和敏感个人数据领域的投资壁垒。

延伸阅读

TID 业务是指涉及“关键技术”(critical technology)、“关键基础设施”(critical infrastructure)或“敏感个人数据”(sensitive personal data)的业务。

其实,信息安全早已成为美国针对外国投资并购进行国家安全审查的新重点,且已形成中国企业境外投资面临的新壁垒。FIRRMA 法案只是将其上升为正式法律并得以在对美投资审查的流程中严格实施而已。

蚂蚁金服收购速汇金为什么失败?①

蚂蚁金服是阿里巴巴集团旗下主要负责运营阿里巴巴支付系统的金融服务公司,速汇通是总部位于达拉斯的一家专注于跨境支付的美国公司。蚂蚁金服和速汇通与 2017 年 4 月签署收购协议,达成了总计 12 亿美元的现金收购协议。但是经过多次申报以及双方努力配合,该收购最终没有获得 CFIUS 的审查批准。最终,根据协议,蚂蚁金服为此交易失败向速汇金支付了 3000 万美元的“分手费”。

据分析,CFIUS 不予批准此次收购的原因,可能与该收购将导致蚂蚁金服取得美国消费者财务数据有关。两名美国国会议员表明,如果批准中国蚂蚁金服收购拥有大量美国公民金融信息的速汇通公司,由于其中包括美国军人及家人的个人信息,将有可能威胁到美国国家安全。

① 参见君合律师事务所:《2017 年君合业务研究报告》,中华工商联合出版社 2018 年版,第 641 ~642 页。

美国政府逆全球化的单边保护主义举措,标志着逆全球化和激烈的单边主义已经严重影响全球治理规则,商品贸易、技术流动和资本流动都面对更加保守的壁垒和限制,中国企业国际化面临更严峻的境外合规挑战。

二、数字经济和科技创新促生更多境外合规新课题

2021 年 3 月 10 日,游戏平台罗布乐思(Roblox)作为第一个将元宇宙写进招股说明书的公司,成功登陆纽约证券交易所,首日市值突破 400 亿美元,为数字经济创造了无法想象的无限空间。

华为于 2021 年年底正式发布了首款鸿蒙 AITO 问界 M5 汽车,设置了人脸识别系统,实现了车辆、手机、智能家居之间的信息沟通,打通了“人、车、家”的信息壁垒。

近几年,远程教育、远程会议、远程医疗、线上交易、无人机送货等数字经济得以繁荣。

有人更是提出了“ABCDEFG to MetaVerse”的未来科技畅想,A 是人工智能,B 是区块链,C 是云计算,D 是大数据,E 是边缘计算,FG 是 5G,MetaVerse 是元宇宙。我们可以将其暂时统称为数字经济,因为人工智能同样以数字、算法的计算为基础。

这些如火如荼的科技变革和数字经济发展在为中国企业国际化带来机遇的同时,也促生了数据保护、数据安全、数据利用、数据跨境等更多中国企业无法回避的境外合规新课题。

例如,2022 年 6 月 20 日至 22 日,工业品外观设计五局论坛(Industrial Design Forum,ID5)召开的中期会议的主要议题就是针对新技术的使用和外观保护,涉及区块链、人工智能、大数据、数字设计、非同质化代币(Non-Fungible Token,NFT)和元宇宙等,并明确讨论了元宇宙中的外观设计保护以及各种类型

的数字产品和外观设计等多个方面的立法挑战。

延伸阅读

工业品外观设计五局论坛(ID5)是一个涉及全球5大知识产权外观设计机构的合作框架,5大机构包括中国国家知识产权局(China National Intellectual Property Administration, CNIPA)、欧盟知识产权局(European Union Intellectual Property Office, EUIPO)、日本专利局(Japanese Patent Office, JPO)、韩国知识产权局(Korean Intellectual Property Office, KIPO)以及美国专利商标局(United States Patent and Trademark Office, USPTO)。世界知识产权组织(World Intellectual Property Organization, WIPO)为观察组织。5大机构每年举行两次会议。

人工智能系统能作为发明人申请专利吗?

人工智能系统能否作为发明人申请专利,是一个挑战全人类立法思维的颠覆性课题。

近几年,美国技术专家斯蒂芬·泰勒(Stephen Thaler)为此所作的努力引人注目。泰勒对其开发的人工智能系统“DABUS”输出的发明在多个国家提起了发明专利申请,申请“DABUS”作为发明人获得发明专利,此举堪称拓荒性申请。

但结果很不尽如人意,在美国,美国专利商标局(USPTO)认为将人工智能算法列为发明人是不被允许的,因此该局拒绝审查这一专利申请。泰勒为此提起了诉讼,2021年9月,美国当地法官作出决定,支持了美国专利商标局(USPTO)关于人工智能算法不能被列为美国专利发明人的观点。

2021 年年底至 2022 年，泰勒因英国知识产权局（UK Intellectual Property Office，UKIPO）、欧洲专利局（European Patent Office，EPO）、澳大利亚专利局（Australian Patent Office，APO）驳回泰勒的申请提起的多起跨国诉讼也先后取得最终判决，相关各国法院也均判决支持了专利机关的决定，认为只有企业或个人才能成为专利法上的发明人。

由此，这意味着“DABUS”不能被视为发明人，不能被授予其输出以任何专利权，也不能将此类权利转让给斯蒂芬·泰勒。

法律规则与人工智能都是人类文明进步的重要成果，我们不得不面对人类制造针对人类的新挑战。中国企业应当密切关注各个国家相关立法进程的变化，及时进行人工智能成果的注册。南非最近就批准了泰勒的申请，成为第一个向人工智能系统授予专利的国家。

总之，我们如何设计规则、运用规则来维护和促进跨境数字经济与科技创新的新成果，如何应对境外知识产权注册和跨境数据保护和数据安全（尤其虚拟空间是难以界定国界的），成为中国企业国际化面临的境外合规新课题。

三、气候变化等全球环境危机带来新的合规压力

现代科技和产业革命让人类影响生物圈的能力前所未有的强大，但我们还没有足够的能力可以正确地、收缩自如地运用这种影响力确保生物圈健康并且可持续生长。

2021 年 10 月 24 日，中国政府颁发了《2030 年前碳达峰行动方案》；2020 年 9 月，习近平主席在第七十五届联合国大会上就中国的碳达峰与碳中和作出了郑重承诺，宣布中国在 2030 年前实现碳达峰，2060 年前实现碳中和；美国总统拜登在竞选期间提出“到 2035 年，通过向可再生能源过渡实现无碳发电，到

2050 年实现碳中和”,并于 2021 年上任第一天即宣布美国重返《巴黎协定》。

在“双碳”目标实践道路上,欧盟的步子相对走得更快一些。

欧盟为了实现其在 2030 年前加大减排,到 2050 年提前实现碳中和的目标,当地时间 2022 年 6 月 22 日,欧洲议会以 450 票赞成、115 票反对和 55 票弃权通过了建立碳边境调节机制(Carbon Border Adjustment Mechanism, CBAM)提案的修正案。

欧洲议会版本的 CBAM 较之前欧盟委员会版本将过渡期的结束时间调整为 2026 年 12 月 31 日,推迟了一年。另外,欧洲议会版本规定欧盟委员会应当建立专门的 CBAM 机构以履行该法项下的职责,该版本纳入碳边境调节机制的产业包括水泥、电力、化肥、钢铁、铝等并将履行后续程序后形成最终的法案文本。根据 CBAM 相关规则达成的协议,在过渡期后,2027 年 1 月 1 日起欧盟将正式开征“碳关税”。

延伸阅读

碳关税是指主权国家或地区对高耗能产品进口征收的二氧化碳排放特别关税。碳关税本质上属于碳税的边境税收调节。碳关税的纳税人主要是指未能接受污染物减排标准的国家其高耗能产品出口到其他国家时的发货人、收货人或者货物所有人。课税范围主要没有承担《联合国气候变化框架公约》下的污染物减排标准的国家,出口到其他国家的高耗能产品,包括铝、钢铁、水泥和一些化工产品等。

同时,美国参议院也在起草 CBAM,主张对从气候政策较薄弱的国家进口的碳密集型商品征税。

中国作为世界第一大出口国家，尤其对欧美国家出口的商品量较大且包括部分高能耗产品。碳关税征税的依据是按照产品在生产过程中排放碳的数量来计征的。由于目前尚未形成统一标准，因此，若欧美国家因气候环境问题征收“碳关税”会存在很大的自由裁量空间，中国将面临新一轮的贸易保护主义。“世界银行和美国彼得森研究所的专家撰写的研究报告《协调气候变化与贸易政策》指出，一旦工业国家实行碳关税，中国制造业出口规模将削减1/5，所有中低收入国家制造业出口额将削减8%。”①

另外，征收“碳关税”本身违背了《京都议定书》确定的发达国家和发展中国家在气候变化领域“共同而有区别的责任”原则，严重损害发展中国家利益。

因此，在发达国家启动碳边境调节税的情形下，将造成国际市场相应产品贸易条件恶化和交易成本的上升，尤其对于高度依赖能源的中国经济和中国企业而言，将对中国企业国际化带来更多消极影响并增加新的合规义务与压力。

四、经济衰退导致境外合规风险进一步加剧

单边保护主义者为了转嫁国内经济衰退、失业率持续上升等内部压力，进一步提高了贸易壁垒并加大了通过法律途径对中国进行遏制的动力和举措，导致中国企业国际化境外合规风险进一步加剧。

据高文律师事务所的统计，近3年，在美国337调查中，2020年立案51起，涉华21起；2021年立案60起，涉华23起。

① 中金公司研究部、中金研究院：《碳中和经济学》，中信出版集团2021年版，第367页。

延伸阅读

337调查，是指美国国际贸易委员会（United States International Trade Commission，USITC）根据美国《1930年关税法》（Tariff Act of 1930）第337节（337条款）及相关修正案进行的调查。

337调查的对象为进口产品侵犯美国知识产权的行为以及进口贸易中的其他不公平竞争，实践中涉及侵犯美国知识产权的337调查大部分都是针对专利或商标侵权行为，少数调查还涉及版权、工业设计以及集成电路布图设计侵权行为等。其他形式的不公平竞争包括侵犯商业秘密、假冒经营、虚假广告、违反反垄断法等。

337调查是单边主义对正常的国际贸易规则和竞争关系的挑战和破坏，进一步损害了全球化规则、加大了中国企业境外合规风险。

第二章
跨越陷阱　重塑规则

中国企业应对境外合规挑战，不是简单、原始地“以牙还牙，以眼还眼”；
而是主动作为、严守规则、完善规则，从而跨越陷阱、重塑规则，促进全球治理提升。

一、被绑架的规则

在当今错综复杂的全球新形势下，规则在某些情形下已被绑架。

中国企业“走出去”面对的部分国际条约、国际惯例以及国家法律等已被一些国家绑架、滥用、操纵而丧失或违背规则原本的意义与使命。

笔者根据弗雷德里克·皮耶鲁齐在《美国陷阱》中披露的数据统计，仅 2008 年至 2018 年的 10 年间，仅被美国政府以违反美国《反海外腐败法》处以 1 亿美元以上罚款的公司就有 26 家，罚金总计 88.72 亿美元。被罚款公司包括德国西门子、法国兴业银行、英国劳斯莱斯公司、日本松下电器公司、巴西航空公司等。

其中，对其他国家公司的罚款共计 70.98 亿美元，占比达 80%；而对美国公司的罚款仅 17.74 亿美元，占比不到 20%。对其他国家公司雇员进行刑事追诉的达 21 人，占比达 91.3%；而对美国公司雇员进行刑事追诉的仅 2 人，占比 8.7%。[1]

---

① 参见[法]弗雷德里克·皮耶鲁齐、[法]马修·阿伦：《美国陷阱》，法意译，中信出版集团 2019 年版，第 346 页。

二、愈演愈烈的规则博弈

2020年以来,全球经济进一步衰退,叠加气候变化等环境危机以及科技创新导致国际竞争进一步加剧。

美国政府针对中国采取了更激烈的法律竞争。在对中兴和华为两家中国高新技术公司进行“法律围剿”的基础上,美国政府也更频繁地以美国国内法为依据实施“长臂管辖”,制裁中国实体和个人。

习近平总书记曾指出:“搞保护主义如同把自己关进黑屋子,看似躲过了风吹雨打,但也隔绝了阳光和空气。”①由于中美贸易摩擦和美国对中国的投资限制,中国对美国的投资也大幅下降。据《2016年度中国对外直接投资统计公报》,2016年,中国对美国直接投资流量比重为8.7%,且美国是中国第一大对外投资并购目的地;而2017~2018年,中国对美国直接投资流量比重分别降为4%和5.2%,美国降为中国第二大和第九大对外投资并购目的地。②

三、主动作为

孟子曾讲:“春秋无义战。”

习近平总书记在党的二十大报告中明确指出:“坚定维护以联合国为核心的国际体系、以国际法为基础的国际秩序、以联合国宪章宗旨和原则为基础的国际关系基本准则,反对一切形式的单边主义,反对搞针对特定国家的阵营化和排他性小圈子。”③中国企业国际化应当坚决贯彻落实习近平总书记的重要指示,

① 《习近平谈治国理政》(第2卷),外文出版社2018年版,第481页。

② 张新民等主编:《中国企业海外发展报告(2020)》,社会科学文献出版社2020年版,第183页。

③ 习近平:《高举中国特色社会主义伟大旗帜 为全面建设社会主义现代化国家而团结奋斗》,载新华网,http://www.news.cn/politics/cpc20/2022-10/25/c-1129079429.htm。

面对当前更严峻的国家安全形势和前所未有的外部压力，中国企业走出去，应当主动通过强化法治思维、运用法治方式，积极利用国际立法、国际执法等手段开展正义的反制斗争，主动应对境外合规挑战、预先防范境外安全风险，从而实现跨越合规风险陷阱、重塑国际规则，促进开放型世界经济的建设。

所谓主动作为，主要包括三个方面：

第一，不能回避。中国企业国际化面临的合规打压不会在一夜之间自行消失，只有主动适应“走出去”日益扩大的新形势，不断完善海外利益保护体系，积极应对海外合规风险挑战，敢于斗争、勇于斗争，才能保障自身的经济安全。掩耳盗铃和消极怠战的“鸵鸟模式”只会导致被动和退缩，绝不可取。

另外，中国企业对境外合规挑战的应对，是一场遵守国际法律和惯例的、为了保护中国国家合法合理的经济利益和中国企业合法合理的商业利益的、依法的正当防卫，也是一场为了应对个别发达国家着意打压而进行的正义反制和合法回应。

第二，不能轻易妥协。境外维权，无论诉讼、仲裁还是调解，往往旷日持久、胜败未卜且耗费大量财力和人力。中国企业面对纠纷、裁判和制裁，应当勇于拿起法律的武器保护自身合法权益，在考量具体情形的基础上，不轻易妥协和和解结案。

2021 年 8 月 10 日（当地时间），河北维尔康制药有限公司（以下简称维尔康）及其母公司华北制药经历了 17 年艰苦卓绝的诉讼，在其他三方和解退出的情形下，坚持取得了维生素 C 在美国反垄断诉讼案的全面胜诉，这一判决对中国企业走出去具有里程碑意义。该案的胜诉不仅为企业挽回了巨大损失，也为中国企业应对国际诉讼提供了有益经验，为国内企业走出去依法维权和开拓国际市场增强了信心。

第三，建立长效的国际化合规自我治理体系。由于全球经济形势、大国博弈进程等众多不确定性因素极大地影响了我们对未来的预期和掌控，中国企业必须坚持底线思维，建立前瞻性、全球性、系统性的长效合规自我治理体系，以期面对国际化进程中意外事件时能够“兵来将挡”“水来土掩”，筑牢中国企业境外合规防范与应对的坚固长堤。

四、跨越合规风险“陷阱”

跨越合规风险“陷阱”，无论是应对“长臂管辖”、反制不当制裁，还是化解国际纠纷，我们都应当利用法治的思维、法治的方式，将规则作为主要工具。

习近平总书记指示：“要把法治应对摆在更加突出位置，用规则说话，靠规则行事，维护我国政治安全、经济安全，维护我国企业和公民合法权益。”①

首先，熟悉规则是中国企业国际化跨越合规风险“陷阱”的基本功底。不研究规则，不熟悉规则、不了解规则，无异于“盲人骑瞎马，夜半临深池”。中国企业国际化一方面应当加强对世界贸易组织（World Trade Organization，WTO）、全面与进步跨太平洋伙伴关系协定（Comprehensive and Progressive Agreement for Trans-Pacific Partnership，CPTPP）等重要国际规则、国际惯例的深入研究和趋势把握；另一方面，也要针对性地、深入细致地研究本企业有重点投资和贸易往来的重点国家的立法机制、实体法律、司法程序等，为积极应对和反制做好规则研究的充分准备。

其次，遵守规则是中国企业国际化跨越合规风险“陷阱”的基础意识。发达国家相关制裁立法和执行已经发展到比较严谨、精密的程度，中国企业国际化高度重视境外合规并注意遵守国际规则和东道国法律，对于事前防范境外合规风

① 习近平：《论坚持全面依法治国》，中央文献出版社2020年版，第256～257页。

险是非常重要的。

最后，善用规则是中国企业国际化跨越合规风险"陷阱"的重要方法。中国企业不仅要学习规则和遵守规则，还要善于运用国际规则和相关东道国国家的法律，要充分利用WTO争端解决机制以及美国等主要西方国家的救济机制来维护自身权益。古人云："师夷长技以制夷。"

事实上，世界多个国家都在积极寻求新的路径以减少与美国"长臂管辖"的连接，绕开可能的陷阱，"例如，著名的智库欧洲外交协会就在2019年的报告中公开主张欧洲应当建立绕过美国的国际支付系统，以及劝阻欧洲企业不要轻易屈服于美国的长臂司法管辖。"①

五、重塑规则

习近平总书记曾强调要"坚持规则导向，完善全球治理。两次世界大战的惨痛教训让各国人民痛定思痛，建立了以联合国为主体，包括国际货币基金组织、世界银行、世界贸易组织等机制的全球治理框架。虽然这个框架并不完美，却是人类社会迈出的重要一步，为过去几十年世界和平与发展发挥了重要作用。以规则为基础加强全球治理是实现稳定发展的必要前提。规则应该由国际社会共同制定，而不是谁的胳膊粗、力气大谁就说了算，更不能搞实用主义、双重标准，合则用、不合则弃"②。

因此，中国企业积极应对境外合规挑战，不是简单原始的"以眼还眼，以牙还牙"，也不是不分场景僵化地遵从规则，而是通过完善和创新来克服规则之不完美、维护规则之力量、重塑规则之正义，从而促进国际秩序的和谐、全球治理体系改革与建设。

---

① 朱云汉：《全球化的裂解与再融合》，中信出版集团2021年版，第177页。

② 参见《习近平谈治国理政》（第3卷），外文出版社2021年版，第459页。

其一，中国企业要支持和促进中国政府在国际规则制定中的参与权、话语权和影响力。支持中国政府以现有规则为依托，助力国际经贸规则的创新，尤其针对新的国际合作领域，如数字经济、碳排放等加强规则的制定和创新，从而推动“一带一路”建设和全球化资本流动和商品贸易中“软性基础设施”建设。“中国有几千年的文明史，有丰富的改革开放经验，这些都需要转变成规则供给，贡献给国际社会。”[①]我们也应当自信，中国智慧、中国实践和中国文化、中国解决方案将为世界法治文明建设作出贡献。

其二，中国企业应当通过积极参与国际争端解决机制和境外诉讼仲裁，通过救济实践和判决先例等促进国际规则的完善。

其三，中国企业要积极推荐更多优秀涉外法律人才到国际经济贸易组织、国际仲裁机构任职，主动参与并努力引领国际规则制定，推动公正、合理、透明的国际规则体系的形成。

总之，中国企业国际化境外合规应当秉持主动作为的理念，通过熟悉规则、严守规则、善用规则从而跨越合规风险之陷阱，通过完善规则、创新规则从而重塑规则。

面临逆全球化思潮持续上升，整个世界进入动荡变革期。保守单一、个别出击的策略已经无法满足日益广泛的国际合规风险挑战。中国企业应当从世情和国情、国内和国际两方面大局出发，从理念、治理到风险管控工具三个层面战略谋划，顶层设计、全局统筹、系统思考：

第一，在理念层面上，我们应当秉持主动作为的理念，以严守规则、运用规则从而跨越合规风险之陷阱，以完善规则、创新规则从而重塑国际治理之规则。

第二，在治理层面上，我们要建立一套前瞻性、全球性的、系统性的国际化合

① 韩立余主编：《〈跨太平洋伙伴关系协定〉（全译本导读）》，北京大学出版社 2018 年版，第 6 页。

规治理体系。

第三，在风险管控工具层面上，我们还要预先设计并运行一套针对各种境外合规风险的应对策略和工具。

中国企业应当从以上三个层面出发，建立、实施内外兼具、点面结合，且从理念、治理到管控工具的前瞻的、全面的、系统的国际化合规建设，以便更有效地依法应对境外合规的风险与挑战。

第二编

治　理

如果说管理只是在森林中种树，那么治理则是在运筹整个森林生态系统。

企业合规是一个治理问题，并且是一个长效的自我治理的体系构建问题。

第三章
构建国际化合规治理体系

从种树到统筹整个森林生态系统。

一、管理还是治理？

一般认为，企业合规，是指企业及其员工因企业目的或以企业名义而为的行为要符合国家的法律法规、行业的监管规定、国际条约和相关协定以及企业章程和内部制度等相关要求。人们也往往总是将企业合规停留在运营管理的层面。但企业合规实质是一个治理问题，并且是一个治理体系的问题。

这不是一个简单的字眼纠结，而是事关企业合规的核心定位和实质界定。如果说管理是在森林中种树，那么治理则是在运筹整个森林生态系统。

首先，合规并非一个单纯的运营管理层面的问题，尽管合规风险事件或违规处罚案件常常发生在运营管理的环节，但我们可以从内部流程中追溯到不同层次的决策领域。

其次，公司治理本身涉及合规，不合规的公司治理无论就商业利益的实现还是法律规则的评判而言，都不会是有效的。

再次，合规包括个别性违规事件的处理，但绝不只是"头痛医头、脚痛医脚"的惩治与处罚，而更是企业全面的、系统的、从上到下的长效体系的建立和运行；否则"摁下葫芦浮起瓢"，违规事件将不断发生从而导致合规部门"夸父追日"般地充当"救火队"或"消防员"。

最后，只有得到企业高层的重视、参与和倡导，合规才能从企业决策到运营的各个流程和环节予以贯彻。西门子被处罚后，原德国财政部部长西奥·威格尔博士被选任进驻西门子集团担任合规监督员。“据威格尔博士回忆，在其四年任期里，所听到的最好的一句话是新任首席执行官告诉员工的，‘只有干净的生意才是西门子的生意。’来自高层的声音对于公司变革至关重要。但是，这种声音必须转化成延伸至最底层的真正的变革。”①

因此，企业合规是一个治理的问题，企业合规治理体系是指企业通过建立合规机构、打造合规团队、制定合规制度、设置合规机制以及形成从高层决策到基层操作的合规自治流程，从而实现提升企业合规系统能力和合规风险免疫力的自我治理体系。

另外，企业境外合规不是独立于企业合规治理体系的一个特别领域，而是融合于企业整体合规治理体系并与合规机构、合规制度、应对策略等各项系统因素有机衔接、无缝接嵌的整体企业合规治理体系的有机组成部分。同时，企业整体合规治理又是境外合规的体系基础和资源平台。

因此，中国企业走出去、国际化，应当建立的是一个境外合规与企业整体合规有机融合的国际化的合理治理体系。

总之，小智治事，大智治制。国际化的合理治理体系是我们跨越陷阱之阻碍、重塑规则之正义的基础性保障系统和支柱性力量泉源。

二、治理体系的构建标准

（一）国际规则

中国企业构建境外合规管理体系，首先要遵循国际规则。

本书中的国际规则是广义的，除主权国家国内法以外的国际条约外，还包括

① ［美］布兰登·L. 加勒特：《美国检察官办理涉企案件的启示》，刘俊杰、王亦泽等译，法律出版社 2021 年版，第 223 页。

多边条约和双边条约以及国际习惯等。虽然国际规则的约束主体主要是国家，并非企业，但一国企业违反国际规则的行为会导致国家主体的责任，另外，一国企业遵守国际规则前提下的境外合规管理，也是国家对国际规则的践行和遵守。因此，中国签署、认可的国际规则是中国企业构建国际化合规治理体系的重要标准。

（二）中国法律

中国企业必须遵守中国法律，且中国法律中相关涉外立法是中国企业国际化运营中需要重点研究和遵守的法律依据。

（三）其他国家法律

中国企业在东道国的投资并购行为、经营管理行为、商业交易行为等均应严格遵守东道国法律，因此，其他国家的法律也是中国企业国际化境外合规体系建设的依据。

（四）合规标准和指引

1. 国际标准或指引

近年来，针对企业国际化合规建设，许多国际性组织和区域组织颁布了很多非法律强制性的标准和指引，这些标准和指引对中国企业建立国际化合规治理体系具有参考意义。

例如，2021 年 4 月 13 日，国际标准化组织（International Organization for Standardization，ISO）正式发布了企业合规管理的国际标准，即 ISO37301：2021《合规管理体系要求及使用指南》（以下简称 ISO37301）。此标准是针对 2014 年 12 月 15 日发表的 ISO19600：2014《合规管理体系指南》（以下简称 ISO19600）的修订和替代。ISO19600 是世界上第一个关于合规管理的国际标准。

在企业合规领域，ISO19600 属于 B 类管理体系标准，仅就企业合规提供指南，不可用于企业合规的相关认证。新发布的 ISO37301 作为 A 类管理体系标准，可以作为各类组织自我声明符合、认证机构开展认证、政府机构监管以及司法机关对违规企业量刑与监管验收的依据。

延伸阅读

ISO 是标准化领域中的一个国际性非政府组织，也是世界上最大的国际标准化机构。

ISO 成立于 1947 年 2 月 23 日，现有 160 多个成员（包括国家和地区）。全体大会是 ISO 最高权力机构，理事会是 ISO 重要决策机构，其日常办事机构是中央秘书处，设在瑞士日内瓦。中国于 1978 年加入 ISO，是 ISO 常任理事国，代表中国参加 ISO 的国家机构是中国国家标准化管理委员会。

国际标准化组织的目的和宗旨是“在全世界范围内促进标准化工作的开展，以便于国际物资交流和服务，并扩大在知识、科学、技术和经济方面的合作”。其主要活动是制定、发布、推广国际标准，协调世界范围的标准化工作，组织各成员和技术委员会进行情报交流，与其他国际组织共同研究有关标准化问题。

虽然 ISO 文件不具有强制约束力，但其制定的国际标准已经被各国广泛采用，或者通过转化为国内标准应用于生产实践，使其在标准领域具有事实上的影响力。中国企业积极关注国际标准、正确融入国际合规标准，有利于在国际竞争中处于规则竞争的优势地位。

2. 中国标准或指引

中国相关部委和行业协会也制定了若干关于境外合规的中国标准和指引。

其实，早在 21 世纪初期，中国企业就开始践行现代意义的企业合规管理，只不过最早主要是在金融企业中倡导和实行，例如，原中国银行业监督管理委员会早在2006年就颁布了《商业银行合规风险管理指引》，原中国保险监督管理委员会早在2007年就颁布了的《保险公司合规管理指引》①等。

但中国企业普遍涉及合规管理则是在近10年才正式启动的。2018年12月，发改委、商务部等联合制定下发了中国历史上第一部全面的企业境外合规指引，即《企业境外经营合规管理指引》（发改外资〔2018〕1916号）。笔者将近10年所有涉及境外合规的标准和指引总结梳理如表3－1所示：

表3－1　近10年所有涉及境外合规的标准和指引

序号	时间	文件名称	机构/部门	文件编号	主要内容
1	2013	《对外投资合作境外安全事件应急响应和处置规定》	商务部、外交部等6部门	商合发〔2013〕242号	为保障境外中资企业机构和人员的生命财产安全，妥善处置各类境外安全事件，从处置责任、应急响应等维度作出了指导
2	2013	《对外投资合作环境保护指南》	商务部、原环境保护部	商合函〔2013〕74号	倡导企业树立环保理念，依法履行环保责任，要求企业遵守东道国法规并鼓励企业研究与国际接轨
3	2013	《2013规范企业境外经营行为，防治境外商业贿赂要点》	商务部办公厅	商合字〔2013〕5号	从加强调查研究、强化规范管理、配合妥善处理个案等方面做出了工作部署。明确要求加大境外巡视力度，加强一线监管和指导
4	2017	《民营企业境外投资经营行为规范》	国家发展改革委、商务部等5部门	发改外资〔2017〕2050号	主要从完善经营管理体系、切实履行社会责任等五个方面对民营企业境外合规进行引导

① 2016年12月30日，原中国保监会公布《保险公司合规管理办法》。该办法于2017年7月1日起施行，《保险公司合规管理指引》同时废止。

续表

序号	时间	文件名称	机构/部门	文件编号	主要内容
5	2017	《合规管理体系　指南》	国家标准化委员会	GBT 35770—2017	中国企业开展合规管理的重要文件，但不具有强制性，赋予了企业自主选择是否采用和实施的空间
6	2018	《中央企业合规管理指引（试行）》	国资委	国资发法规〔2018〕106 号	明确了把企业重点领域、重点环节和重点人员作为合规管理的重点
7	2018	《企业境外经营合规管理指引》	国家发展改革委、外交部等	发改外资〔2018〕1916 号	提出了对外贸易中的合规、境外投资中的合规、对外承包工程中的合规以及境外日常经营中的合规共计四大类合规要求并提出了企业合规管理的组织架构和管理目标
8	2020	《信息安全技术个人信息安全规范》	市场监督管理总局、国家标准化管理委员会	GBT 35273—2020	严格规范个人信息在收集、存储、使用、共享、转让与公开披露等信息处理环节中的相关行为，最大限度地保护个人的合法权益和社会公众利益
9	2021	《企业境外反垄断合规指引》	市场监管总局	国市监反垄发〔2021〕72 号	对企业建立境外反垄断合规制度，防范反垄断风险，应对调查和诉讼，进行了非常全面细致的介绍和提示
10	2022	《中央企业合规管理办法》	国资委	国务院国有资产监督管理委员会第 42 号	对中央企业合规建设的原则、组织职责、运行机制、制度建设等做了全面系统的规定，并要求中央企业应当针对涉外业务重要领域，根据所在国家（地区）法律法规等，结合实际制定专项合规管理制度。

以上合规标准和指导虽然没有法律层面的强制效力，但由于其更为具体，也更具可操作性，构成了中国企业建立境外合规管理体系很重要的参考性文件。

三、治理体系的逻辑结构

基于第一编第一章对于目前形势下中国企业国际化合规新征程的分析,在第一编第二章论述中国企业国际化合规理念的基础上,笔者结合多年合规管理的实践经验,对中国企业国际化合规问题深入研究,尝试着总结了一套以前瞻性、全球性、系统性作为贯穿主线的“三线四维十二键”国际化合规治理体系(见图3-1)。

所谓三线,即前瞻性、全球性和系统性3条主线,也是当前形势下,中国企业建立合规治理体系的基本原则。

所谓四维,即合规治理体系包括4个维度:精健的合规治理机构、职业的合规团队、科学的合规制度以及高效的合规管理机制。

所谓十二键,即十二键合规管理机制,包括侧重于事前防范预警的“研”“识”“训”三个键,侧重于事中控制应对的“守”“审”“报”“查”“考”“宣”六个键,以及侧重于事后评价整改的“评”“罚”“改”三个键。在企业合规实践中,我们可以根据具体阶段、具体情形下的管理需要,随时按下某一个或某几个键,启动某一项或某几项具体合规工作。

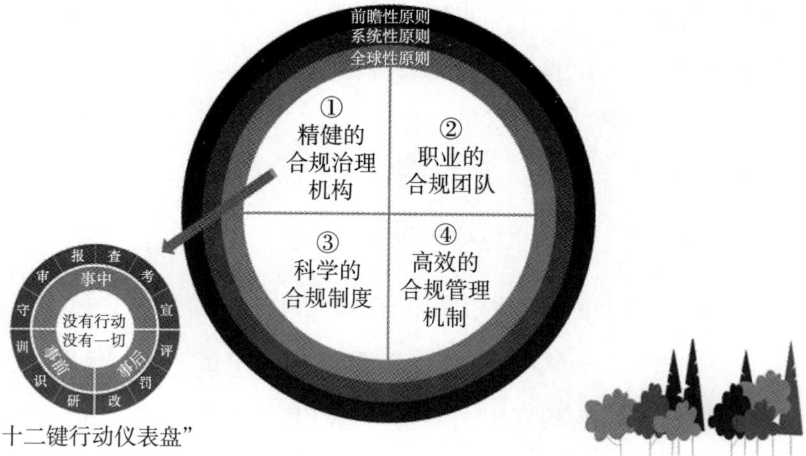

“十二键行动仪表盘”

图3-1　“三线四维十二键”国际化合规治理体系

在“三线四维十二键”国际化合规治理体系的基础上，中国企业就可以根据自身产业布局、商业模式和业务战略的不同，就本企业重点合规事项，进行专题研究和针对性法律规则分析，制定因地宜的应对策略。

中国企业国际化合规建设，合规治理体系是本，合规应对工具是术。本书第二编从第三章至第七章将主要针对以“三线四维十二键”为逻辑结构的合规治理体系展开，第三编从第八章至第十八章则聚焦50多项工具的术之设计。

四、治理体系的构建原则

（一）前瞻性原则

一方面，虽然逆全球态势导致中国企业境外合规风险的不确定性和挑战性陡然增加，但全球化商业活动不会持续减少，更不会消失。例如，《区域全面经济伙伴关系协定》（Regional Comprehensive Economic Partnership，RCEP）于2022年1月1日正式生效。RCEP的生效实施，标志着全球人口最多、经贸规模最大、最具发展潜力的自由贸易区正式落地，充分体现了各方共同维护多边主义和自由贸易、促进区域经济一体化的信心和决心。目前RCEP为各成员的企业和消费者不断释放更多红利，1～5月，中国与东盟贸易规模达3712.1亿美元，同比增长10.2%；中国对韩国、新西兰贸易规模也实现增长。

延伸阅读

RCEP 2012年由东盟发起，2020年11月15日，第四次区域全面经济伙伴关系协定领导人会议举行，会后东盟10国和中国、日本、韩国、澳大利亚、新西兰共15个亚太国家正式签署了RCEP。RCEP承诺简化亚太地区的贸易，而该地区的经济占全球经济的1/3。

2022 年 1 月 1 日，RCEP 正式生效，截至 2022 年 6 月 31 日，RCEP 的 15 个签署成员国中生效成员数量已达 13 个，包括文莱、柬埔寨、老挝、新加坡、泰国、越南、马来西亚、缅甸（8 个东盟国家）以及中国、日本、新西兰、澳大利亚和韩国（5 个非东盟国家）。

另一方面，当前和未来，中国越来越多地参与国际秩序的重建和国际规则的重塑，当中国企业越来越深入更广泛的国际市场时，中国企业将面临更严峻的境外合规风险与挑战。

习近平总书记在党的二十大报告中明确提出："中国坚持经济全球化正确方向，推动贸易和投资自由化便利化，推进双边、区域和多边合作，促进国际宏观经济政策协调，共同营造有利于发展的国际环境，共同培育全球发展新动能，反对保护主义，反对'筑墙设垒'、'脱钩断链'，反对单边制裁、极限施压。"①

在这种情况下，我们坚决贯彻落实习近平总书记的指示，中国企业既要有进取性的前瞻，即前瞻性地坚持全球化战略布局；同时，我们也要有稳健性的前瞻，即前瞻性地预估风险，坚持底线思维、居安思危。

我们应当在上述进取和稳健两个方向进行前瞻性思考，从提前防范的角度，未雨绸缪、先手布局、前瞻性构建国际化合规治理体系。

（二）全球性原则

在战略层面上，"全球化不可逆转，因为推进全球化进程的技术已经出现，这些技术是不会消失的"②。中国企业国际化合规治理体系的建设要坚持全球思维、综合统筹，在大局上谋划、在关键处落子，权衡利弊、长远统筹，确保合规治

① 习近平：《高举中国特色社会主义伟大旗帜　为全面建设社会主义现代化国家而团结奋斗》，载新华网，http://www.news.cn/politics/cpc20/2022-10/25/c_1129079429.htm。

② ［美］格雷厄姆·艾利森、［美］罗伯特·D. 布莱克威尔、［美］阿里·温尼编：《李光耀论中国与世界》，蒋宗强译，中信出版社 2013 年版，第 131 页。

理体系建设和应对策略设计促进符合人类共同繁荣进步的利益。

在技术层面上，中国企业走出去、国际化面临的境外合规挑战产生的影响往往涉及企业内外、行业内外、国家内外以及全球气候、政治、经济、文化、军事、历史等多方因素。了解世界形势，看懂全球利益和运用全球规则，对我们更好地了解中国企业和做好中国企业国际化合规非常有帮助。

在实践层面上，众多国际化跨国公司已在探求全球化的合规理念和实践。例如，联合利华、沃尔玛和宜家等跨国公司近年来都在全力推进气候、环境的全球改善。宜家在中国将其全球战略本土化，提出“在中国，为中国，与中国共创”，并致力绿色运营。2020 年，在整个中国市场，宜家实现了 90% 的电动车送货上门，以减少二氧化碳排放。“到 2030 年宜家所有的产品将由可回收或可再生材料制成。到那个时候，我们希望宜家完全实现能源独立。”①这些举措都是全球性思维在企业合规领域的践行和体现。

因此，中国企业国际化合规治理体系建设应当从全球战略思维的层面出发，具有全球化视野，遵循全球化原则。

（三）系统性原则

在当今百年之大变局形势下，多边贸易体系正在经受冲突，全球化格局的进程、路径都在经历重大变化和调整，给中国企业战略和合规治理带来了重大挑战和新的影响。我们只有建立系统性的国际化合规治理体系，才能在应对突发事件和重大事件中避免疏漏和短板，从而利用适应性、强韧性渡过难关。系统性意味着三个方面：

首先，合规治理体系要有原则、有机构、有团队、有制度、有计划、有机制，确保治理全面和完备，从而防微杜渐、铸就牢堤。

---

① ［波］安娜·库丽佳等：《宜家中国区总裁谈全球转型的本土化实践》，载《哈佛商业评论（中文版）》2021 年 10 月刊。

其次,合规治理体系各项因素之间要目标一致、协调一致,避免矛盾和冲突,形成治理合力。

最后,合规治理体系各项因素之间要相互联系、相互作用,紧密联系、高效协同,形成系统能力。

总之,前瞻性、全球性和系统性是我们构建中国企业国际化合规治理体系的三项基本原则,也是贯穿整个合规治理体系的三条主线,需要在董事会、监事会、经营层等各个合规治理的层级以及各个合规管理机制中贯彻始终。

五、数字化将成为国际化合规治理体系的终身伴侣

在本书第一章中,笔者已陈述了未来经济的科技化和数字化将给企业合规带来全新挑战。

“数字化将成为合规治理体系的终身伴侣”,此标题绝不是为了标新立异、吸引眼球。笔者认为:

第一,企业合规依附于企业的数字化转型。当前阶段大多数企业都在忙着进行数字化转型。企业数字化转型包括产品生产、营销等业务链条的数字化,也包括企业组织和管理流程的数字化。合规体系作为业务和管理的运行规则,必须依附于企业管理和运营同时进行数字化转型;否则,企业合规将被企业数字化运营“金蝉脱壳”似的决然地、历史性地遗弃。

第二,人工智能已成为合规治理的重要技术手段。例如,合规审核,尤其合同等文件的合规审核类似病例的人工智能诊断已经可由人工智能所取代。至于企业合规管理的信息化上报、统计和储存等更是最基本和常规的数字技术手段。

第三,数字行为、数字经济本身又是企业合规治理最鲜活的新领域。数字合规,已不仅是数字资产,而是包括个人信息的产权及其保护的问题。例如,“最著名的案例是苹果手机的信用卡算法被指控歧视女性,并引发纽约金融服务部

门的调查。”[①]算法的缺陷往往会影响数百万人，企业也可能会就此面临集体诉讼。

再如，2022年8月1日开始实施的《中华人民共和国反垄断法》（以下简称《反垄断法》）专门针对平台经济领域有如下具体规定。第9条规定：“经营者不得利用数据和算法、技术、资本优势以及平台规则等从事本法禁止的垄断行为。”第22条规定：“具有市场支配地位的经营者不得利用数据和算法、技术以及平台规则等从事前款规定的滥用市场支配地位的行为。”该类规定的实质即针对互联网平台经营者利用平台规则、数据、算法、技术实施垄断行为进行了规制，禁止经营者滥用数据和算法、技术、资本优势以及平台规则等排除、限制竞争。

第四，企业合规的其他领域也已与数字合规唇齿相依、休戚与共。例如，境外投资安全审查、境外上市披露、反垄断调查等也会涉及员工信息、消费者信息等数据管理，都会面临在遵从其他领域合规的同时如何同时把握遵守数据合规的问题。

因此，中国企业国际化合规治理体系的设置，需要认真对待数字化带来的永久陪伴以及相应的动力与挑战。

① 弗朗索瓦·坎德龙等：《人工智能监管来临：如何未雨绸缪》，牛文静译，载《哈佛商业评论（中文版）》2021年9月刊。

第四章
精简的合规治理机构

合规工作是知识工作，也是信息工作。
管理层级越多，信息损耗越多，决策越容易失真。
因此，企业合规治理机构设置必须坚持精简化。

企业合规治理机构的建立既要控制层级，又要控制人员。企业合规治理机构做到董事会、经理层、合规牵头部门为首的相关合规管理部门和业务部门四级为限，不宜再多。

另外，国有企业因为原有法律、审计、监察等部门已承担了部分合规工作，因此，国有企业合规治理应当尽量在原有企业治理机构中设置职能、拓展职能，不应另起炉灶、不叠床架屋，以避免无效协同、冗余沟通的增加，确保合规治理职能聚焦、高效、有力。

2022 年 10 月 1 日实施的《中央企业合规管理办法》设第二章专章对国有企业合规治理机构作了明确规定，且该办法第 12 条明确要求中央企业应当结合实际设立首席合规官，但不新增领导岗位和职数，由总法律顾问兼任；第 13 条又明确要求中央企业应当在业务及职能部门设置合规管理员，由业务骨干担任，接受合规管理部门业务指导和培训。此类规定充分体现了合规治理机构设置的精简化理念。

一、董事长是合规掌舵手

董事长既是企业合规治理的第一责任人，也是企业合规掌舵手。董事长组织董事会作为公司决策层，通过前瞻性、全局性、原则性的顶层设计，制定合规管理规划、解决合规管理资源配置、对重大合规事项作出决策等，并对企业的合规管理承担最终责任。

董事会的合规职责具体包括以下七个方面：

第一，审议批准合规政策，监督合规政策的实施，并对合规情况进行年度评估；第二，审核批准年度合规报告，对年度合规报告中反映出的问题进行决策和监督；第三，推动完善合规管理体系并对其有效性进行评价；第四，根据总经理提名，决定合规负责人包括首席合规官的聘任和解聘以及薪酬等；第五，决定公司合规管理部门的职责和设置，尤其是企业境外合规机构的职责和设置；第六，决定公司重大合规决策事项；第七，公司章程规定的其他合规职责。

董事会应当下设合规委员会（实践中常常与审计风控委员会合并设置），主要职责是协助董事会做好有关合规的重大决策以及合规事项的监督执行，一般应履行以下合规职责：研究合规管理战略，明确合规管理目标；设计企业合规管理体系，审核合规管理制度和重大合规风险管理方案；听取合规管理工作汇报，指导、监督、评价合规管理工作等。

二、总经理是合规守门人

总经理是企业第二合规负责人，也是企业合规守门人。总经理负责带领管理层执行董事会的合规决策，以及负责企业日常运营中的合规管理，主要职责包括以下七个方面：

第一，拟订合规管理体系建设方案，经董事会批准后组织实施；第二，组织充分利用合规资源、组织实施企业的合规管理体系；第三，拟订合规管理基本制度，批准年度计划等，组织制定合规管理具体制度；第四，应当熟悉各项合规管理的制度，并且合规、勤勉、审慎地行使职权；第五，组织应对重大合规风险事件；第六，指导监督各部门和所属单位合规管理工作；第七，应当组织构建企业自身的合规文化。

企业可结合实际情况任命专职的首席合规官协助总经理负责合规工作，首席合规官一般可由总法律顾问或企业法律事务负责人兼任。

在一般情况下，首席合规官是企业第三合规责任人，是企业合规管理工作具体组织实施者和日常监督者，不应当分管与合规管理相冲突的部门。

三、首席合规官是合规操盘手

首席合规官是总经理合规管理的助手，属于合规治理的管理层，也是企业合规的首席操盘手。《中央企业合规管理办法》第 12 条明确规定："中央企业应当结合实际设立首席合规官，不新增领导岗位和职数，由总法律顾问兼任，对企业主要负责人负责，领导合规管理部门组织开展相关工作，指导所属单位加强合规管理。"首席合规官的基本职责包括以下八个方面：

第一，协助企业负责人贯彻执行董事会合规工作规划和各项要求，协助企业负责人全面负责企业的合规工作。第二，协助企业负责人构建本企业合规治理体系，包括境外合规治理体系、合规制度的制定与执行、合规管理机制的建立和运行等。第三，加强合规管理队伍建设，做好人员选聘和培养，维护合规工作团队的专业性和稳定性。对子企业首席合规官的任免提出建议。第四，牵头完善重大经营管理决策合法合规性审查机制，并参与企业重大经营决策，出具合法合规性审核意见。第五，向董事会、企业主要负责人汇报合规管理重大事项。第六，牵头处理企业重组并购、重大交易所涉及的重大合规事项，并牵头合规相关的谈判与磋商。第七，指导业务部门合规管理，对业务部门合规管理包括境外合规管理，提出意见和建议；协调合规管理与企业各项业务包括境外业务之间的关系，监督合规管理执行情况，及时解决合规管理中出现的重大问题。第八，法律法规、公司章程等规定的其他合规管理职责。

四、合规管理部门的职责

企业可以因地制宜、结合实际设置合规管理部门，最好由现有具有合规管理职能的相关部门分门别类地承担各自相关合规管理职责，同时确定其中主要合规管理部门作为合规牵头部门。例如，将法律部设置为企业合规牵头部门，同时作为董事会合规委员会的办公室。合规牵头部门向首席合规官负责并汇报工作。

合规牵头部门一般应履行以下合规职责：第一，组织起草合规管理基本制度、具体制度、年度计划和工作报告等。第二，负责规章制度、经济合同、重大决策合规审查。第三，组织开展合规风险识别、预警和应对处置，根据董事会授权开展合规管理体系有效性评价。第四，持续关注我国及业务所涉国家（地区）的法律法规、监管要求和国际规则的最新发展，及时提供合规建议。第五，受理职责范围内的违规举报，提出分类处置意见，组织或者参与对违规行为的调查。第六，组织或者协助业务及职能部门开展合规培训，受理合规咨询，推进合规管理信息化建设。

国际化企业在合规管理部门设置中需要优先考虑境外合规管理职责的设置，在企业总部合规部门应当设置专门性境外合规管理团队或专员，在境外设置区域性、国别性法务中心，以充分利用东道国法律资源维护企业合规权益。

五、业务部门的合规职责

业务部门是本单位合规管理的基础性责任主体，业务部门负责人是其合规首要责任人。业务部门应当设置合规管理员，负责本部门合规风险识别、评估、处置等工作，接受合规管理牵头部门业务指导和培训。

业务部门履行合规管理“第一道防线”的职责，具体包括：

第一，按照合规要求完善本领域业务管理制度和流程，制定本领域合规管理指引及有关清单；第二，开展本领域合规风险识别和隐患排查，及时发布合规预警；第三，对本领域内制度、文件、合同及经营管理行为等进行合法合规性审查；第四，及时向合规管理牵头部门通报风险事项，组织或配合开展合规风险事件应对处置；第五，做好本领域合规培训和商业伙伴合规调查等工作；第六，组织或配合进行本领域合规评估、违规问题调查并及时整改；第七，向合规管理牵头部门报送本领域合规管理年度计划、工作总结；第八，公司章程等规定的其他职责。

境外业务部门，包括境外子公司或办事处，应当严格遵守东道国的法律、遵守相关国际规则，结合自身业务特点，因地制宜地完成上述合规管理职责，确保相关合规制度、合规管理计划等有效实施和实质合规。

六、监事会的合规职责

监事会作为公司监督机构，应当履行对合规进行全面监督的职责：既要对业务部门进行合规监督，也要对合规管理相关的法律部门、财务部门以及审核部门进行监督；不仅要有事后监督，也要有事前和事中监督。监事会合规监督职责包括以下四个方面：

第一，对企业董事、总经理和其他高级管理人员执行公司职务时违反法律、行政法规或公司章程的行为进行监督，并有权通知他们停止相关违法违规行为；第二，随时调查企业的合规执行状况，审查合规体系文件、合规记录和合规报告，并把合规意见向董事会通报；第三，当监事会认为有必要时，一般是在企业出现重大合规问题时，可以提议召开临时股东会；第四，公司章程规定的其他合规职责。

七、协同是合规的重要品格

合规管理部门需与业务部门分工协作。境外经营相关业务部门应主动进行日常合规管理工作,识别业务范围内的合规要求,制定并落实业务管理制度和风险防范措施。合规管理部门应当组织业务部门进行合规审查和风险评估,组织或监督违规调查及整改工作。

合规管理部门需与其他监督部门分工协作。合规管理部门与其他具有合规管理职能的监督部门(如审计部门、监察部门等)应建立明确的合作和信息交流机制,加强协调配合,形成管理合力。企业应根据风险防控需要以及各监督部门的职责分工划分合规管理职责,确保各业务系统合规运营。

企业需与外部监管机构沟通协调。企业应积极与境内外监管机构建立沟通渠道,了解监管机构颁布或运行的合规管理流程,制定符合监管机构要求的合规制度,降低在报告义务和行政处罚等方面的风险。

企业需与第三方的沟通协调。企业与第三方合作时,应做好相关的国别风险研究和项目尽职调查,深入了解第三方合规管理情况。企业应当向重要的第三方传达自身的合规要求和对对方的合规要求,并在商务合同中明确约定。第三方包括供应商、客户以及相关政府机构和公共管理机构等。

第五章
职业的合规团队

若只有组织机构，而没有职业的团队，没有极强的专业能力，
则犹如人体只有骨骼，没有肌肉，无力量，便谈不上执行力和战斗力。

国际化的合规治理体系需要配备优秀的涉外合规人员。涉外法治人才的培养在涉外法治建设中具有基础性、战略性、先导性的地位和作用，中国企业国际化合规应对是一场很艰巨的持久战，对中国企业合规管理团队解决复杂问题的能力、适应多元文化的能力、适应境外艰苦环境的能力提出了更高要求。我国目前又恰恰较缺乏涉外法治人才。《法治中国建设规划（2020—2025年）》提出要"推动建设一支高素质涉外法律服务队伍、建设一批高水平涉外法律服务机构"，要"完善高等学校涉外法学专业学科设置。加大涉外法治人才培养力度，创新涉外法治人才培养模式"。

优秀的首席合规官直接决定了企业合规管理的站位和水平。尤其在团队塑造方面，首席合规官发挥着至关重要的作用。如果首席合规官不能发挥领导作用，将导致整个合规团队的职业素养和专业水平的提升。因此，笔者认为，企业合规团队建设的第一要务是选好首席合规官。

一、首席合规官的职业画像：四项特征

《中央企业合规管理办法》只是规定首席合规官由总法律顾问兼任，并未对首席合规官的任职条件提出要求。笔者认为，首席合规官相对总法律顾问，是一

个更综合的管理职位。如果给首席合规官画像,那么首席合规官需要具备四项基本特征:忠诚的品格、善于学习的能力、高超的沟通能力、解决问题的能力。

首席合规官须具有忠诚的品格,是一位忠诚的坚守者。

首席合规官要忠于党的领导、忠于人民、忠于法律、忠于公司,尤其在涉外合规问题判断和决策中,面对巨额短期利益或局部利益、众多合规合理性质疑等,首席合规官要以忠诚为先,要敢于坚持原则并独立、客观发表意见,勇于和善于保证合规原则的贯彻始终和彻底。

首席合规官须善于学习的能力,是一位学习者。

虽然合规工作需要丰富、充分的专业积累作为基础和保障,但我们不能只强调专业性。在管理创新和技术创新日新月异的今天、社会发展快速进步和外部形势瞬息万变的今天、信息化水平快速提升的今天,知识易得,又过时极快。不能及时学习的专业性只能算得上是伪专业性,将会很快沦陷为历史经验论。因此,学习能力已成为专业性的代名词,笔者将学习能力概括为"敏锐的知识触点发现、快速的知识核点吸纳以及及时联系企业实际进行整合应用的能力"。学习能力已取代知识成为合规管理者最重要的一项基本素质。由于合规工作涉及法律、财务、企业运营、资本市场、国际贸易、知识产权等多个领域,因此,首席合规官还要有跨界学习的兴趣和能力。

首席合规官须具有高超的沟通能力,是一位沟通者。

首席合规官面临和内部业务经营部门(第一道防线)、财务、风控等审核部门(第二道防线)以及审计、监察等(第三道防线)等各个部门的日常沟通,面临与外部政府机关、公共机构以及法院、仲裁机构的常规沟通,也面临与外部供应商、客户等进行磋商、谈判等特别场合的沟通;大量形式多样、内容复杂的沟通工作需要首席合规官具备高超的沟通能力。尤其是针对中国企业国际化合规工作,首席合规官需要具备跨文化的沟通能力。

值得注意的是，首席合规官的沟通能力绝不能是“八面玲珑”地迎合各方利益，更不能是“无事生非”地人为制造矛盾。而是从全局出发，在准确、前瞻判断的基础上完成公正、客观、明晰的表达，并在此基础上，沟通、协调、组织各方为企业共同、长远利益一致行动，从而确保企业商业战略准确到位的贯彻实施。

首席合规官须具有解决问题的能力，是一位问题解决者。

首席合规官每天都在经手大量针对重要决策的合规审核并协助企业负责人进行重要决策，但企业发展和企业负责人需要首席合规官做的不是简单的批准或否决，而是同他们一起创造价值。首席合规官面对市场和业务既要敢于说“不行”，更要善于说“行”。

解决问题的能力，是一种建立在优秀的专业能力和沟通能力基础上的、快速运用新知识和新思维解决疑难复杂问题的能力，也是合规工作中最务实、最高光的知行合一。

在实践中，解决问题的能力首先表现为对复杂疑难合规问题的准确研判和清晰表述，以及解决方案的路径确凿和可操作。“大概”“可能”“差不多”“也许是”等是没有研究透彻和不能准确定论的典型语言表现，解决方案自然无法操作和实现，至少在执行中也将大打折扣。

“善学者尽其理，善行者究其难。”解决问题的能力，是对首席合规官真功夫的检验试金石，也是首席合规官勇于担当的力量源泉。

在首席合规官的四项特征中，忠诚是基本要求、门槛条件。没有忠诚，就没有一切。学习能力又是沟通能力、解决问题的能力和保持忠诚的保障。没有学习能力就不会有专业性，而没有专业性的其他一切能力都是谎言。“才者，德之资也；德者，才之帅也。”涉外法治工作不仅需要“亮剑”的忠诚和勇气，还要有“亮剑”的本领和能力。专业性是合规团队职业素质的基本要求。

当然，境外合规是一场持久战，首席合规官也需要坚强的意志力和奉献的精神以及针对攻坚克难任务的勇敢和担当。“亿康先达积数十年全球研究之功得出结论：未知欲是反映潜力最重要的指标，而意志力也是一项关键指标。”①

总之，首席合规官是建立在忠诚者和学习者基础上的沟通者和问题解决者。尤其在面对危机事件、重大难题时，首席合规官还要具有全局意识和临危不惧、临难不屈的坚强意志。

二、组建职业团队：要黄牛还是鹦鹉？

涉外合规人员需要具有深厚的理论功底、广阔的国际视野、善于处理国际法律事务的能力以及敢打硬仗、能打胜仗的坚韧与毅力。组建涉外合规管理团队应当关注以下三点：

（一）客观与公正是合规人员的首要标准

合规管理既涉及针对不合规的约束、监督和惩罚，也涉及各种私与私、私与公、公与公之间的利益冲突。合规管理人员应当首先确保忠于公司，而坚持原则和客观公正是一个人能否坚守对公司忠诚的人格基础，也是其能否履行好合规管理职责的人格基础。

（二）专业性是合规人员的基本条件

企业合规工作具有很强的法律性、政策性、专业性和复杂性，合规工作也可以说是一项技术密集性、知识密集型的工作。只有具备坚实的专业能力，才能将合规工作做好，为企业真正创造合规的商业价值。

因此，合规人员招聘，无论从工作绩效，还是从企业成本考量，为了耕地，我们都得招聘一头能够专业、敬业、苦干的“黄牛”，而非音色优美的“鹦鹉”，尽管我们也能教会鹦鹉啄地。

---

① [阿]费洛迪：《合伙人：如何发掘高潜力人才》，高玉芳译，中信出版集团 2015 年版，第 XXII 页。

根据笔者的经验,以实践合规案例为考试内容的专业笔试是考察合规人员专业基础必不可少的方式。我们很难想象一名将以“合规案例”为题的试卷答错40%的应聘者,在实际合规审查工作中能发现100%的问题,在笔试中未发现的那40%的问题在实际合规岗位上将导致企业的巨大损失。

这一点,绝不是耸人听闻。

另外,2021 年 12 月 15 日,司法部下发了《司法部办公厅关于加强公司律师参与企业合规管理工作的通知》,要求公司律师要充分发挥专业职能、充分参与企业合规,提升企业依法合规经营水平,促进经济高质量发展。公司律师是通过统一法律职业资格考试、取得司法部律师注册并在企业内部从事法律工作的专业人员。企业在合规人员组建中可以将是否通过统一法律职业资格考试作为专业判断的最低、最基本要求。

那么,专业性的标准是什么?

笔者认为中国企业国际化合规团队的专业性是法律能力、业务能力和外语能力的“三融合”的专业性。

第一,法律能力的专业性。合规人员为了确保其法律的专业性就是要不断学习。我们不仅要不断学习企业所在行业领域的最新趋势,包括技术发展趋势和国际政治经济形势发展趋势。更要随时根据相关立法、政策的颁布更新法律知识,以确保我们法律判断的准确性、严谨性,以及确保在合法合规前提下,游刃有余地解决复杂疑难问题。

第二,业务能力的专业性。是否能够促进企业商业目标实现,是否能够推动企业业务战略落地是合规人员业务能力专业性的检验标准。而要实现上述业务专业性,合规人员需要做到以下三点:

首先,合规人员不仅要从合规维度看问题、解决问题,还必须要在更广阔的商业维度看问题,不能不说“不”,但绝不能只说“不”。合规人员作为引导者和驱动者要与公司管理层一起思考，一起找到和客户的双赢点，帮助管理者和客户找到双方的重合点，作出正确的选择；在控制风险的同时，技高一筹地解决问题，实现其商业目的。

作为合规人员，当你衡量自己是否专业时，只需扪心自问一个问题：你帮助公司实现营利了吗？你让公司的资产负债表、利润表或现金流量表因为你的能力、行为和贡献有所改善和提升了吗？

其次，合规人员的专业性还表现在服务精神。合规人员必须找准定位。企业是商业组织，营利是企业的天然基因。“形而上者谓之道，形而下者谓之器。”有观点认为，公司业务战略和商业利益永远是形而上之“道”，合规永远是形而下之“器”。笔者认为，合规人员只要准确理解客观现实、发现真实角色，找对定位、找准定位，将形而下者融入形而上者，富有成效地为业务提供服务，与业务融为一体，从而促进赢利，创造商业价值，就能创造合规的商业价值和生产力。

笔者多年的法律合规工作体会，可以概括为一句最通俗的话：合规首先是服务，其次才是管理；没有服务，就没有管理。

最后，合规人员业务专业性的外在特征是要用业务的语言、管理的语言说话。合规人员要融入企业战略、商业计划，甚至要从首席执行官的角度，从全局战略出发，运用商业、业务和管理的语言说话。

合规人员在发表合规意见时，在表达中“是法非法”，与企业管理人员的语言亲密恰合，才是合规管理的最高境界。最忌讳的是使用大量专业、晦涩的术语进行大段论证，从理论到立法予以分析，再加以几个复杂的案例，则会让管理者和业务人员一头雾水。

笔者20年前曾牵头一个重大复杂的首次公开发行股票（IPO）项目。那是一个成立于1949年的公司，历史悠久、业务多元，公司营业执照仅经营范围就写了20多项：从进出口到生产加工，从农业种植到广告展览，从貂皮大衣到辣椒干等。

项目启动会后，为了让新入场的投行、律师、会计师尽快进入角色，笔者给他们发送了一个项目概要的邮件，并抄送公司领导。那是一份思路清晰、表达精确、问题聚焦又言简意赅的邮件。笔者认为这封邮件体系完整、问题突出、重点提示也恰到好处。但第二天，领导将笔者叫到他办公室，他说："你的邮件写得强硬了一点。"

笔者当时非常震惊和诧异，因为笔者丝毫没有"强硬"的主观意图。笔者回到办公室打开邮件，坐在椅子上凑近电脑阅读了好几遍，站起来又远观阅读好几遍，着力反思，这才发现笔者写的这封邮件的表述语言基本全是管理术语和法律术语，并没有用日常研讨、交流的语气。简单地说，这份邮件类似一份技术说明书，不是"人"说话或者没有说"人"话。

这件事虽已过去 20 多年，但笔者仍记忆犹新。

也正因为这件事，笔者开始大量阅读经济类、管理类书籍。第一本是《杰克·韦尔奇自传》。2001 年《杰克·韦尔奇自传》简体中文版出版。也是从那一年开始，在法律读物之外，笔者开始经常关注最新出版的前沿性、前瞻性的经济类、管理类读物，持续 20 多年之久。

总之，合规人员要将自己深度融入业务，在服务中实现合规。成功的合规是"润物细无声"。"低感"甚至"无感"的合规，以经营者的思路坚守合规、运用合规，才是合规人员执业素质的最高境界。

第三，外语能力的专业性。国际化合规人员应当具备将外语作为法律工作语言的能力。实践中，合规人员容易有一种错误的做法，认为只要外语好就可以作为法律工作语言。

其实，要将外语作为法律和合规的工作语言，才是法律外语能力，而不是一般的外语能力。这与一位以外语作为母语的非法律专业人员无法像律师一样运用自如地正确处理自己的法律事务是一个道理。

我们需要的是涉外法律人才(涉外法律人才需要具备系统、严谨、成熟的法律思维和法律知识),而不是外语翻译人员。更何况同一个语词在法律语境和非法律语境下具有不同的含义、语法和用法,尤其英美法律涉及更多案例和判例,非有扎实涉外法律专业基础和丰富涉外法律实务经验的外语人员无法承担涉外合规的翻译工作,更无法直接作为涉外合规工作人员承担涉外合规工作。

尤其在重大复杂案件和项目情景下,在争议分歧关键时刻,叠加法律禁反方的惯例无法给我们很多的纠正机会,不具有扎实法律基础的外语人员在谈判桌上或法庭上的表达失误、语言失准将会导致二次纠纷和争议,甚至导致被动和最终失败。

因此,我们在国际化合规团队的招聘和组建中一定要清醒:法律外语与一般外语存在很大差别,涉外合规人员首先是法律、合规的专业人员和业务的专业人员,法律外语只是其语言能力。

(三)相对优厚的薪酬待遇是维护稳定性的合理条件

涉外法律合规人员需要通晓国际法律规则,并能将外语作为工作语言,他们更具市场价值和职业竞争能力,故作为对涉外合规人员的激励,我们应当给予其相对高于一般水平的薪酬和职业发展空间。

境外合规是一项长期、艰苦的工作,通过分享机制和及时激励保持团队的稳定性,有助于保护企业合规相关隐性知识的存续进而确保企业合规管理的韧性。

三、塑造职业团队:创造价值更重要

(一)坚持公正、透明并给予安全感

公正、公平往往是团队成员们内心最根本的期望。作为团队负责人,需要主持发展机会、考核、奖励等分配领域的公正和公平,以确保成员对于未来的可预期,而可预期将造就大家的安全感。

另外，只有组织内部决策的透明以及确保大多数成员真正地参与，才能塑造团队成员主人意识，从而调动团队成员的积极性和热情，从更深层建筑起成员内心的安全感。

注意，这里指的是真正地参与，而非作为个人决策掩饰的形式主义地参与。后者会让团队成员产生被愚弄的感觉，效果适得其反。“笔者坚信公开透明要比要隐瞒信息好，如果你能做到流程周密、合理、公平，你的结论就经得起推敲，就能赢得支持。”①

团队成员安全感的建立和相对透明的沟通氛围，有助于他们愿意拥抱变化、作出奉献并产生等待延期兑付的耐心，也能给予团队成员向企业分享自己才华和技能、渴望和职业目标的机会，提升团队的凝聚力。从而增强团队成员为组织愿景暂且放弃自我利益的心理动因，促使整个团队身心合一，专注于组织，远离损耗，释放潜力，创造非凡业绩。

（二）科学规划、创造价值

笔者曾在五年时间里，同时组建、塑造四个合规团队。第一个是法律团队，有 20 多人，涉及法律合规；第二个是质量安全团队，涉及产品质量、环境保护和安全生产的合规，有 80 多人；第三个是证券管理团队，涉及资本市场合规，有 2～3 人；第四个是打假团队，只有 3 名兼职人员。

在这五年中，笔者最真切的体会是：要让团队成员都十分愿意努力和付出，除了薪酬和职级等传统激励外，关键的是为大家规划一个具有价值的共同愿景并且带领大家实现它。

这是一家从事品牌业务的行业头部企业，拥有若干项驰名商标。但知识产权长期以来由各二级子公司分别管理，商标、专利注册管理和维护混乱，主品牌

① ［阿］费洛迪：《合伙人：如何发掘高潜力人才》，高玉芳译，中信出版集团 2015 年版，第 135 页。

在多个国家被抢注，且市场上假货在冲击着正品的推广与销售。于是，笔者申请成立了打假办公室，为了确保取得决策者的支持和审批，笔者没有要求增加编制和人员，全部打假由法律部团队的一名诉讼工作人员、一名知识产权人员和笔者兼职，笔者担任打假办公室主任。这是该企业历史上第一个打假办公室，也是该企业历史上第一次启动了打假工作。

有时，为了把事情做成，得先确保立项；而为了确保立项，最容易、最快速的方式就是不增加人员、不增加费用、不增加成本。

打假办公室成立后，我们三人进行了充分的沟通与讨论，自下而上，自上而下，制定了“三项重点、齐头并进”的知识产权与打假管理规划：第一，千方百计抢回在境外被抢注的商标和域名等知识产权，为企业拓展境外市场、增加出口数量提供支持；第二，联合司法机关大力开展打假工作，从民事、行政、刑事等多个途径打击假货、拓展正品市场；第三，制定打假激励管理办法，对打假取得成绩的二级公司和打假人员进行及时的奖励。

打假办公室成立之初，笔者给团队反复分享笔者的真实想法：

第一，这是一项密切结合公司业务战略、倾力支持业务增长的新规划、新项目，我们打假的成效将改变企业经营数字，改变企业三张表，具有商业价值，是法律合规人员创造商业价值的难得机会。

第二，不是每一家公司都有假可打。只有知名的品牌、优秀的企业、优质的产品，才有假可打。我们非常幸运地在一家优秀的公司从事法律合规工作，从而有了在法律合规职业生涯中难得的打假经历。

我们在本职工作之外，迅速学习、迅速行动，打假在专业和经验方面对我们来说都是一个新问题，我们之前都没有相关经历和经验。但大家对自己将从事的打假工作能改变公司经营数字备受鼓舞，且感受、拥有了真实的价值感。

我们为此付出了大量的时间和精力。我们在一年多的时间里，首先取得了主商标在其他国家和地区被抢注后的收回工作，这得以让我们的产品在收回商标的当年开始进入上述市场。与此同时，我们在境内外的打假取得显著成效，若干人员被罚，大量的假货被查封、没收，假货的退出为企业正品腾出了市场，我们还把原来销售假货的境外公司转化成为销售正品的经销商，从而拓展了境外市场、提升了出口的销售额和利润。当然，对于二级公司和打假人员的奖励也逐步实现。

尤其当原来销售假货的境外公司转身成为我们正品产品的经销商，签署第一份正品销售协议时，两位年轻的团队成员欢欣鼓舞，大家忘记了所有兼职的额外付出和打假特别情形下的生命危险，为自己对企业创造的新的商业价值点感到满足并因此多了一份真实的自我肯定。

所以，结合公司战略，制定具有重大商业价值并具有挑战性的工作规划，并充分赋能、帮助年轻人取得成就感，有利于人尽其才，也是提升合规团队生产力的有效措施。

（三）扁平管理

合规团队的工作是知识密集性工作，或者说信息工作。

合规工作需要研判准确、反制迅速，但科层式、官僚式的塔式管理和汇报层级，尤其境外合规上报受限于时空的干扰，将导致严重的信息损耗和效率低下。

故合规团队的管理模式应当扁平化、平台式，以促进信息的快速流动和众人智慧的随时展现，确保决策的速度、准确和完善。尤其重要的是，扁平化管理可为各层次的团队成员，包括年轻团队，创造思考和突破的机会和平台，促进知识个体能量的充分释放。

另外，在特别合规项目中，应建立首席合规官向企业合规第一责任人的直报制度，以保证特别紧急合规事项的管理效率和准确性。

总之，结合公司战略，制定具有重大商业价值并具有挑战性的工作规划，并扁平管理，充分赋能、帮助年轻人取得成就感，是提升合规团队生产力的有效措施。

（四）持续学习

首席合规官也是首席培训官，要率先垂范，亲自带领团队学习生长。笔者经常对团队讲："生长的生不是升职的升，而是生命的生。"人，是精神和物质的综合体，如果只有饮食维持物质细胞的新陈代谢，而没有知识更新维持精神思考的更新，那么人的生存是不完整的。有时候，或许需要在没有生长的升职和没有升职的生长之间作出艰难选择。

尤其当前知识经济时代中，技术变革非常迅速，终身学习对于每一个人都是不可或缺的。除了通过办公桌面书本知识的培训和会议室 PPT 的培训外，首席合规官要持续结合行业特点和企业团队文化引导合规人员进行执业素养和技能的训练。

第一，在海外重要地区、重点项目应当明确特定的合规管理机构并配备专职合规人员，在岗位实践中培养涉外合规团队，为团队在涉外合规工作中经风雨、见世面、壮筋骨、长本领创造机会。

第二，除岗位锻炼外，中国企业也可以积极推荐更多优秀涉外法治人才到国际组织、国际司法仲裁调解机构兼职，通过多种途径加强涉外合规专业人员的培养。

第三，在条件允许的情况下，企业可以安排合规人员脱产参加世界银行、世界贸易组织等相关组织的合规专题培训，请合规人员在国际组织现场实操中熟悉境外合规规则和实施程序。

（五）看重女性

"伦敦城市大学卡斯商学院的芭芭拉·卡苏教授和其他四位研究员一起比较了自 2008 年全球金融危机以来，欧洲大型银行董事会和领导团队多样性的数据,以及这些银行被美国政府罚款的记录。他们发现,女性董事越多的银行,因管理不善而被罚款的金额更少,频率也更低,平均一年可以帮银行节约 784 万美元。他们得出的结论就是:银行董事会中女性越多,欺诈犯罪越少。"①从心理学的角度,女性相对男性更加谨小慎微、更加细致,从而更加遵从规则和坚守原则。

因此,笔者主张合规管理团队建设应当看重女性、增加适当比例的女性合规管理人员,以提高团队组成的多样性和确保合规管理的原则坚守,尤其在目前和未来中国进入老龄化社会、高端专业人才竞争比较激烈的情形下,我们选择高素质女性合规人员加入合规团队,也是前瞻性的先占之举。

但"各项研究都表明,女性对自身表现的评价普遍低于实际情况,而男性则会过高地评价自己的表现。"②因此,笔者经常鼓励合规团队中做了大量专业、扎实、烦琐的幕后工作的女同事们开会坐在靠前的座位坐并大胆、准确地发表合规意见。

四、发掘职业中介:尊重、管理与激励

习近平总书记曾指出:"要注重培育一批国际一流的仲裁机构、律师事务所,把涉外法治保障和服务工作做得更有成效。"③

涉外合规涉及不同国家和地区的不同法域,在某些情形下,中介机构对企业境外合规事项处理不可或缺,例如,337 调查等知识产权合规事务,程序快捷复杂,涉及专利技术且技术性和专业性强。此外,中美知识产权保护的立法规定有很大差异。如果没有既懂得 337 调查程序,又熟悉美国知识产权和美国国际贸

① 斯科特·巴里纳夫访:《卡苏教授,捍卫你的研究吧》,柴茁译,载《哈佛商业评论(中文版)》2021 年 5 月刊。

② [美]谢丽尔·桑德伯格、[美]尼尔·斯科维尔:《向前一步:女性、工作及领导意志》,颜筝等译,中信出版社 2013 年版,第 22 页。

③ 《习近平谈治国理政》(第 4 卷),外文出版社 2022 年版,第 296 页。

易委员会程序的专业律师代理企业参与案件应诉工作，企业很难确定积极、合理的应诉策略以充分保护企业合法的商业利益。

因此，中国企业应建立广泛、可靠的境外合规中介资源储备，包括中国涉外律师事务所、中国涉外会计师事务所以及境外律师事务所、境外会计师事务所等涉外中介机构。实践中，企业必须加强与涉外中介机构的协同与管理，完善内部管理机构为主、外部资源为辅的涉外合规工作机制，突出发挥外部资源对内部合规团队的有效补充和有力支持。

笔者主张在严格遵守企业服务供应商管理制度的前提下，以优惠的费用，聘用最优秀和最专业的中介团队。一方面，优秀的中介力量才更具专业力和战斗力；另一方面，公司内部合规团队需要持续学习和生长，优秀的中介及其团队是企业内部合规团队最好的培训师和案例教学的引导者。

笔者的实践经验是，作为企业合规管理者，寻求中介之支持、竭尽中介之力量的最佳方式不外乎三项：一是充分尊重，二是严格管理，三是适度激励。但前提条件是企业应当建立自己专业的合规团队，建立以内部合规团队为主、外部中介为辅的工作机制，内部合规团队能够对中介提出的方案进行专业把关。

（一）尊重中介是合作基础，更是企业合规管理者的职业素养

改革开放40多年来，中国培养了一批非常优秀的涉外中介机构，这些中介机构都是行业翘楚，且为专业积累付出了大量努力和心血，属于中国特色社会主义新时代法治建设的宝贵人才。他们是智力密集型的服务提供者，尤其目前阶段涉外中介机构社会地位还未被充分提升的情形下，企业合规管理者要摒弃传统、狭隘的甲方身份之优越感，在日常工作方式和态度方面充分尊重涉外中介人员。

尊重涉外中介机构，是企业合规管理者的职业素养，也是尊重知识和经验，有利于激发涉外中介机构的主观能动性和服务精神，发挥潜能，提供更为高效、专业的服务。

（二）管理是重要手段

涉外中介机构的管理主要包括两个方面，费用管理和质量管理。

第一，费用管理。例如，境外律师事务所的费用往往比较高，律师费用往往也成为企业是否考量应诉的重要因素之一。涉外合规事务律师费用一般包括律师服务费，业务开销费（差旅、电话、传真、复印等），专家证人费，法律服务费（翻译、电子版文件证据制作、图表制作等），会议费或接待费等，费用的构成及总额也会因案件复杂程度、案件进展而不同。我们实际操作中可以通过以下方式来控制费用：

1. 科学搭配律师团队的结构，如一名高级合伙人律师、一名高级律师及数名初级律师。境外律师往往以小时收费，中初级律师能完成的工作就不用安排高级合伙人参与。

2. 最好能选择在中国设有办事处的外国律师事务所，减少与外方的沟通成本，也有利于克服时差问题。境外律师事务所的境外办公室和中国境内办公室可相互分工协同以配合中国企业的中国时间开展工作，以此来提升效率。

3. 在反倾销、反补贴以及知识产权相关调查、案件中与其他法律地位相同的中国企业可以积极联合应诉，可分享信息、分摊工作、分摊律师费用。

4. 中国律师事务所在境外有分支机构的，可优先选择，以减少翻译成本并减少费用。

5. 定期与律师团队沟通，讨论预算和工作范围以及任务书，从而动态跟踪以严格控制总体费用和支出。

第二，质量管理。为了加强对境外中介机构的质量管理，企业可以根据相关行业行政主管部门、行业协会的处罚信息、司法建议和涉外合规事务承办情况以及涉外中介主办人员的职业素养、服务态度和工作绩效等，不定期发布中介聘用负面清单。建议可考虑列入负面清单的情形有：

1. 近3年受过行业行政处罚或其他行业处分的；

2. 在过往5年内涉外事项承办过程中发生过过错，或造成过损失的；

3. 过往5年内曾违反职业道德，给企业或关联企业造成重大损失的；

4. 过往3年内曾发生未事先取得豁免而接受利益冲突方委托的等。

（三）适度激励是有效补充

企业可以根据合规事项的复杂程度、时效要求、标的金额等因素，与中介机构协调风险代理模式或者就重大特别事项约定对中介的特别奖励机制，以确保中介机构的充分投入和为实现目标持续攻关克难。

当然，企业还应当与涉外政府管理部门和涉外行业组织，如对外投资管理部门、对外贸易管理部门、国际仲裁机构、国际争端解决机构等建立良好的沟通、协同机制，必要时，便于及时取得涉外政府部门和行业组织的帮助和支持。这些涉外政府管理部门和行业组织是中国企业国际化合规工作的重要外援。

第六章
科学的合规制度

企业合规制度要找绿灯，不能仅仅提示红灯。

合规制度是合规治理体系的基石，中国企业应当结合实际情况，参照国际规则、中国法律、相关外国法律和国际国内合规标准，建立科学的合规管理制度体系。

所谓科学，即制度内容要正确、合理、适当。只有科学的制度才能对企业合规事务发挥规范、指导和约束等作用。

中国企业要坚持客观、科学的态度制定包括境外合规管理制度在内的合规管理制度。笔者认为，科学的合规制度体系应当从合法性、驱动力、全面性和系统性四个方面来把握。

一、企业合规制度的四项特性

（一）合法性是企业合规制度的“DNA”

合法性是企业合规制度的“DNA”，是企业合规制度最基本的原则，基本到“毋庸置疑”、不言自明和无须提及。

但在国际化合规制度建设中，合法性需要被再次强调、反复强调、着重强调。因为国际规则和境外法律不是我们身边的法律，不是我们熟识的规则，我们需要深入研究、审慎处理，才能在企业合规制度建设中做到不留瑕疵和万无一失。

更重要的是，我们只有精准定位合法性的边界，在精确把握、娴熟运用合法性的基础上，才能把握企业内部合规制度合法性的准确界限，放心、大胆地探求在国际投资和世界贸易中的合法利益最大化，避免畏手畏脚、束手不前以至于轻言妥协与放弃。

(二)驱动性是企业合规制度的生命

笔者坚持认为，驱动性是企业合规制度的生命，没有驱动性的合规制度将对企业创新和业务开拓形成掣肘，从而对企业发展造成阻碍，失去合规制度本身存在意义。所谓驱动性，包括四个方面的含义：

第一，合规制度要有指引性。合规制度类似汽车导航仪，要为企业在复杂、拥堵的各类立交桥、高速路中判断、指引出最便捷的合规路线，促进企业以最快的速度、最低的成本超过竞争对手，到达目的地。企业合规制度要找绿灯，不能仅仅提示红灯。

第二，合规制度要有融合性，即合规制度本身就是企业治理、管理和运营本身，要与企业治理机制、管理体系、业务运营密切结合，与业务、管理融合为一体，避免制度与实际运营两张皮。

第三，合规制度要有适应性，即合规制度制定要与企业发展阶段、实际情况相适应，不能滞后，但也不能超前，也不能太教条，还要确保可实施、可操作，在实施和操作中再完善和优化。企业合规制度是用来用的，不是用来看的，企业合规制度的建设不能太过追求完美，要追求适宜，最合适的是最好的。

第四，合规制度要有针对性。要结合企业行业特殊性和经营特点，针对企业合规管理薄弱环节，以解决问题为导向，宁缺毋滥，不为了制度制定制度，避免企业形成庞杂、低效、混乱的制度山海，导致企业在制度运用中“乱花迷眼”，无所适从。

(三)全面性和系统性是企业合规制度的技术标准

所谓全面性，即在广度上，要尽可能地全方位、全领域，能够囊括企业运营和发展的各个方面,不要有空白。例如,企业境外合规制度应当结合企业所在行业特点,涵盖反商业贿赂、反垄断、反不正当竞争,规范交易、安全生产环境保护、产品质量、劳动用工、财务税收、知识产权、商业伙伴等以及其他企业合规经营需要重点关注的所有领域,不可疏漏。

所谓系统性,一是在逻辑上,企业合规制度体系应当有"总"有"分",有概括有列举,有原则有具体,保证各项制度目标一致、原则统一、相互衔接,形成一个有机制的制度系统,并且有指引、有流程、有表单,便于宣传、执行和操作。二是在内容上,合规制度体系内部不能相互矛盾、相互冲突,导致制度无法解释和适用。三是在效力层次上,上位次的制度要统领下位次的制度,下位次的制度要遵从上位次的制度,确保整体统一。

二、"ABOSOL"合规制度模型

笔者基于多年法律和合规管理工作经验,并结合近年来新出现的合规问题新特点,总结了一套"ABOSOL"的多层次国际化合规制度体系模型供大家参考使用:

所谓"A",即企业章程(articles of association),公司章程载明了公司的基本组织架构和经营活动基本准则,是公司合规治理的根本合规大法,是公司所有合规制度的基石,是企业合规制度的"宪法"和"母法"。例如,公司章程关于股东会、董事会和总经理的职责条款表明了公司治理的合规原则,公司章程中关于董事、高级管理人员的职责条款表明了董事、高级管理人员的合规义务和责任。

另外,北京市高级法院相关指导意见明确指出:"公司章程只要不违反法律、行政法规的强制性规定,即具有法律约束力。"因此,公司章程是企业唯一具有法律约束力的最根本的合规大法。

所谓"B",即企业合规基本管理办法(basic compliance rules),企业应当制定一项企业合规基本管理办法作为企业合规治理的基本准则，企业合规基本管理办法是其他境内外合规制度的统领、基础和依据。

所谓“O”，即境外合规管理办法（overseas compliance rules），在合规基本管理办法的基础上，企业应当制定境外合规管理办法来专门确定境外经营活动必须遵守的基本原则和标准，包括但不限于企业核心价值观、国际化经营的合规目标、合规内涵、准则的适用范围和地位、企业及员工适用的境外合规行事标准、违规的应对方式和后果等。

所谓“S”，即专项境外合规制度（special compliance rules），也就是企业在境外合规管理办法的基础上，针对特定合规主题或特定风险领域或特定国别（地区）再制定多个具体的专项境外合规制度，包括但不限于反垄断、出口管制、劳动用工、反倾销、反补贴、环境保护、数据安全、知识产权问题、环境保护、赞助捐赠、税务管理、商业伙伴合规管理等内容。

所谓“O”，即合规操作流程（operation process），也就是企业结合自身的特点和发展需要，在境外合规管理办法和境外合规专项制度的基础上制定相应操作流程（operation process），操作流程是对准则和专项制度的进一步细化和标准化，也是合规管理办法、境外合规准则和境外合规专项制度便于贯彻执行的重要工具，在实践中借助信息化系统可以得到更好的实现。

所谓“L”，即合规清单（lists），为实施境外合规管理办法、境外合规专项制度和操作流程，制定一系列的表单，确保合规三个层次的合规原则均得到有效实施和执行。

实践中，大家往往忽视清单的重要性。

事实上，合规清单既是实现合规管理“入业务、入流程、入岗位、入考核”的重要工具，还是掌握各个业务领域常见违规形式的主要措施，也是调查业务部门是否履行合规职责的判断依据以及追责部门进行违规行为追究处罚的主要证据。

我们可以根据企业合规管理的实际需要制定各类合规清单，包括合规义务清单、合规审核清单、合规调查清单、合规考核清单等。

制定合规义务清单时，应当明确哪些是绝对禁止类行为，哪些是鼓励类行为；制定合规审核清单需要明确审核要点及所参照的法律法规和企业合规制度；制定合规调查清单要明确调查要点和调查方法。

笔者曾制作了境外劳动管理合规调查清单，在境外劳动管理合规调查中，直接逐项对应地进行检查，简单易行，确保查无疏漏。示例如表 6－1 所示：

表 6－1　境外劳动管理合规调查清单

合规调查要点	调查文件	合规调查方法
1. 东道国工会情况 2. 签订集体合同情况 3. 工作签证情况 4. 劳动用工总人数及构成 5. 劳动合同签订情况 6. 劳动合同签订流程（入职手续、资料保管等） 7. 劳动合同条款是否完备 8. 特殊用工形式（学生实习、聘用兼职员工、劳务派遣等） 9. 劳动合同解除和终止流程 ……	1. 当地相关法律 2. 员工签署的合规承诺 3. 员工名册 4. 劳动合同签订流程文件 5. 劳动合同（各版本）及变更协议书 6. 劳务派遣协议 7. 劳动合同解除协议书、解除（终止）通知、证明 8. 集体合同及其经过集体协商程序文件 ……	1. 结合职工名册和访谈，了解公司劳动用工概况，包括但不限于总人数、基本构成、是否存在特殊用工形式、劳动合同版本情况、劳动合同签订政策等 2. 通过查询东道国法律、审核和访谈，了解集体合同签订情况，审查集体合同签订程序是否合法，审核是否存在违背集体合同的情形等 3. 结合审查劳动合同签订流程文件和访谈，审核劳动者入职文件保管状况，审查入职手续是否合法及是否存在法律风险 4. 审查劳动合同，审核法定必需条款是否齐备、条款是否存在违东道国法律情况和法律风险等 5. 结合审查文件和访谈，审核解除和终止劳动合同的理由、程序是否合法、遣散费等是否已经按时足额支付等情况

三、合规软法不可或缺

(一)企业高层的合规承诺

一方面,在境外合规实践中,企业高层的合规承诺是企业是否建立科学、合理并有效执行的合规体系的一个评价因素。

例如,根据英国《反贿赂法》,如果企业能够证明已采取“充分措施”建立和实施反腐合规程序,那么可减轻惩罚,而高层承诺构成“充分措施”之一。高层承诺意味着企业明确表明贿赂是不能接受的且该高层对贿赂态度通过承诺可清晰地传递给每一个员工和商业合作伙伴。美国司法部发布的《企业合规程序评价指南》也将高级管理人员的承诺和表率作用作为了企业合规程序评价的主要因素。

另一方面,企业高层管理者的重视、参与和支持是决定企业合规制度能否成功落地的重要因素。除了指示、批示、要求、讲话等传统方法外,高层可通过“合规宣誓”、签署“合规承诺书”等富有参与感和同行者的方式,带头制定、遵守合规制度。“合规宣誓”和“合规承诺书”虽然不具有严格意义的企业内部合规立法的效力,但在企业内部传达了最高层管理者对合规的理念和态度,对员工具有示范作用和威慑力,有利于促进合规制度的实施、执行和最终落地。

例如,华为公司合规高层公开承诺:“坚持诚信经营、恪守商业道德、遵守所有适用的法律法规是华为管理层一直秉持的核心理念;华为长期致力于通过资源的持续投入建立符合业界最佳实践的合规管理体系,并坚持将合规管理端到端地落实到业务活动及流程中;华为重视并持续营造诚信文化,要求每一位员工遵守商业行为准则。”①

---

① https://www.huawei.com/cn/compliance,2022 年 8 月 6 日访问。

(二)量体裁衣的专项合规计划

企业所处行业不同、目标市场区域不同、面临监管政策不同,会面临不同的合规重点问题和风险难点。普适性、全面性的合规制度是企业合规制度的基础,但无法满足特别领域、特殊问题的合规需求,因此,企业应当在基础性合规制度的基础上,根据行业特点和业务实际需求为自己量体裁衣、量身打造专项合规计划,特别要注意杜绝大而空的“纸面合规”“形式合规”的形式主义的合规计划。

例如,中兴通讯结合自身业务,主要建立了出口管制合规、反商业贿赂、数据保护三大领域的合规专项计划,而非大而全的全面合规。

实践中,网络平台企业应首先制定数据合规计划,金融企业应更关注反洗钱合规计划,贸易公司应更关注出口管理合规计划,以确保不同行业、不同业务企业各具特点、相适应的合规专项计划。

(三)企业合规操作指南

企业针对主营业务领域部分时效性强、变化频繁的合规管理,可以制定特别领域的合规操作指南(manual),对企业相关行为起到合规方向的指引。指南是对企业合规基本管理办法、境外合规管理办法、专项境外合规制度、操作流程和表单等强制性企业内部合规立法的补充,由于不具有内部立法的强制性,便于随时修改、适宜外部法律政策的变化。

四、确保执行

为了保证合规制度的执行性,根据笔者经验,企业在合规制度制定时可以从两个方面进行着力:

(一)制度制定的广泛参与

无论是合规牵头部门负责的合规基本管理制度,还是业务部门制定的专项合规管理制度,都应当组织利益相关部门和业务人员充分参与,广泛征求意见,几上几下，反复征求意见，尤其要征求业务部门的意见，以确保符合实际需要、取得共识，从而提升制度的执行度。

（二）确保制度的及时更新

客户需求的变化、供应商的变化、行业竞争态势的变化等导致市场瞬息万变，外部监管法律和政策也在不断调整和变化。企业合规制度应当根据市场变化和外部法律政策的变化随时进行修订和更新，包括积极地进行微调。笔者常常给同事们讲：以前“朝令夕改”是个贬义词，现在是个中性词，只要是过时了、不适当了的制度规则，别说“朝令夕改”了，“朝令朝改”都是对的。

制度必须保持开放、灵活并随时优化，才能具有适应性，同时具有科学性和被执行的必要性。

五、境外合规制度特别问题

境外合规制度建设应当有长远规划。企业最好首先制定5年法治建设规划或5年合规管理规划，在前述规划的基础上，制定境外合规制度体系，从而分阶段、突重点、抓要害，确保境外合规制度体系的前瞻性、适用性和系统性。

境外合规制度的适用主体是企业全体成员，企业境外合规不只是注册在境外的企业和驻外的员工的事。境外合规制度具有全员性，应当适用于所有境内、境外经营相关的部门和员工，以及代表企业从事境外经营活动的第三方。

境外合规管理制度应当根据国际准则、惯例以及境外相关国家（地区）立法和政策的变化，及时进行修改，及时进行“外法”到“内规”的动态转化和融合。为做到这一点，企业需要花费大量精力对域外性的法律进行前瞻性的风向捕捉和解读，对外部法律法规的机制化的动态追踪和解读也是境外合规制度建设的一项基本功。

境外合规制度要考虑到各个不同国家经济发展、法律政策、自然条件的差别。涉外业务较多的企业可以针对特定业务领域或国别(地区)的合规要求,分别制定各个专项的境外合规管理办法,切记“一刀切”的教条做法将导致制度实效大打折扣。

跨国企业集团尤其需要关注,分布在各个国家和地区的各个子企业应当作为独立的、自主经营的法人实体,结合东道国的法律与政策,建立自己独立的合规制度,切忌简单直接适用集团总部规定。因为这会导致独立子公司被错误认定为集团直接管制,从而在个别案件中被适用“揭开公司面纱”从而导致集团总部承担相应责任。

第七章
高效的合规管理机制（“十二键行动仪表盘”）

真理，总是简单和朴素的，关键在行动。
合规管理工作机制是行动的模板，合规管理机制也是将合规
从“纸面”走向“行动”的转换器和加速器。

法律的生命，在于实践。

合规的生命，在于行动。有了理念、原则、机构、首席合规官、团队，但如果没有行动，等于没有一切。

笔者基于多年合规管理实践和思考总结的“十二键行动仪表盘”的合规管理机制，力图将企业合规治理理念、合规制度、合规计划、合规流程等进行“致力于行”的行知融合从而得到执行。“十二键行动仪表盘”包括侧重于事前防范预警的“研”“识”“训”三个键，侧重于事中控制应对的“守”“审”“报”“查”“考”“宣”六个键，以及侧重于事后评价整改的“评”“罚”“改”三个键。

在本章中，笔者在一般意义上，总结企业合规管理的“十二键行动仪表盘”机制共性内容。

中国企业应结合发展战略、产业布局和业务范围，全面分析投资并购、采购销售(供应商和客户管理)、项目工程、生产加工、劳动用工等各项领域的合规风险，从事前预警防范、事中控制应对、事后评价改进等全流程出发，针对性、前瞻性地设计因地制宜、适合于本企业实际需求的企业合规“十二键行动仪表盘”管理机制并在实践中反复演练、完善和应用。图 7 - 1 为“十二键行动仪表盘”管理机制。

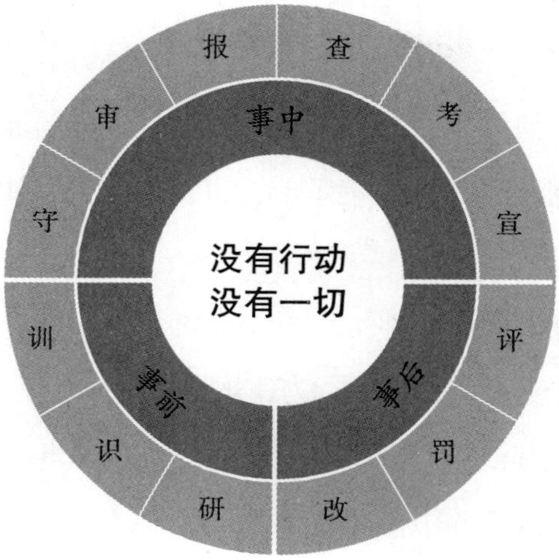

图7－1　“十二键行动仪表盘”管理机制

一、事前预警防范：研、识、训

(一)“研”,即合规研究

中国企业必须加强对国际规则以及各国合规政策及立法、执法动态的跟踪和研究,坚持依法合规,防止违规,避免给竞争对手和外国政府授以调查与限制的口实,避免误入陷阱。孙子云:“知己知彼,百战不殆;不知彼而知己,一胜一负;不知彼,不知己,每战必殆。”

中国企业不仅要研究规则和法律,还应当研究国际形势,客观准确地分析、判断他国法律法规背后的利益和诉求。

法律战背后均是各国政治利益的较量和经济利益的博弈。根据笔者参与大型项目谈判的经验,博弈双方的利益诉求不是永远点对点地针锋相对。其实,即使针对同一个规则、同一个条款,各方也会有不同的诉求,移情和共识有助于求同存异、达成共识、重塑规则。

境外合规是一个非常庞杂的系统。例如,反倾销、反补贴等事项事关产业经济、财务会计、国际贸易、法律政策等多个领域;国际知识产权保护不仅涉及商标、专利、版权等相关法律,还涉及生物、能源、医药等多领域的专业技术。因此,合规管理的知识范围和研究需要专博兼修,以规则研究为基础,广泛涉猎本企业相关行业、专业领域。

(二)“识”,即合规风险识别

合规风险是指企业及其员工因行为违规引发法律责任、受到相关处罚,造成经济或声誉损失以及其他负面影响的可能性。企业应当在合规研究的基础上,全面系统梳理经营管理活动中存在的合规风险、建立合规风险库,对风险发生的可能性、影响程度、潜在后果等进行系统分析,对于典型性、普遍性和可能产生较严重后果的风险及时发布预警并建立专项合规管理计划。

合规管理牵头部门归口管理合规风险库,组织业务部门定期更新完善。为了及时、充分进行合规风险识别,企业应当结合日常工作,通过各种渠道和信息化手段,持续不断地收集与本企业、本行业相关的合规风险内部、外部初始信息(包括历史数据、未来预测以及本行业、本企业发生的风险损失事件案例等),提高风险初始信息的质量和识别的准确性。

(三)“训”,即合规培训

企业应当在坚持全面拓展国际视野、持续提升国际化管理水平、及时掌握国际营商规则、防范国际经营风险的原则下,建立国际化、制度化、常态化合规培训机制,确保员工理解、遵循企业国际化过程中合规治理的目标和要求。

合规培训是积极培育合规文化、不断提升全员法律意识和合规观念的主要手段。《中央企业合规管理办法》第 32 条要求“中央企业应当引导全体员工自觉践行合规理念、遵守合规要求,接受合规培训,对自身行为合规性负责,培育具有企业特色的合规文化”。合规培训应当坚持:

第一，动态性。企业应将合规培训纳入员工培训计划，培训内容需随企业内外部环境变化进行动态调整。第二，及时性。境外相关经营部门和境外分支机构的所有员工，均应接受合规培训，及时了解并掌握企业的境外合规管理制度和风险防控要求。第三，针对性。决策层和高级管理层应带头接受合规培训，高风险领域、关键岗位员工应接受有针对性的专题合规培训。第四，易得性。实践中，有的企业将包括合规管理基本制度、境外合规准则、境外合规专项制度、境外合规专项指引等在内的合规管理制度编辑形成合规手册，成为员工日常工作中按图索骥的“活词典”和“说明书”。这也是培训新员工便捷的“合规宝典”。第五，留痕性。合规培训应做好记录留存。留痕备查是企业应对合规调查时，主张企业尽到合规管理义务的重要证据材料。

二、事中控制应对：守、审、报、查、考、宣

（一）“守”，即遵守合规

习近平总书记指出：“要引导企业、公民在走出去过程当中，更加自觉地遵守当地法律法规和风俗习惯，运用法治和规则维护自身合法权益。”①

对于中国企业走出去而言，遵守国际规则和东道国法律是防范合规风险的第一道防线。业务部门的业务操作必须合规，业务管理必须合规，合规管理与业务管理应当实现“三同时”（同时部署、同时落实、同时监督），从而实现事中的合规风险控制，避免在走出去过程中，在合规方面授人以柄，影响企业行稳致远和长远发展。

（二）“审”，即合规审查

在一般情况下，企业合规审查是企业规章制度制定、重大事项决策、重要合

---

① 《习近平谈治国理政》（第 4 卷），外文出版社 2022 年版，第 296 页。

同签订、重大项目运营等经营管理行为的必经前置程序，未经合规审查不得实施。合规审查具有对严重违反法律法规或企业规章制度的经营管理行为的一票否决权。

合规审查是第二道防线，指合规管理专业部门，包括财务部门、法律部门等职责部门的合规审核。境外业务机构及其员工在履职过程中遇到合规风险事项，应及时主动寻求合规审核支持。合规管理部门应尽快启动合规审核流程并在合理时间内给予答复。合规审核需要注意：第一，对复杂或专业性强且存在重大合规风险的事项，合规管理部门应按照合规管理制度听取首席合规官的意见或委托专业机构召开论证会后再形成审核意见。第二，企业可围绕关键岗位或者核心业务，通过合规审核以及持续跟踪监管机构有关信息、参加行业组织研讨等方式持续获悉外部监管要求，及时识别合规风险。企业境外分支机构可通过聘请法律顾问、梳理行业合规案例等方式了解掌握业务所涉国家（地区）政治经济和法律环境的动态变化，有效预先研判各类合规风险，及时采取应对措施。

（三）"报"，即合规报告

1. 合规负责人和合规管理部门的常规报告

合规负责人和合规管理部门应享有通畅的合规报告渠道。合规管理部门应当定期向决策层和高级管理层报告合规管理情况，定期报告的内容一般包括但不限于合规风险评估情况、合规培训的组织情况、违规行为处理情况、已识别合规漏洞或缺陷和建议采取的纠正措施，以及合规管理工作的整体评价和分析等。

如发生性质严重或可能给企业带来重大合规风险的违规行为，合规负责人或合规管理部门应当及时向决策层和高级管理层进行专项报告，提出风险警示，并采取应对措施。必要时，企业应及时报告有关监管机构。

为了确保合规报告，尤其是合规风险专项报告的准确性和完整性，我们可以采用合规报告模板，示例如表 7－1 所示：

表 7－1 合规风险（事件）专项报告模板

报告项目	报告内容
风险类别	例如，知识产权侵权风险
实际发生时间	年 月
风险发现时间	年 月
风险状态	可能侵权他人合法专利权
事件涉及金额	涉事金额、预计涉诉金额、预计损失、是否已计提等
事件描述	简述风险事件，包括发生原因，截至目前已造成的影响、未来可能造成的影响
最新处置情况	目前已采取的应对措施
风险处置计划	风险处置计划，包括关键时间点和预计风险化解的时间期限
协同部门	需要协同部门、具体协同任务和时限要求
是否需要上报或通告外部监管机构	注明哪些外部监管机构
风险处置联系人	
风险处置责任人	
上报时间	年 月

2. 员工、客户及第三方的投诉举报

我国国家安全监管总局和财政部于 2018 年 1 月印发的《安全生产领域举报奖励办法》明确规定：“对举报重大事故隐患、违法生产经营建设的，奖励金额按照行政处罚金额的 15% 计算，最低奖励 3000 元，最高不超过 30 万元。”

2020 年 9 月应急管理部又印发了《生产经营单位从业人员安全生产举报处理规定》，该规定明确提升了奖励标准：“按照安全生产领域举报奖励有关规定核查属实的，应当给予举报人或者信息员现金奖励，奖励标准在安全生产领域举报奖励有关规定的基础上按照一定比例上浮，具体标准由各省级应急管理部门、财政部门根据本地实际情况确定。”

实践中，华为公司在其官方网站也公布了其举报与邮箱，华为官网中相对应的内容如下：

“如果合作伙伴对本政策有任何疑问，或者发现任何合作伙伴或华为员工疑似或者已经违反所适用的反腐败法律法规、华为的反腐败相关政策及要求等，请反馈至如下电子邮箱：BCGComplain@ huawei. com。华为将对相关举报展开调查，并不允许对举报方进行威胁或者打击报复。”①

中国企业应当鼓励违规举报且执行相关奖励，以提高违规行为的举报发现概率。

（四）“查”，即合规专项调查和常规检查

专项调查和常规检查是合规风险防范的第三道防线。针对员工、客户和第三方的合规均举报及投诉，企业应制定调查方案并开展专项调查，形成专项调查结论。

另外，笔者在实际工作中总结了一套新的合规管理方法——法律体检。法律体检是一套行之有效的企业合规常规检查方法，将企业主体资格、治理机构、主要商标、重大合同和应收账款等重大事项按照一种新的逻辑分析组合成一套新的模板，根据模板主动排查法律合规风险，提前消除潜在隐患，实现预前风险防范。法律体检已成为进行合规风险诊断和系统风险管控的主要工具之一。

法律体检作为合规调查的新方法，成效显著。可供借鉴的做法有：

第一，注重第三方查证。在对房屋土地产权合规性调查中，我们不仅查阅了企业内部财务账目和房地产证照，实地考察了房屋土地的现状，还赴房屋土地登记部门进行了查证。在房屋土地登记部门查证过程中，我们发现了某下属企业存在账外房产。这些房产由于历史上企业若干次的合并、分立以及多次更名，在企业内部账目上已不存在，在房地产登记部门登记的房产所有人也是企业多年前曾经的名称。通过合规调查，我们发现、收回了资产，完成了房屋产权补充登

① https://www. huawei. com/cn/compliance/anti-corruption-policy-for-huawei-partners，2022 年 8 月 6 日访问。

记，完善了房屋产权管理的合规性。再如，在对下属公司股权的合规性调查中，我们通过赴当地工商部门查证发现，某家子公司股权被质押给债权人，但没有进行质押登记。我们针对该项未办理登记的股权质押及时进行了保全，最大限度维护了企业合法权益。

第二，注重当事人访谈。书面材料，尤其是官方文件、正式批文等能为合规调查提供更具证据效力的支持，而当事人访谈往往能提供大量合规事件的背景介绍和历史情形，让我们对于合规事件的了解更完整，评价更客观。

（五）“考”，即合规考核

合规管理终究管理的是“人”。企业应当将合规管理情况纳入对各部门和子企业负责人的年度综合考核指标，并将合规考核结果应作为绩效考核的重要依据，与评优评先、职务任免、职务晋升以及薪酬待遇等挂钩。

境外经营相关部门和境外分支机构可以制定单独的合规绩效考核机制，也可将合规考核标准融入总体的绩效管理体系中。合规考核内容包括但不限于按时参加合规培训、严格执行合规管理制度、积极支持和配合合规管理机构工作、及时汇报合规风险等。

（六）“宣”，即合规宣传

中国企业要将自己的合规文化传播至国际组织、外国政府相关机构、境外客户、东道国社区和工会等利益相关方，树立中国企业积极正面的合规形象，讲好中国企业境外合规的故事。

“合规”一词是一个舶来品，中国企业实际积累和创造了丰厚的、未被冠以“合规”之名的合规管理经验和成果。中国企业在宣传中尤其要关注中国特色、中国元素的合规案例。具体而言，中国企业在“乡村振兴”中为落后地区、低收入人群创造的业务机会等经济支持就是最典型的环境、社会及公司治理（Environment, Social and Governance, ESG）案例。中国企业合规案例的宣传有利于为中国企业营造和谐、健康的境外经营环境和氛围。

三、事后评价整改：评、罚、改

（一）“评”，即企业合规评价机制

《中央企业合规管理办法》共有7个条款涉及要求企业应当开展合规管理评价，定期对合规管理体系的有效性进行评价与分析。《企业境外经营合规管理指引》第26条要求企业审计部门应对企业合规管理的执行情况、合规管理体系的适当性和有效性等进行独立审计。

可见，合规管理评价机制是企业合规治理不可或缺的机制，合规评价机制的实质是评估公司是否建设了实际运行有效的合规治理体系，且是否最大限度地预防了合规风险，并及时处罚了不合规的行为等。

为了求得合规评价的实效，笔者认为，企业合规评价应当分为全面评价和专项评价两种：

全面评价侧重于评估合规治理体系的运行，也就是本书第一编的治理体系相关内容。可以结合企业年度审计，以年度为单位进行。合规牵头部门也可与审计部门协同，在年度审计中进行年度合规评价，将年度合规评价纳入年度审计报告，从而提升合规问题的整改。

专项评价侧重于或出口管制或劳动用工等专项领域，也就是本书第二编。结合企业具体行业、规模以及市场布局等具体情况，企业合规评价可以随时根据企业合规管理的需要进行，其内容也相对会比较聚焦和清晰。

另外，国际化企业境外合规管理的有效性评估还应当根据企业境外市场布局，参照境外合规管理标准所提供的相关指引。例如，美国司法部颁布的《公司合规体系评估指南》在评估公司合规体系的有效性时，评估主体将针对三个方面对公司合规体系进行评估：(1)公司的合规体系设计是否合理。(2)公司的合规体系是否被认真地执行。换言之，合规体系是否有足够的资源和权力来有效运作。(3)公司的合规体系是否在实践中发挥作用。《公司合规体系评估指南》在这三大评估事项之下细化了评估各项评估指标，包括12大事项和50个方面。这些标准对我们具有参考。

（二）“罚”，即合规问责

企业应建立全面有效的合规问责制度，明晰合规责任范围，细化违规惩处标准，根据“查”“考”“评”的结果，根据子企业或员工违规行为的性质、危害程度等，严格认定和追究违规行为责任；涉嫌违法犯罪的，应当移交相关机关处置。“罚”是企业的第三道防线，是审计、监察等部门的主要职责。

（三）“改”，即合规整改

合规整改对于合规工作机制而言尤其重要。整改几乎贯穿企业合规治理的各个层面、各个阶段和各个环节。

在范围上，整改涵盖企业合规治理所有内容。例如，就合规事件中查明的制度漏洞、制度执行不力等，企业需要进行制度的修复整改，包括修订制度、堵塞漏洞、明确执行责任等。

在时机上，整改也可以根据评价结果、审核结果、调查结果、考核结果等各个环节发现的问题随时进行，可随评随改、边评边改。

因此，没有整改，就没有合规。企业审计部门应对企业合规管理的执行情况、合规管理体系的适当性和有效性等进行独立审计，尤其要关注合规“审”“报”“查”“考”中发现的合规问题是否彻底得到整改。企业合规管理各部门应当积极配合审计部门的合规审计，并根据审计和监管要求及时改进合规管理体系，提高合规管理水平。

综上，在境外合规“十二键行动仪表盘”上，“研”“识”“训”“审”“守”“考”“宣”“改”共八个键是长按键。中国企业尤其要注意将合规“考”核纳入合规管理的日常性、常规性工作。没有考核的约束等于没有约束,没有考核的合规等于没有合规。"报""查""评""罚"四个键,是企业可以根据合规管理实际情况随时启动的阶段性工作。

四、特别注意事项

(一)合规也是品牌

中国企业往往会忽略"宣"的重要性。笔者认为中国企业走出去、国际化,也是一次在新时代的经济长征之路,会有"围攻堵截",会有"雪山草地"。我们要在攻坚克难、跨越陷阱的同时,做好中国企业合规文化的播种机和宣传队,做好中国企业境外合规品牌的传播。"宣"是中国企业境外合规非常重要的工作,是中国企业合规品牌的铸造形式,也是中国企业国际化应对境外合规挑战的主动策略。因此,对于境外合规治理而言,"宣"也是一个长按键。

(二)合规文化是企业合规管理机制的最高目标

对于企业合规而言,规则只是躯干,文化是灵魂。

合规文化化解员工与组织、组织与国家以及行为与规则之间的冲突和矛盾,合规文化也熏陶、教化、凝聚和整合员工的合规习惯和意识。企业"十二键行动仪表盘"合规管理机制的最终目的就是形成合规习惯、提升合规文化。合规文化,是企业合规的最高层次。

因此,企业决策层和管理层应确立企业合规理念,注重身体力行。企业也应当通过制定合规手册、签订合规承诺、开展合规宣誓等方式不断增强员工的合规意识和行为自觉,营造依规办事、按章操作的文化氛围,从而使全体员工不断提升合规意识,增强参与、支持合规管理工作的自觉性、主动性,营造从"要我合规"转为"我要合规"的"人人合规、事事合规"的企业文化,将合规提升为企业经营的基本理念、社会责任的重要内容和企业文化的核心组成。

第三编

工 具

人类可以战胜地震、贫穷、海啸，甚至癌症。但人类自私的基因，裹挟着民族国家和跨国企业持续走向竞争和博弈，也给当前世界治理规则带来了新的维度和难度。

而工具，则是在恰当的时间和恰当的地点，以恰当的方式恰当地弥补了国际规则之不完美，平衡了国际秩序与混乱。

第八章
反垄断合规风险与防控

反垄断是市场经济国家调控经济的重要政策工具，制定并实施反垄断法是世界上大多数国家或地区保护市场公平竞争、维护市场竞争秩序的普遍做法。不同国家对反垄断法的表述有所不同，例如反垄断法、竞争法、反托拉斯法、公平交易法和卡特尔等，本章统称反垄断法。反垄断也是中国企业国际化面临的一项重要合规课题。

华北制药胜诉"美国对华反垄断第一案"

当地时间2021年8月10日，维尔康及其母公司华北制药在维生素C反垄断诉讼案中胜诉。美国第二巡回法庭在重审中撤销了责令其赔偿损失约1.5亿美元的一审判决。至此，被称作"美国对华反垄断第一案"的华北制药在美反垄断案，历经一审、二审、再审、重审，持续17年之久终于取得胜诉。[①] 现将此案梳理分析如下：

案件概述

2005年，美国得克萨斯州及新泽西州的两家公司向美国法院提起诉

---

① 参见孙志成：《涉及10亿！历时近17年，"美国对华反垄断第一案"落槌，中国企业，赢了！》，载每日经济新闻网，www.nbd.com.cn/articles/2021-08-14/1875700.html；朱萍、魏笑、彭欣怡：《华北制药AB面：赢了"美对华反垄断第一案"，吃了集采首张罚单》，载21世纪经济报道网，https://view.inews.qq.com/a/20210824A089GL00。

讼,称多家中国维生素C制造商于2001年通过达成固定价格协议,共同实施了对美国出口维生素C产品的价格共谋行为,违反了美国反垄断法的规定。从此,维尔康及其母公司华北制药和江苏江山制药有限公司(以下简称江山制药)、东北制药集团有限责任公司、石家庄制药集团维生药业有限公司(以下简称石药集团)一起坐在了被告席上。

原告在诉状中提到了中国医药保健品进出口商会西药部于2001年组织的一次会议,并称正是在那次会议中,四家药企达成固定价格协议,而这种横向价格协议被严格禁止。

实际上,该案的背景是2004年时,东北制药集团与维尔康、石药集团、江山制药同为国内维生素C四大生产商,产量占全球的68%,美国则是我国维生素C产品出口量最大的国家。为了避免价格战导致欧盟和美国反倾销指控,维护外国市场的公平的商品秩序,2001年12月,行业商会组织国内4家主要维生素C生产企业开会,协调大家达成维生素C出口数量和最低限价。并且,作为中国政府在经济体制转型过程中的特殊阶段性措施,行业商会出面实行了"预核签章"制度,对维生素C产品出口实行一定的管理控制。

然而,美国单方面将其理解为制定的协议价就是垄断价。

在一审过程中,我国企业提出并证明被指称的"固定价格限量出口行为"是当时被我国政府要求实施,美国法院基于中国企业在中国的合法行为而对其处以惩罚性赔偿是完全不合适的,但统统未被美国法院采纳。

2013年,美国纽约东区联邦法院作出裁决,判定维尔康承担约1.5亿美元赔偿。另外三家被告企业先后与美国原告签下和解协议而退出诉讼。华北制药和维尔康向美国联邦第二巡回上诉法院提起上诉。

2016年9月,美国联邦第二巡回上诉法院对中国企业涉美维生素C反垄断诉讼案作出判决，中国法律要求被告协商定价，削减维生素 C 出口数量。中国的法律体系与美国的反垄断法相冲突，这种冲突导致了被告的法律责任。根据国际礼让原则，判决撤销原一审判决，驳回原告诉讼，发回原审法院并指令原审法院撤销案件。维尔康和华北制药迎来二审胜诉，但二审败诉的原告上诉至美国联邦最高法院。

2018 年，美国联邦最高法院作出裁决将案件发回原二审法院重新审理。

当地时间 2021 年 8 月 10 日，美国联邦第二巡回上诉法院对该案重审作出判决，华北制药胜诉。历经一审、二审、再审和重审的中国企业涉美维生素 C 反垄断诉讼案至此告捷。

得失反观

此案胜诉意义重大。在美国这样一个典型的判例法国家，此案将为中国企业在美国应对类似案件创造了可供遵循的“先例”。

此案的难得经验，主要包括：

(1) 中国企业应当勇于拿起法律的武器保护自身合法权益，在考量具体情形的基础上，不轻易和解妥协结案。

(2) 中国企业须熟悉规则、善用规则，此案正是在熟悉规则的基础上准确把握正常市场行为与“垄断”等违规行为的界限，并利用国际礼让的国际规则维护了自身合法权益。

(3) 中国企业要积极寻求相关部门和行业协会予以支持，借助更多的外力为自己维权。此案的胜诉，商务部和行业协会起到了关键作用。

另外，此案提示中国企业要敏锐关注行业协会流程管理：(1) 在加入行业协会之前，对行业协会目标和运营情况需作尽职调查，特别是核实会籍条款是否可能用来排除限制竞争、该协会是否有反垄断合规制度等。保存并更新所参加的行业协会活动及相关员工的清单。

(2)在参加行业协会组织的或者有竞争者参加的会议前了解议题，根据需要可以安排反垄断法律顾问出席会议并进行反垄断合规提醒；参加行业协会会议活动时；认真审阅会议议程和会议纪要，以备作为未来充分、准确的证据材料。

为了鼓励中国增强企业境外经营反垄断合规管理意识，提升境外经营反垄断合规管理水平，防范境外反垄断法律风险，国家市场监管总局于2021年11月15日发布了《企业境外反垄断合规指引》(国市监反垄发〔2021〕72号)。

虽然《企业境外反垄断合规指引》在效力上属于一般性指引，对于境外反垄断法律法规的阐释多为原则性、概括性说明，但是对企业宏观了解境外反垄断规则体系、建立境外反垄断合规管理体系、防范反垄断法律合规风险、应对调查和诉讼策略等进行了非常全面、细致的阐述和指导。

一、境外反垄断主要行为

各个国家或地区反垄断法调整的行为类似，主要规制垄断协议、滥用市场支配地位和具有或者可能具有排除、限制竞争影响的经营者集中等。有的国家或地区也规定禁止滥用相对优势地位、禁止在竞争者中兼任董事等并规制行政性垄断等行为。

(一)垄断协议

垄断协议一般是指企业间订立的排除、限制竞争的协议或者采取的协同行为，也被称为"卡特尔""限制竞争协议""不正当交易限制"等。垄断协议包括横向垄断协议和纵向垄断协议。

横向垄断协议主要包括固定价格、限制产量或分割市场、联合抵制交易等限制竞争形式。横向垄断协议，尤其是与价格相关的横向垄断协议，通常被视为非常严重的限制竞争行为，各个国家或地区均对此严格规制。

纵向垄断协议包括转售价格维持、限定销售区域和客户或者排他性安排等限制竞争行为。多数国家或地区也对纵向垄断协议予以规制，例如转售价格维持（Resale Price Maintenance，RPM）可能具有较大的违法风险。部分国家或地区反垄断法也禁止交换价格、成本、市场计划等竞争性敏感信息，某些情况下被动接收竞争性敏感信息不能成为免于处罚的理由。

垄断协议的形式并不限于企业之间签署的书面协议，还包括口头协议、协同行为等行为。垄断协议的评估因素较复杂，企业可以根据各个国家的具体规定、指南、司法判例及执法实践进行评估和判断。部分国家对垄断协议行为设有行业豁免、集体豁免以及安全港制度，企业在分析和评估时可以参照有关规定。此外，大多数国家均规定协会不得组织企业从事垄断协议行为，企业也不会因协会组织的垄断协议而免于处罚。

（二）滥用市场支配地位

市场支配地位一般是指企业能够控制某个相关市场，具有在该市场内不再受到有效竞争约束的地位。一般来说，判断是否具有市场支配地位需要综合考虑业务规模、市场份额和其他相关因素，比如来自竞争者的竞争约束、客户的谈判能力、市场进入壁垒等。在通常情况下，除非有相反证据，占有较低的市场份额不会被认定为具有市场支配地位。

企业具有市场支配地位本身并不违法，只有滥用市场支配地位才构成违法。滥用市场支配地位是指具有市场支配地位的企业没有正当理由，凭借该地位实施排除、限制竞争的行为，一般包括在销售或采购活动中以不公平高价或者低价、低于成本价销售，附加不合理或者不公平的交易条款和条件，独家或者限定交易，拒绝交易，搭售，歧视性待遇等行为。企业在判断是否存在滥用市场支配地位时，可以根据国家或地区的相关规定，提出可能存在的正当理由及相关证据。

（三）经营者集中

经营者集中一般是指企业合并、收购、合营等行为，有的国家将其称为并购控制。经营者集中本身并不违法，但对具有或可能具有排除、限制竞争效果的，可能被禁止或者附加限制性条件批准。

不同国家或地区判断是否构成集中、是否应当申报的标准不同。有的国家或地区主要考察经营者控制权的持久变动，通过交易取得对其他经营者的单独或者共同控制即构成集中，同时依据营业额设定申报标准。有的国家或地区设置交易规模、交易方资产额、营业额等多元指标判断是否达到申报标准。有的国家或地区考察集中是否会或者可能会对本辖区产生实质性限制竞争效果，主要以市场份额作为是否申报或者鼓励申报的初步判断标准。

我国《国务院关于经营者集中申报标准的规定（2018 年修订）》第 3 条明确规定经营者集中达到下列标准之一的，经营者应当事先向国务院反垄断执法机构申报，未申报的不得实施集中：(1)参与集中的所有经营者上一会计年度在全球范围内的营业额合计超过 100 亿元人民币，并且其中至少两个经营者上一会计年度在中国境内的营业额均超过 4 亿元人民币；(2)参与集中的所有经营者上一会计年度在中国境内的营业额合计超过 20 亿元人民币，并且其中至少两个经营者上一会计年度在中国境内的营业额均超过 4 亿元人民币。

但该规定第 4 条也指出经营者集中未达到上述第 3 条规定的申报标准，但按照规定程序收集的事实和证据表明该经营者集中具有或者可能具有排除、限制竞争效果的，国务院反垄断执法机构应当依法进行调查。

多数国家或地区要求符合规定标准的集中必须在实施前向反垄断执法机构申报，否则不得实施；有的国家或地区采取自愿申报制度；有的国家或地区根据集中类型、企业规模和交易规模确定了不同的申报时点;有的国家或地区要求企业在不晚于集中实施后的一定期限内申报。

在采取强制事前申报的国家或地区,未依法申报或者未经批准实施的经营者集中通常构成违法行为,并可能产生严重的法律后果,比如罚款、暂停交易、恢复原状等;在采取自愿申报或者事后申报的国家,比如交易对竞争产生不利影响,反垄断执法机构可以要求企业暂停交易、恢复原状、附加限制性条件等。

二、境外反垄断调查

(一)境外反垄断调查方式

多数国家反垄断执法机构都拥有强大而广泛的调查权。一般来说,反垄断执法机构可根据举报、投诉、违法公司的宽大申请或者依职权开展调查。

调查手段包括收集有关信息、复制文件资料、询问当事人及其他关系人(如竞争对手和客户)、现场调查、采取强制措施等。

部分国家或地区还允许开展"黎明突袭",即在不事先通知企业的情况下,突然对与实施涉嫌垄断行为相关或者与调查相关的必要场所进行现场搜查。在"黎明突袭"期间,企业不得拒绝持有搜查证、搜查授权或者决定的调查人员进入。调查人员可以检查搜查证、搜查授权或者决定范围内的一切物品,可以查阅、复制文件,根据检查需要可以暂时查封有关场所、询问员工等。

此外,在有的国家或地区,反垄断执法机构可以与边境管理部门合作,扣留和调查入境的被调查企业员工。

(二)境外反垄断调查的配合

各个国家对配合反垄断调查和诉讼以及证据保存均有相关规定,一般要求相关方不得拒绝提供有关材料或信息,提供虚假或者误导性信息、隐匿或者销毁证据,开展其他阻挠调查和诉讼程序并带来不利后果的行为,并对不配合调查的行为规定了相应的法律责任。

有的国家或地区规定，提供错误或者误导性信息等行为将面临最高为集团上一财年全球总营业额1%的罚款；除此之外还可以要求企业每日缴纳最高为集团上一财年全球日均营业额5%的滞纳金。如果最终判定存在违法行为，则拒绝合作可能成为加重罚款的因素。

有的国家或地区规定，拒绝配合调查可能被判定为藐视法庭或者妨碍司法公正，并处以罚金；情节严重的甚至可能被判处刑事责任，比如通过向调查人员提供重大不实陈述的方式故意阻碍调查等情形。

在通常情况下，企业对反垄断调查的配合程度是执法机构作出处罚以及宽大处理决定时的重要考量因素之一。

企业可以根据需要，由法务部门、外部律师、信息技术部门事先制定应对现场检查的方案和配合调查的计划。在面临反垄断调查和诉讼时，企业可以制定员工出行指南，确保员工在出行期间发生海关盘问、搜查等突发情况时能够遵守企业合规政策，同时保护其合法权利。

三、境外反垄断诉讼

企业在境外也可能面临反垄断诉讼。反垄断诉讼既可以由执法机构提起，也可以由民事主体提起。比如，在有的国家或地区，执法机构可以向法院提起刑事诉讼和民事诉讼，直接购买者、间接购买者也可以向法院提起诉讼。这些诉讼也有可能以集团诉讼的方式提起。在有的国家或地区，反垄断诉讼包括对反垄断执法机构决定的上诉，以及受损害主体提起的损害赔偿诉讼、停止垄断行为的禁令申请或者以合同包含违反竞争法律的限制性条款为由对该合同提起的合同无效之诉。

不同国家或地区的反垄断诉讼涉及程序复杂、耗时较长，企业在境外反垄断诉讼中一旦败诉，将面临巨额罚款或者赔偿、责令改变商业模式甚至承担刑事责任等严重不利后果。

四、境外反垄断法律责任

境外垄断行为可能导致相关企业和个人被追究行政责任、民事责任和刑事责任。

行政责任主要包括被处以禁止令、罚款、拆分企业等。禁止令通常禁止继续实施垄断行为，采取制定整改措施、定期报告，建立和实施有效的合规制度等。多数国家或地区对垄断行为规定大额罚款，例如，根据巴西竞争法的相关规定，对公司最高可处高达该公司、企业集团在行政程序启动前一年 20% 年度总收入的处罚。

民事责任主要有确认垄断协议无效和损害赔偿。有的国家或地区规定，应当充分赔偿因垄断行为造成的损失，包括实际损失和利润损失，加上从损害发生之日起至支付赔偿金期间的利息；有的国家或地区规定企业最高承担三倍损害赔偿责任以及相关诉讼费用。

大部分国家或地区还对此规定刑事责任。垄断行为涉及的高级管理人员、直接责任人等个人可能面临罚金甚至监禁。例如，根据澳大利亚竞争法和消费者法的相关规定，针对各项垄断协议的刑事指控，个人将面临最高 10 年监禁或最高 42 万澳元罚款，或者两者相结合的处罚。

除法律责任外，企业受到反垄断调查或者诉讼还可能产生其他重大不利影响，对企业境外经营活动造成极大风险：

第一，反垄断执法机构的调查或者反垄断诉讼可能耗费公司大量的时间和精力，分散对核心业务活动的关注，影响企业正常经营。

第二，如果调查或者诉讼产生不利后果，产生赔偿或罚款以及高额法律费用,企业财务状况和声誉会受到极大损害。

第三,有的国家或地区会因此对企业采取其他限制性政策。例如,在巴西,企业可能会因此受到其他非经济处罚,包括五年以内禁止参与政府采购或从公共金融机构融资等。

五、中国反垄断相关立法

《反垄断法》自2008年8月1日施行后于2022年迎来了首次“大修”。2022年6月24日修正的《反垄断法》公布并于2022年8月1日开始施行。2022年《反垄断法》与中国企业国际化合规最密切相关的内容主要有:

(一)域外管辖

多数国家反垄断法都规定了域外管辖制度。对在本国以外发生但对本国国内市场产生排除、限制竞争影响的垄断行为,同样适用其反垄断法。

2022年《反垄断法》第2条也明确规定:“中华人民共和国境内经济活动中的垄断行为,适用本法;中华人民共和国境外的垄断行为,对境内市场竞争产生排除、限制影响的,适用本法。”因此,中国企业需要特别注意:境外反垄断风险高发的主体不仅包括在境外从事经营业务的中国企业,也包括虽然在境内从事经营业务,但可能对境外市场产生影响的中国企业。上述经营活动包括进出口贸易及境外投资、并购、知识产权转让或者许可、招投标等涉及境外的经营活动。

(二)平台经济领域的反垄断适用

2022年《反垄断法》对平台经济领域的具体规定有如下。第9条规定:“经营者不得利用数据和算法、技术、资本优势以及平台规则等从事本法禁止的垄断行为。”第22条规定:“具有市场支配地位的经营者不得利用数据和算法、技术以及平台规则等从事前款规定的滥用市场支配地位的行为。”

随着国家对平台领域反垄断的重视,跨境经营的平台行业巨头尤其需要加强反垄断合规审查，提高反垄断合规意识。

（三）拓展了调查范围

1. 新增对“掐尖并购”的调查处理程序

2022年《反垄断法》第26条第2、3款新增对“掐尖并购”的调查、处理程序，即“经营者集中未达到国务院规定的申报标准，但有证据证明该经营者集中具有或者可能具有排除、限制竞争效果的，国务院反垄断执法机构可以要求经营者申报。经营者未依照前两款规定进行申报的，国务院反垄断执法机构应当依法进行调查”。因此，对于未达到申报标准的经营者集中，大型跨境重组并购公司也应考虑对该集中是否会排除、限制竞争进行内部评估，以避免发生交易完成后被责令“恢复原状”等不利后果，并可以考虑在交易文件中增加相关条款。

2. 新增对垄断协议组织者和帮助者的规定

2022年《反垄断法》第19条新增了对“垄断协议组织者和帮助者”的规定：“经营者不得组织其他经营者达成垄断协议或者为其他经营者达成垄断协议提供实质性帮助。”在实践中，主要通过经销商渠道进行营销的企业，经常会组织经销商大会发布统一价格或营销政策。此类方式存在较高的轴辐协议风险，企业和总经销商等均需要注意避免成为垄断协议的“组织、帮助者”。

（四）加大了责任追究和处罚力度

第一，2022年《反垄断法》增加了对达成垄断协议负有个人责任的经营者的法定代表人、主要负责人和直接责任人员的罚则。例如，经营者的法定代表人、主要负责人和直接责任人员对达成垄断协议负有个人责任的，可以处100万元以下的罚款。情节严重的，在罚款数额的2倍以上5倍以下确定具体罚款数额。

第二，大幅提高对违法实施经营者集中的罚款，例如，处上一年度销售额10%以下的罚款，不具有排除、限制竞争效果的，处500万元以下的罚款。

第三，新建立加倍处罚制度。第63条规定：“违反本法规定，情节特别严重、影响特别恶劣、造成特别严重后果的,国务院反垄断执法机构可以在本法第五十六条、第五十七条、第五十八条、第六十二条规定的罚款数额的二倍以上五倍以下确定具体罚款数额。”本条规定了针对垄断协议、经营者集中、滥用市场支配地位和拒绝配合调查的加倍罚款。

第四,新增加了刑事责任专门条款。2022年《反垄断法》第67条规定:“违反本法规定,构成犯罪的,依法追究刑事责任。”刑法主要在“扰乱市场秩序罪”部分规定了串通投标罪和强迫交易罪两项罪名,尚未对垄断行为设定系统的刑事责任。在一定程度上,这仍然不利于充分发挥反垄断法维护本国市场公平竞争的作用。

第五,新增加了民事公益诉讼。第60条规定:“经营者实施垄断行为,给他人造成损失的,依法承担民事责任。经营者实施垄断行为,损害社会公共利益的,设区的市级以上人民检察院可以依法向人民法院提起民事公益诉讼。”

六、中国企业境外反垄断合规风险防控及工具

(一)建立境外反垄断合规承诺机制

企业决策人员、在境外从事经营的高级管理人员和业务人员等可以作出反垄断合规承诺。建立反垄断合规承诺机制,可以提高相关人员对反垄断法律风险的认识和重视程度,确保其对企业履行合规承诺负责。另外,企业决策人员和相关高级管理人员对反垄断合规的承诺和参与是提升合规制度有效性的关键。

(二)垄断豁免申请

部分国家或地区设有豁免申请制度。在符合一定条件的情况下,企业可以针对可能存在损害竞争效果但也能产生一定效率提升、消费者福利提升或公平利益提升效果的相关行为,向反垄断执法机构事前提出豁免申请,获得批准后,企业从事相关行为将不会被反垄断执法机构调查或者被认定为违法。企业可以

根据所在国家的实际情况评估如何运用该豁免申请,以提前防范反垄断法律风险。

企业可以聘请外部律师、法律或者经济学专家、其他专业机构协助应对反垄断法律风险,争取内部调查的结果在可适用的情况下可以受到律师客户特权的保护。

(三)科学应用反垄断承诺制度

承诺制度,一般是指企业在反垄断调查过程中,主动承诺停止或者放弃被指控的垄断行为,并采取具体措施消除对竞争的不利影响;反垄断执法机构经评估后,作出中止调查、接受承诺的决定。对于企业而言,承诺决定被作出后企业不会被认定存在违法行为,也不会被处以罚款;但企业后续如果未遵守承诺,那么可能面临重启调查和罚款的不利后果。

因此,企业可根据具体反垄断调查的进展和企业反垄断合规管理的实际情况,对是否采取承诺制度进行客观论证,以尽量减少后续调查、企业合规应对成本的增加。

(四)根据实际情况考量宽大制度

宽大制度,亦称宽恕制度或赦免制度,是指出现境外反垄断法律风险时或者境外反垄断法律风险发生后,经营者如果主动向反垄断执法机构报告或揭发其所参与的横向或者纵向价格协议,或者在反垄断执法机构调查的过程中积极合作并提供相关证据的,反垄断执法机构可以酌情减轻或者免除对该经营者的处罚。宽大制度的主旨是最大限度地降低风险和负面影响。这一制度由美国司法部于 1978 年最先创立,随后欧盟、澳大利亚、日本、加拿大等国家或地区也纷纷建立此制度。

在有的国家或地区,第一个申请宽大的企业可能被免除全部罚款,后续申请企业可能被免除部分罚款。根据日本宽恕制度的规定,“在申请宽恕并满足了特定条件的公司中,最多五家公司可以被免除或减轻因限制竞争行为受到的制裁。第一名申请人将被全额免除,第二名申请人可以减少支付罚金的50%,第三、四、五名申请人可以减少支付罚金的30%。该制度在日本被证实十分有效”。①

但在有的国家或地区,例如澳大利亚,只有第一名披露垄断协议行为并同意全面配合调查的当事人才符合民事豁免的条件。申请适用宽大制度通常要求企业承认参与相关垄断协议,这可能在后续民事诉讼中成为对企业的不利证据,同时要求企业履行更高的配合调查义务。

中国企业需要特别注意的是:第一,在大部分国家或地区,无论是公司还是个人,宽大制度只能免除刑事责任和行政责任。企业对于垄断行为损害第三方的民事损害赔偿是无法免除的。第二,宽大制度主要适用于垄断协议,而不适用于滥用市场支配地位和非法的经营者集中,这与其制度设计的价值密切相关。第三,在有的国家或地区,如果企业在取得宽大处理后未遵守相关要求,那么宽大处理将被撤销。例如,巴基斯坦《竞争法》第39条第3款就明确规定了宽大处理的撤销情形。

(五)充分论证和解制度

和解制度,一般是指企业在反垄断调查过程中与执法机构或者私人原告以和解的方式快速结案。

在有的国家或地区,和解包括在民事案件中与执法机构或者私人原告达成民事和解协议,或者在刑事案件中与执法机构达成刑事认罪协议。民事和解通常包括有约束力的同意调解书,其中包括纠正被诉损害竞争行为的承诺。执法机构也可能会要求被调查方退还通过损害竞争行为获得的非法所得。同意调解

① 参见中华全国律师协会编:《“一带一路”沿线国家法律环境国别报告》(第3卷),北京大学出版社2018年版,第807页。

书同时要求企业对遵守承诺情况进行定期报告。若不遵守同意调解书，企业可能被处以罚款，并且重新调查。在刑事程序中，企业可以和执法机构达成认罪协议，以达到减轻罚款、更快结案的效果。企业可以综合考虑可能的罚款减免、效率、诉讼成本、确定性、胜诉可能性、对后续民事诉讼的影响等因素来决定是否达成认罪协议。

（六）充分利用反垄断调查中享有的权利

多数国家对反垄断执法机构开展调查的程序等作出了明确要求，以保障被调查企业的合法权利。反垄断执法机构开展调查时应当遵循法定程序并出具相关证明文件，比如执法机构的身份证明或者法院批准的搜查令等。被调查的企业依法享有陈述、说明和申辩的权利。反垄断执法机构对调查过程中获取的信息应当依法予以保密。

在境外反垄断调查中，企业应当依照相关国家的规定充分行使自己的法定权利、维护自身合法权益。比如，要求调查人员出示证件，向执法机构询问企业享有的合法权利，在保密的基础上查阅执法机构的部分调查文件，要求聘请律师到场等。部分国家或地区对受律师客户特权保护的文件有除外规定，企业在提交文件时可以对相关文件主张律师客户特权，防止执法人员拿走他们无权调阅的特权资料。有的国家或地区规定，应当听取被调查企业或行业协会的意见，并使其享有就异议事项提出答辩的机会，无论是对于法律还是事实情况，如果被调查对象没有机会表达自己的观点，调查文件就不能作为案件裁决的依据。

（七）对竞争者合作采取特别关注

企业在与竞争者进行交流之前，应当明确交流的内容范围，避免讨论竞争敏感性话题，并记录与竞争者之间的对话或者其他形式的沟通，及时向上级或者反垄断合规管理部门报告。

在与竞争者共同建立的合营企业和其他类型的合作中，企业可以根据需要设立信息防火墙，避免通过合营企业或者其他类型的合作达成或者实施垄断协议。

第九章
知识产权合规风险与防控

21 世纪是数智经济时代。新一轮科技革命和产业变革蓄势待发，全球科技创新的竞争呈现出新的发展态势和特征。

知识产权是科技创新成果的重要载体，世界各国或地区对知识产权的重视程度愈加凸显，利用知识产权国际规则作为科技竞争的工具在国际市场的角逐和博弈也更加激烈和普遍。

多年以来我国产品是境外知识产权调查、诉讼的重点。除了中国企业的美国子公司主动申请启动美国 337 调查的极少数情况外，中国企业在美国 337 调查程序中绝大多数处于被申请人的地位。因此，本章探讨知识产权国际保护规则及应对策略的内容，对维护中国企业国际化的科技竞争力具有重要的现实意义。

一、知识产权保护国际公约

从 1883 年首个知识产权国际条约《保护工业产权巴黎公约》(以下简称《巴黎公约》)和 1986 年首个著作权国际公约《保护文学和艺术作品伯尔尼公约》(以下简称《伯尔尼公约》)的签订，到《1947 年关税与贸易总协定》的订立；从 1970 年《建立世界知识产权组织公约》生效，世界知识产权组织正式成立，到 1995 年 1 月 1 日《与贸易有关的知识产权协定》(Agreement on Trade-Related Aspects of Intellectual Property Rights，TRIPs) 生效，WTO 成为知识产权国际保护的主要国际组织,国际知识产权保护规则和机制经历了近140年的历史。

在这近140年里,国际知识产权规则历经了重大变革和进步,TRIPs在内容上将《巴黎公约》、《伯尔尼公约》以及《罗马公约》的一些实体内容部分纳入其中,在执法上要求成员提供更高水平的知识产权保护,并将成员之间的知识产权争端纳入了WTO争端解决机制,加强了对协议的约束力和知识产权国际保护的执法力度。

也正因为此,TRIPs成为当今最为全面的知识产权多边协定,标志着知识产权国际保护进入了一个统一的、严格的、高标准的新阶段。

二、“超TRIPs”知识产权条款

近几年,主要发达国家主导的一系列双边协议和区域性协议相对TRIPs进一步提高了知识产权保护标准(被称为“超TRIPs”知识产权条款)且开始发挥重要作用。知识产权保护进入后TRIPs时代,但知识产权国际保护的规则体系仍然是一个以TRIPs为基础,由多边协议、双边和地区性协议组成的多层次的规则体系。“超TRIPs”知识产权条款存在于众多双边协议和区域性协议中,例如:

(一)《美墨加协定》(USMCA)

2018年11月,美国、墨西哥和加拿大签署了《美墨加协定》,该协定已于2020年开始实施,相对TRIPs延长了版权的保护期限(由70年延长至75年),扩大了对驰名商标的保护,增加了对域名的保护,减少了注册商标的法定要件。

(二)《全面与进步跨太平洋伙伴关系协定》(CPTPP)

《跨太平洋伙伴关系协定》被《全面与进步跨太平洋伙伴关系协定》所取代,后者已于2018年12月30日生效。《全面与进步跨太平洋伙伴关系协定》相对TRIPs进一步加强了对知识产权的国际保护,扩大了商标的注册范围,声音和气味也可以被注册为商标;同时,强化了对驰名商标的特殊保护。中国已于2021

年 9 月 16 日正式申请加入《全面与进步跨太平洋伙伴关系协定》。

另外,《区域全面经济伙伴关系协定》(RCEP)也显著提升了对知识产权的保护水平。

三、中国关于知识产权国际保护的立法与标准

(一)相关立法

中国知识产权国际保护立法主要包括:第一,2019 年 11 月 1 日修正实施的《中华人民共和国商标法》(以下简称《商标法》);第二,2021 年 6 月 1 日修正实施的《中华人民共和国专利法》(以下简称《专利法》);第三,2021 年 4 月 29 日修正实施的《中华人民共和国海关法》(以下简称《海关法》);第四,2018 年 3 月 19 日修订实施的《中华人民共和国知识产权海关保护条例》(以下简称《海关保护条例》)及其实施细则。

《商标法》和《专利法》关于知识产权的国际保护规定主要侧重于注册和使用,经笔者梳理,主要包括以下四方面内容:

第一,国际注册遵循中国签订的协议或者共同参加的国际条约或者按对等、互惠原则办理的问题。《商标法》第 17 条规定:“外国人或者外国企业在中国申请商标注册的,应当按其所属国和中华人民共和国签订的协议或者共同参加的国际条约办理,或者按对等原则办理。”《专利法》第 17 条规定:“在中国没有经常居所或者营业所的外国人、外国企业或者外国其他组织在中国申请专利的,依照其所属国同中国签订的协议或者共同参加的国际条约,或者依照互惠原则,根据本法办理。”另外,专利法还规定了中国单位或个人将其在中国完成的发明或者实用新型向外国申请专利应当履行的保密审查问题,例如,《专利法》第 19 条规定:“任何单位或者个人将在中国完成的发明或者实用新型向外国申请专利的,应当事先报经国务院专利行政部门进行保密审查。保密审查的程序、期限等

按照国务院的规定执行。”

第二,外国人或外国企业在中国注册商标、专利都必须通过代理机构办理。《商标法》第 18 条规定:“外国人或者外国企业在中国申请商标注册和办理其他商标事宜的,应当委托依法设立的商标代理机构办理。”《专利法》第 18 条也规定,在中国没有经常居所或者营业所的外国人、外国企业或者外国其他组织在中国申请专利和办理其他专利事务的,应当委托依法设立的专利代理机构办理。

第三,国际注册优先权的问题。《商标法》第 25 条规定:“商标注册申请人自其商标在外国第一次提出商标注册申请之日起六个月内,又在中国就相同商品以同一商标提出商标注册申请的,依照该外国同中国签订的协议或者共同参加的国际条约,或者按照相互承认优先权的原则,可以享有优先权。《专利法》第 29 条规定:“申请人自发明或者实用新型在外国第一次提出专利申请之日起十二个月内,或者自外观设计在外国第一次提出专利申请之日起六个月内,又在中国就相同主题提出专利申请的,依照该外国同中国签订的协议或者共同参加的国际条约,或者依照相互承认优先权的原则,可以享有优先权。”

第四,专利的强制许可问题。《专利法》第 55 条规定“为了公共健康目的,对取得专利权的药品,国务院专利行政部门可以给予制造并将其出口到符合中华人民共和国参加的有关国际条约规定的国家或者地区的强制许可”。另外,《专利法》第 75 条规定“临时通过中国领陆、领水、领空的外国运输工具,依照其所属国同中国签订的协议或者共同参加的国际条约,或者依照互惠原则,为运输工具自身需要而在其装置和设备中使用有关专利的”情形不属于侵犯专利权。

《海关法》第 44 条明确规定:“海关依照法律、行政法规的规定,对与进出境货物有关的知识产权实施保护。”明确了海关对于与进出口货物有关的知识产权的法定保护职责。

《海关保护条例》主要对与进出口货物有关并受中华人民共和国法律、行政法规保护的商标专用权、著作权和与著作权有关的权利、专利权(以下统称知识产权)实施的保护。《海关法》、《海关保护条例》及其实施细则针对违反与进出境货物有关的知识产权规定的行为规定了承担没收、赔偿、罚款和刑事责任等四种责任。

(二)相关标准

我国尚没有关于知识产权国际保护的专门标准,国家知识产权局和中国标准化研究院于 2013 年 1 月 28 日发布的《企业知识产权管理规范》(GB/T 29490—2013)涉及涉外贸易知识产权保护的内容,但只是短短原则性的一条规定。

需要关注的是,2022 年 4 月 20 日,广东省市场监督局发布了全国首个企业知识产权国际合规管理的地方标准《企业知识产权国际合规管理规范》(DB44/T 2361—2022),该标准于 2022 年 7 月 20 日起实施。该标准围绕广东企业“走出去”的主要领域和重点区域,参考知识产权国际规则和主要国家、地区的差异性要求,总结了广东企业“走出去”的经验教训,规定了建立、检查、实施、改进企业知识产权国际合规管理体系的基本要求,以及识别、评估、应对知识产权国际合规风险的基本方法和基本要求,为中国企业在境外知识产权布局、风险防范及纠纷应对等方面提供了比较具体的合规指引。

由于上述立法和标准对于知识产权国际保护的规定都比较原则和概括,因此对于知识产权国际保护的合规工作,无论中国企业自身还是相关中介机构都有很多可以探讨、研究和实践的空间,也有很多具有创新性并具有重要意义的工作可供尝试。

四、美国知识产权特别保护

(一)特别 301 条款

1988 年,美国国会通过了《综合贸易与竞争法》,该法的核心内容就是将知识产权纳入了1974年修订的《贸易法》的301条款体系，创设了“特别301条款”。依据“特别301条款”的规定，美国贸易代表办公室每年出具一份年度调查报告对美国知识产权在世界各国的保护和准入状况进行评估，并将外国大致分为“重点国家”“重点观察国家”“观察国家”三类。一旦被美国确定为重点国家，美国贸易代表办公室将对其展开6～9个月的调查并进行谈判，迫使该国采取相应措施检讨和修正其政策，否则美国将采取贸易报复措施对其予以制裁，被列入“重点观察国家”“一般观察国家”不会立即面临报复措施或要求磋商。

（二）337调查

337调查是指美国国际贸易委员会（USITC）根据美国1930年《关税法》第337节及相关修正案进行的调查，337调查的对象为进口产品侵犯美国知识产权的行为以及进口贸易中的其他不公平竞争，目的为禁止一切不公平竞争行为或向美国出口产品中的任何不公平贸易行为。

知识产权方面的不正当贸易的法律构成要件包括两个方面：（1）进口产品侵犯了美国的专利权、著作权、商标权等专有权；（2）美国存在相关产业或相关产业正在筹建中。

（三）特别301条款和337调查的主要区别

特别301条款和337调查的主要区别如表9－1所示。

表9－1 特别301条款和337调查的主要区别

项目	特别301条款	337调查
监管对象	要求外国政府对美国的知识产权提供有效保护，防止侵犯行为的发生。该条款的作用对象是改善外国的知识产权体制	是在美国进口与国际贸易中对侵犯美国知识产权的生产厂商及其产品实施政策制裁，是直接针对外国生产商的制裁措施，以此阻止侵犯美国知识产权的产品进入美国市场。主要针对的是产品

续表

项目	特别 301 条款	337 调查
判断依据	要求美国贸易代表提交一份报告，确认国家是否对知识产权不进行公平和有效的保护或对依赖知识产权保护的美国人（包括美国企业）不给予公正和恰当的市场准入，这类国家被列入重点观察国家名单	只需要证明进口产品的侵权事实和美国存在或组建相关产业
实现途径	主要由政府通过国家间的双边谈判磋商来进行，以协议或条文的形式推动其他国家的知识产权体制的改善	由 USITC 启动诉讼程序来阻止外国生产商对知识产权美国知识产权的侵害，以弥补了国内司法管辖的不足
制裁方式	USTR 经调查认定存在侵犯则可能产生关税等贸易报复措施	USITC 经调查认定进口产品在美国市场上侵犯了知识产权，其有权颁发有限排除令、普遍排除令、禁止令

美国特别 301 条款和 337 调查的实质都是针对美国技术和产品进行高标准的知识产权保护。

2022 年国内 LED 企业首次胜诉美国“337 调查”

案件概述①

2018 年 3 月 27 日，美国超视公司（Ultravision）向美国国际贸易委员会（USITC）请求，对包括艾比森、利亚德在内的十几家中国 LED 企业，发起 337 调查，指控中国企业侵犯其产品专利，并请求颁布普遍排除令、有限排除令和禁止令。

2022 年 6 月 11 日，美国得克萨斯州东区法院就深圳企业艾比森对美出口 LED 显示产品知识产权侵权一案作出判决，深圳艾比森公司胜诉。陪审

① 参见刘芳：《耗时 3 年 国内 LED 企业首次胜诉美国“337 调查”》，载中青在线，http://news.cyol.com/gb/articles/2021-08/17/content_Y7ELbumpZ.html。

团达成一致裁定:深圳艾比森公司的9个被控产品均未侵犯任何美国超视公司的知识产权,并确定所有美国超视公司声称自己拥有的知识产权都是无效的。

有关资料显示,美国超视公司于2010年成立,是一家美国LED显示屏企业,而深圳艾比森公司创立于2001年,早在2005年就完成了第一笔国际订单。

美国超视公司向美国国际贸易委员会请求发起337调查后,中国光学光电子协会曾发布声明表示,美国超视公司成立于2010年,其所拥有的两个专利以防水为主要诉求点,并非显示屏核心技术且没有实质性的保护效能,该专利对中国LED显示企业出口美国并无实质性的约束和伤害。而中国多家LED显示企业具有该专利特征的产品早在其专利提出前就已在美国市场上销售。

然而,2018年5月24日,美国国际贸易委员会仍然投票决定接受起诉方的申请,启动337调查,调查对象涉及深圳艾比森公司、利亚德公司、洲明科技公司在内的几乎所有LED显示屏主要企业。

深圳艾比森公司在美国业务占比较大,受影响最大,故单独提起应诉。因为官司影响,深圳艾比森公司对美销售收入逐年下降:2018年为5亿元,2019年为3.5亿元,2020年为1.6亿元。

得失反观

笔者总结梳理本案可供借鉴的经验主要包括:

第一,中国企业对内,要坚持不断努力提升知识产权创造、运用、保护和管理能力,尤其要前瞻性地进行知识产权境外注册,"商品未动,注册先行",才是取得长胜的关键。否则,即使胜诉了官司,但消耗的大量精力和费用将对业务形成很大负面影响。

第二,勇于挑战任何知识产权恶意诉讼,广泛收集证据、充分筹备应诉,不轻言和解。正如深圳艾比森公司代理律师在结案陈词时的反击："他们不选择在市场上去竞争，而是选择在法庭上开展他们的业务。"这一针见血地揭穿了竞争对手企图操纵、利用知识产权规则打击中国企业的企图。

第三，中国企业对外时，对存在主要竞争关系的国外企业要长期开展技术跟踪、专利监控以及商标、域名监控，便于建立知识产权风险预警与防控机制。例如，在生产对美国出口产品时，可先初步检索、调查美国同类产品中是否适用相同或类似技术、外观设计及商标，减少被诉侵权的可能性。

第四，中国企业在接受进口商委托生产对美出口产品的订单时，在委托加工合同中加入关于知识产权侵权纠纷的免责条款，以免除或减轻相关责任。

总之，知识产权国际保护已正演变为发达国家限制进口竞争、限制相关领域投资、保护本地市场的新型"贸易壁垒"，显著趋强的保护趋势势不可挡。该趋势对中国企业境外投资、产业升级、国际市场拓展带来了更大压力。

五、中国企业知识产权境外合规风险防控及工具

国际知识产权保护极具专业性、复杂性和综合性。中国制造业正在从中低端到走向高端，"我们要学会使用发达国家和它们跨国公司所采用的'尖端武器'，那就是专利战、品牌战、商业秘密保护战和版权贸易战，更要学会用国际的商务语言做国际的生意。"①

具体而言，中国企业"走出去"主要面临三个方面的知识产权合规挑战和风险：境外投资并购过程中的知识产权合规风险、国际贸易中的知识产权合规风险

① 吴汉东：《推荐序一》，载戈勇、李响：《国际商法理论与实践》，中信出版集团2022年版，第X页。

以及知识产权注册保护方面的合规风险。中国企业可以采取尽职调查、合同条款、国际注册等工具进行防范和救济。

（一）充分的尽职调查

许多中国企业境外并购主要出于产品升级、获取高新技术、提升自身品牌和拓展海外市场等战略目标，目标企业知识产权成为中国企业跨境并购主要动因和考量，知识产权也在境外并购资产的价值评估和对价支付中占有越来越大的比重。

中国企业跨境并购的知识产权风险，通常涉及所有权权属风险、保护期限风险、增速风险以及东道国法律风险等，中国企业在并购决策前要针对知识产权进行充分的尽职调查，主要关注三种情形：

（1）知识产权的权属。收购目标企业100%的股权并不意味着一定能取得目标企业知识产权，因为其知识产权有可能是许可使用，并非自有。另外，知识产权是目标企业单独所有还是共有、是否许可第三方使用以及使用期限等都是目标企业估值的主要考量因素。

（2）知识产权的有效期。有效期的长短也是中国企业在收购评估和对价谈判时的主要衡量因素。

（3）知识产权诉讼。不仅要关注目标企业作为原告的诉讼，还要关注目标企业侵害第三人或目标企业时可能作为被告的知识案件和可能的知识产权纠纷等。

由于知识产权的地域性特征，中国企业在货物买卖协议或原始设备制造商（Original Equipment Manufacturer，OEM）协议签署前，也应当对产品的知识产权情况进行调查，确定其在相关国家是否存在侵权风险。

中国企业在货物买卖时也会发生知识产权侵权纠纷。例如，中国企业A从B国进口到中国的设备在中国本不构成侵权，但由于中国企业业务战略的调整，将产品临时转运给 A 公司在 C 国的子公司安装使用，该产品在 C 国构成专利侵权。

中国企业在 OEM 业务中也会发生知识产权侵权纠纷。例如，中国企业按照国外委托方的订单生产相关产品（指定品牌）再出口，清关过程中海关会发现这笔货物没有经过该商标所有权人的授权，侵犯了相关权利人的合法权益。在这种情况下，海关不仅要没收这批货物还会针对中国企业进行罚款。

（二）合同条款的周密设计

在境外并购中，中国企业可以通过设计收购协议条款控制知识产权风险：

第一，在收购协议中明确界定标的企业知识产权的权属，并要求原股东作出相关保证、承诺并约定相关违约赔偿责任。

第二，在收购协议中对收购后知识产权的持有和使用作出明确约定，如转让方是否可以继续使用目标企业所有的技术以及如何使用等。

第三，在收购协议中要求转让方对于专利或其他技术的交割提供详尽的技术清单和说明，并对后续使用提供支持，包括明确支持方式、标准和期限。避免由于境内外相关技术发展的差异，实践中，中国企业单凭说明书无法实现所收购的技术，导致知识产权收购的意义大打折扣。

第四，对已有知识产权诉讼结果的承担提前作出分配和约定。

第五，尝试对知识产权资产约定价值减损条款，以充分保护在收购中的知识产权价值评估风险。

《联合国国际货物销售合同公约》（United Nations Convention on Contracts for the International Sale of Goods，CISG）第 42 条第 1 款明确规定了卖方的知识产权担保义务："卖方所交付的货物必须是第三方不能根据工业产权或其他知识产权主张任何权利或要求的货物，但以卖方在订立合同时已知道或不可能不知道的权利或要求为限，而且这种权利或要求根据以下国家的法律规定，是以工业产权或其他知识产权为基础的:(a)如果双方当事人在订立合同时预期货物将在某一国境内转售或作其他使用,则根据货物将在其境内转售或作其他使用的国家的法律。或者在任何其他情况下,根据买方营业地所在国的法律;或者(b)在任何其他情况下,根据买方营业地所在国家的法律。”因此,中国企业应当在买卖合同条款中根据自身法律地位,对知识产权合规风险和责任事前进行合理分配,以减少相关合规风险。

(三)前瞻性地及时进行知识产权国际注册

知识产权具有无形性和地域性。除了著作权实行自动保护外,其他知识产权无注册即无权利,在未注册获得权利的国家,他人可以自由无偿使用且申请注册。知识产权还具有期限性。一旦注册权利过期,则该知识产权在注册国丧失权利效力,他人也可以自由无偿使用且申请注册。

实践中,中国企业应当注意根据战略布局、产品规划以及海外市场拓展计划,前瞻性地进行境外知识产权注册布局,为中国企业的产品走向境外提前做好商标、专利等知识产权的权利布局,避免因未及时注册而被他人在境外抢注,或注册到期后未及时申请续期而被他人抢注,产品因面临知识产权障碍无法走向海外市场的遗憾。

笔者曾处理过中国某驰名商标在某境外区域被抢注的案件,企业因此丢失了境外市场若干年。在历尽艰辛抢回商标、打击相关境外区域中假冒该中国驰名商标的假货并清理市场后,中国企业的正品产品才得以进入该境外区域市场。在此10年多的时间内,该中国企业相关产品在该境外区域不能实现销售。失去商标则失去品牌,失去品牌则失去市场,抢回商标后等于要重新树立一个品牌、重建一个市场,为此付出的努力以及产生的机会成本是无法估算的,而导致这一后果的原因就是企业在一个非常简单的疏漏,即没有及时续展自己的注册商标。

(四)特别关注域名等新型权利的国际注册

知识产权国际注册中,中国企业需要特别注意域名的注册。域名是互联网上某一台计算机或计算机组的名称，用于在数据传输时对计算机的定位标识。随着互联网经济的飞速发展，域名具有了非凡的商业价值，企业域名成了企业在网络经济和网络商业中的企业商号或商品品牌，具有了特定的代表性和识别性，具有了商业标志的意义。

在上述背景下，域名抢注或利用域名假冒其他品牌、淡化竞争对手特定品牌的问题也成为中国企业境外知识产权保护的新课题。域名抢注往往和域名贩卖相结合，抢注者往往会公开出售其抢注的域名。由于境外企业抢注中国企业域名后，跨国争议解决的成本比较高，中国企业往往需要在权衡利弊后，被迫以高于注册费用的价格买回被抢注的域名。

笔者曾处理过两个中国驰名商标同时被一家外国公司组合抢注为域名的问题。初始注册需要几十元的成本，但在拍卖中买回则需要几千美元至 1 万美元。因此，笔者对域名的国际注册保护有非常深刻的感受。

域名的国际注册由“互联网名称与数字地址分配机构”（ICANN）负责管理。2016 年 10 月 1 日，美国商务部下属机构国家电信和信息局把互联网域名管理权完全交给位于加利福尼亚州的 ICANN。ICANN 是一家非营利社团，主要由互联网协会的成员组成，成立于 1998 年 10 月，负责管理域名、互联网协议（IP）地址的空间分配、协议标识符的指派、通用顶级域名（gTLD）以及国家和地区顶级域名（ccTLD）系统的管理，以及根服务器系统的管理。

在实践操作中，ICANN 只是管理其授权的域名商，域名商从 ICANN 批发域名再卖给相关域名申请方。中国互联网信息中心负责中国顶级域名、二级域名和三级域名的注册和管理。

中国法院严格遵行《巴黎公约》和相关中国法律，对跨国公司知识产权包括域名进行公平的国际保护。2022 年 1 月，福建省厦门市中级人民法院二审审结了“美国苹果公司与厦门建发信息技术有限公司（以下简称厦门建发）网络域名权属、侵权纠纷案”。

“ICLOUD”商标、域名案注册案[①]

案件概述

苹果公司第970388号“ICLOUD”商标于2008年8月被核准注册,苹果公司还于1999年注册了域名“icloud. com”,并对该域名进行了实际使用。2014年8月5日,建发公司注册取得域名“tradeicloud. com”。

苹果公司于2020年2月11日向美国国家仲裁院递交投诉书称,其为“iCLOUD”商标权利人,诉争域名“tradeicloud. com”与苹果公司“iCLOUD”商标及其域名存在混淆相似性,并称我国建发公司恶意注册和使用诉争域名,请求将诉争域名转让给苹果公司。2020年4月2日,美国国家仲裁院裁决将诉争域名转让给苹果公司。

我国建发公司立即向福建省厦门市思明区人民法院提起诉讼,请求确认诉争域名并不侵犯苹果公司的商标权、判令诉争域名继续由建发公司持有,不应转移给苹果公司等诉讼主张。厦门市思明区人民法院于2020年4月14日立案受理。

厦门市思明区人民法院一审认为:

第一,商标权和域名权是各自独立的权利,苹果公司持有“iCloud”商标,并不意味着其就当然享有与“iCloud”相关的所有域名的权利。商标持有人对与其商标相关的域名享有权利,应符合2001年《最高人民法院关于审理涉及计算机网络域名民事纠纷案件适用法律若干问题的解释》第4条、第5条规定的条件。

---

① 参见福建省厦门市中级人民法院民事判决书,(2021)闽02民终5089号。

第二，并无证据显示建发公司在注册和使用诉争域名的过程中存在上述域名纠纷司法解释第 4 条和第 5 条所规定的“恶意”的情形。

故判决：（1）确认建发公司域名“tradeicloud. com”不侵害苹果公司的商标权；（2）确认域名“tradeicloud. com”由建发公司继续持有。

苹果公司向厦门市中级人民法院提起上诉，厦门市中级人民法院经审理认为：

第一，涉案“ICLOUD”商标自 2008 年开始，被广泛使用于苹果公司提供的数据管理、云存储等各类服务上。经过苹果公司长期、持续和广泛的使用和宣传，“ICLOUD”商标已经在包括中国在内的全球范围内获得了极高的知名度和影响力，在市场上已具有较高知名度，已达到驰名程度，此后也持续具有驰名状态。建发公司注册、使用的诉争域名由“trade”“icloud”两部分组成，前缀“trade”是具有特定含义的常见英文词汇，显著性低，诉争域名完整地包含苹果公司在先达到驰名程度的“ICLOUD”商标，构成对“ICLOUD”商标的复制、摹仿。

第二，基于域名与商品或服务之间的联系作用，建发公司注册使用诉争域名向用户提供有关商品或服务的行为，容易使相关公众误认为诉争域名相关产品和服务的提供主体与苹果公司之间存在授权许可、赞助、关联企业关系等特定联系，违反了《商标法》第 57 条第 7 项、《最高人民法院关于审理商标民事纠纷案件适用法律若干问题的解释》第 1 条第 3 项的规定，侵犯了苹果公司涉案“ICLOUD”注册商标专用权。原审法院关于建发公司注册使用诉争域名“tradeicloud. com”不侵害苹果公司涉案“ICLOUD”商标的认定，属于事实认定不清，适用法律不当，本院予以纠正。

苹果公司最终取得了“ICLOUD”商标及其相关域名被变相恶意注册为域名的胜诉。

得失反观

该案提示我们：域名已成为非常重要的一类知识产权，且随着数字经济的进一点发展，其价值将进一步凸显。中国企业国际化，一方面应当重视域名的前瞻性规划并及时进行域名注册，包括对驰名商标的域名注册，确保其在网络经济中的字号价值和品牌价值带给我们的长远的商业利益。另一方面，在域名注册过程中，还要进行广泛检索和仔细对比，避免对他人商标和域名造成损害，导致相关法律责任。

（五）积极协助政府参与知识产权国际保护提案、规则的谈判与制定

知识产权是一种私权利，企业往往是知识产权的权利主体，国际化的跨国公司尤其是知识产权国际保护的最直接利益相关者。例如，2011 年对外开放签字的《反假冒贸易协定》（Anti-Counterfeiting Trade Agreement，ACTA）就是在日本、美国等国内大公司的参与下完成的。[①] 因此，中国企业应当深入研究知识产权国际保护并积极支持中国政府广泛参与知识产权国际保护提案、规则的制定与谈判，确保相关知识产权国际保护规则体现多方利益、防止出现少数国家或地区控制下的立法偏倚。

① 参见马忠法：《国际知识产权法律制度的现状、演进与特征》，载《安徽师范大学学报（人文社会科学版）》2018 年第 3 期。

第十章
数据保护合规风险与防控

一、数据合规的国际规则

2020 年 12 月,中共中央发布《法治社会建设实施纲要(2020—2025 年)》,提出“积极参与数字经济、电子商务、信息技术、网络安全等领域国际规则和标准制定”。但在数据保护领域,全球范围内国际合作的成果寥寥,与欧盟和美国历经艰难谈判达成的相关协议最终未能生效,在数据保护方面目前尚未形成比较有效的国际合作机制和国际规则,无法满足数据国际保护的迫切需求。

2019 年 1 月 25 日,在瑞士达沃斯举行的电子商务非正式部长级会议上,中国和澳大利亚、日本、新加坡等 76 个 WTO 成员签署《关于电子商务的联合声明》,确认有意在 WTO 现有框架和协议基础上启动与贸易有关的电子商务议题谈判。[①] 2022 年 5 月 12 日,第 28 次日本—欧盟首脑会议在东京举行,会上正式启动了日欧数字伙伴关系。根据日本数字局和欧盟委员会通信网络、内容和技术总局的书面安排,日本和欧盟将每年举行一次日本—欧盟数字伙伴关系会议。但由于数据保护理念的差异和数据资源控制的利益冲突,要达到立法和规则的意义,世界各国还有很长的路要走。

在数据国际保护领域,欧盟《通用数据保护条例》(European Unions General

① 参见屠新泉等:《世界贸易组织发展报告 2020—2021》,对外经济贸易大学出版社 2021 年版,第 36 页。

Data Protection Regulation, GDPR）和美国《澄清域外合法使用数据法》（the Clarifying Lawful Overseas Use of Data Act, CLOUD）需要重点关注。

（一）欧盟《通用数据保护条例》

2018 年 5 月 25 日起实施的 GDPR 虽然主要适用于欧盟所有成员，但 GDPR 的实际影响范围要远远超出欧盟所有成员的范围，GDPR 已成为国际数据保护领域最重要的一项数据保护规则。GDPR 主要针对于个人数据保护，具有以下特点。

1. GDPR 对个人数据的界定较为广泛

GDPR 第 4 条明确规定，个人数据是指已识别或可识别的自然人（“数据主体”）有关的任何信息，可识别的自然人是指能通过某种标识符，如姓名、身份证号、位置数据、在线标识符，或与该自然的身体、生理、遗传、精神、文化或社会特性有关的一个或多个特定因素，而直接或间接识别的个人。GDPR 对个人数据的定义较宽泛，其包括与已识别或可识别的自然人有关的任何的所有信息，甚至包括在线标识符（可用于识别一个人的 IP 地址）等。

2. GDPR 具有非常广泛的域外效力

GDPR 适用于在欧盟境内设有业务机构（establishment）的组织，只要这些组织的业务机构在欧盟境内的活动中处理个人数据，而不论此类处理行为是否实际发生在欧盟境内，该处理行为均适用 GDPR。

某一组织虽不在欧盟境内设立业务机构，但处理欧盟境内个人的个人数据，并且此类处理行为与向欧盟境内个人提供商品或服务相关，无论该等商品或服务是否收费，则也应当适用 GDPR；如果非欧盟组织机构意图向欧盟境内个人提供商品或服务，则其将被视为在欧盟境内提供商品或服务。仅仅是能从欧盟境内访问网站或其联系方式或使用该组织设立国家常用的语言原则上不足以被视为有上述意图。使用一个或多个成员的语言和/或货币、来自欧盟客户（如在网站上)的推荐、使用搜索引擎中针对一个或多个成员国的广告和/或使用顶级域名(如.eu或.nl)可能导致商品或服务被视为在欧盟境内提供。

GDPR适用于非欧盟组织处理欧盟境内个人的个人数据,只要此类处理行为涉及对欧盟境内个人的行为进行监控,且该处理行为发生在欧盟。

3. GDPR针对处理行为类型的界定

"处理"是指个人数据或个人数据集进行的任何操作或任何操作的集合,例如,收集、记录、组织、编排、储存、改变或改动、检索、咨询、使用、通过传递或分发来披露,以及提供、校正、合并、限制、删除或销毁数据,不论操作是否以自动化的方式进行。该界定扩大了GDPR对个人信息保护的情形。

4. GDPR针对个人信息保护法罚金标准

在一般情况下,最高罚金可达1000万欧元或公司集团全球营业额2%(取高者);而最严重的违法情况,将会导致高达2000万欧元或公司集团全球营业额4%(取高者)的罚款。

(二)美国《澄清域外合法使用数据法》

美国目前尚无联邦层面的数据保护统一立法。但近年来,美国在持续加强数据保护立法。在联邦层面,2018年3月,美国正式通过了CLOUD法案。"CLOUD法案超越了国家领土的界限,单方面延伸了美国执法机关刑事跨境调取数据的管辖权,更是利用了美国在数字领域拥有众多跨国互联网企业的巨大优势,最大化地帮助美国执法机构掌控数据资源。跨境调取数据的关键因素也从国家领土界限转移到数据控制者的地理位置,突破了原有的'数据存储地'模式。"[①]该法案为美国对境外数据开展执法提供了依据,同时反映出美国试图打破各国数据本地化政策屏障的意图。

---

① 王雪、石巍:《数据立法域外管辖的全球化及中国的应对》,载《知识产权》2022年第4期。

另外,美国联邦贸易委员会(Federal Trade Commission,FTC)有制裁侵犯消费者隐私权益并要求成公司承担补救措施的权利,因此,FTC 也成为美国联邦层面具有隐私保护执法权力的机构。

Facebook 遭遇巨额罚款

近几年,Facebook[①] 在欧洲和美国涉及多起集团诉讼,均涉及个人数据隐私保护并遭遇巨额罚款。例如,2019 年 7 月 24 日,美国司法部、联邦贸易委员会与 Facebook 就保护用户隐私达成一项为期 20 年的和解协议,主要内容包括 Facebook 交付 50 亿美元罚款并接受联邦贸易委员会的进一步监管。此外美国证券交易委员会(U. S. Securities and Exchange Commission, SEC)也会与 Facebook 就该公司未能充分披露滥用用户数据风险等指控达成行政和解,该公司还要向 SEC 缴纳 1 亿美元的罚款。[②]

在美国州级层面,具有代表性的是加利福尼亚州,其制定了若干关于隐私保护的法律,并设置了相应的执法机构。

(三)其他国际性规则

关于数据管理的区域性合作与协定、双边合作与协定正在形成,各国国内立法也正在逐步加强。从国际规则到各国国内立法,数据立法都是一个全新的领域。

2022 年 6 月,在刚刚结束的金砖国家领导人会议上,金砖国家领导人达成了《金砖国家数字经济伙伴关系框架》,开启了金砖国家数字经济合作新进程。

《金砖国家数字经济伙伴关系框架》纳入了数字认证、电子支付、电子交易

① 2021 年 10 月 28 日,马克・扎克伯格宣布,Facebook 将更名为"Meta"。

② 陈瑞华:《企业合规基本理论》,法律出版社 2022 年版,第 173 页。

单据、数据隐私和安全、网上争端解决等当前数字经济前沿领域,并同意就人工智能等新兴技术开展合作;针对金砖成员数字经济发展水平不同的现状,该框架把弥合数字鸿沟作为重点之一,鼓励开展能力建设和政策实践分享,缩小数字基础设施、数字技术、数字服务和数字技能发展方面的差距;《金砖国家数字经济伙伴关系框架》明确了数字经济的合作方向和重点领域,提出了提高港口数字化水平、鼓励数字基础设施投资等 17 条合作举措。《金砖国家数字经济伙伴关系框架》的落实将推进五国合作共识,积极开展政策交流、能力建设和最佳实践分享等合作,激发数字经济合作的潜能和活力,造福金砖五国人民。

二、中国数据法律体系

中国国内法对于数据保护的立法历史并不长,相关立法大都集中在近 5 年,但大多是全国人大层次基本法律效力的立法,法律渊源的层次比较高,涉及民事权益、行政保护、刑事制裁等多个领域。

目前,中国数据立法形成了以《中华人民共和国民法典》(以下简称《民法典》)为基础,以《中华人民共和国数据安全法》(以下简称《数据安全法》)为主体,以《中华人民共和国个人信息保护法》(以下简称《个人信息保护法》)、《中华人民共和国网络安全法》(以下简称《网络安全法》)、《中华人民共和国电子商务法》(以下简称《电子商务法》)、《中华人民共和国未成年人保护法》(以下简称《未成年人保护法》)、《中华人民共和国消费者权益保护法》(以下简称《消费者权益保护法》)、《中华人民共和国密码法》(以下简称《密码法》)以及《中华人民共和国刑法》(以下简称《刑法》)等为专项立法支持,以各项行政法规和部门规章为补充的一套系统、全面的数据保护法律体系。总体而言,中国数据保护立法层次高、时效新、维度全。中国现行数据法律体系如表 10 - 1 总结列举如下:

表 10－1　中国现行数据法律体系

序号	名称	实施日期	法律效力等级
1	《民法典》	2021 年 1 月 1 日	法律
2	《数据安全法》	2021 年 9 月 1 日	法律
3	《个人信息保护法》	2021 年 11 月 1 日	法律
4	《刑法》	修正后自 2021 年 3 月 1 日起施行	法律
5	《网络安全法》	2017 年 6 月 1 日	法律
6	《电子商务法》	2019 年 1 月 1 日	法律
7	《未成年人保护法》	2021 年 6 月 1 日	法律
8	《消费者权益保护法》	修正后自 2014 年 3 月 15 日起施行	法律
9	《密码法》	2020 年 1 月 1 日	法律
10	《关键信息基础设施安全保护条例》	2021 年 9 月 1 日	行政法规
11	《网络安全审查办法》	2022 年 2 月 15 日	行政法规

《民法典》除了第 111 条和第 1034 条至第 1038 条针对个人信息保护进行了原则性的专项规定外，第一编总则的民事权利部分、第三编合同部分、第四编人格权部分、第七编侵权责任部分都是数据保护的法律基础。

《数据安全法》第 3 条明确规定："本法所称数据，是指任何以电子或者其他方式对信息的记录。数据处理，包括数据的收集、存储、使用、加工、传输、提供、公开等。数据安全，是指通过采取必要措施，确保数据处于有效保护和合法利用的状态，以及具备保障持续安全状态的能力。"因此，《数据安全法》以对所有数据进行安全保护并促进数据开发和利用为宗旨。该法第二章"数据安全与发展"对促进数据发展和保护数据安全进行了统筹性质的规定，第三章"数据安全制度”规定了国家应当建立的数据分类分级保护制度，数据安全风险评估、报告、信息共享、监测预警机制，数据安全应急处置机制、数据安全审查制度、出口管制制度和对等制度。第四章“数据安全保护义务”规定了所有开展数据处理活动的组织、机构或个人的数据安全保护义务，第五章“政务数据安全与开放”专门规定了政府机关关于政务数据安全与开放的义务，实际上是对第二章的贯彻和落实。笔者经仔细研究，发现该法的主要特点是，通过短短 55 个条款，在充分鼓励数据依法合理有效利用，保障数据依法有序自由流动，包括提高政务数据的科学性、准确性、时效性以促进以数据为关键要素的数字经济发展的同时，致力于保护数据安全，并力图取得两者之间的平衡。该法是一部全局性、科学性、前瞻性和开放性的数据安全与发展法。

《个人信息保护法》是专门对个人信息进行安全保护并促进合理利用的法律。该法第 4 条第 1 款明确规定：“个人信息是以电子或者其他方式记录的与已识别或者可识别的自然人有关的各种信息，不包括匿名化处理后的信息。”可见，《个人信息保护法》在个人信息的界定中减少了限定，相对《民法典》扩大了个人信息的范围，从“能够识别特定自然人的各种信息”扩大到“与已识别或者可识别的自然人有关的各种”。《个人信息保护法》共 8 章 74 条，内容非常全面，从个人信息处理规则、个人信息跨境提供的规则、个人在个人信息处理活动中的权利、个人信息处理者的义务、履行个人信息保护职责的部门到法律责任 6 个方面对个人信息进行了全面的保护。

个人信息处理的规则包括：(1) 合法、正当、必要和诚信原则，不得通过误导、欺诈、胁迫等方式处理个人信息。(2) 处理个人信息应当具有明确、合理的目的，并应当与处理目的直接相关，采取对个人权益影响最小的方式。(3) 收集个人信息，应当限于实现处理目的的最小范围，不得过度收集个人信息。(4) 处理个人信息应当遵循公开、透明原则，公开个人信息处理规则，明示处理的目的、方式和范围。(5)处理个人信息应当保证个人信息的质量,避免因个人信息不准确、不完整对个人权益造成不利影响。(6)个人信息处理者应当对其个人信息处理活动负责,并采取必要措施保障所处理的个人信息的安全。个人在个人信息处理活动中的权利包括决定权、知情权、查阅权、复制权、更正权、撤回权、删除权以及起诉的权利等。个人信息处理者的义务包括信息安全保护义务、不得非法收集、不得非法买卖的义务等。

《网络安全法》是一部专门针对网络安全的立法,主要规定了网络运营者的信息收集征得同意的义务、保密义务、合法使用义务、确保信息安全义务等,并规定了罚款、暂停相关业务、停业整顿、关闭网站、吊销相关业务许可证或者吊销营业执照等行政处罚措施。

《电子商务法》主要是针对电子商务运营者规定了保护用户个人数据的义务和责任,例如电子商务经营者对用户信息查询、更正、删除申请的配合义务等。

《未成年人保护法》主要针对信息处理者、网络产品和服务提供者对未成年人涉及网络服务、网络产品、网络直播、网络游戏等方面的数据保护进行了规定。

《消费者权益保护法》对于个人信息的保护由于立法时间较远的原因,对个人信息的保护范围比较窄,远未达到个人信息保护法的范畴。但《消费者权益保护法》在个人信息保护立法中有两项贡献:第一,从消费者保护的角度,针对采用网络、电视、电话、邮购等方式提供商品或者服务的经营者,均规定了保护个人信息的义务和责任,相对《电子商务法》的义务和责任主体更为广泛。第二,规定了经营者侵害消费者个人信息依法得到保护的权利的,应当停止侵害、恢复名誉、消除影响、赔礼道歉,并承担赔偿损失的责任,即在人格权的角度,对个人信息进行了保护。

《密码法》主要规定了密码管理部门和有关部门及其工作人员在密码管理工作中不得泄露、非法向他人提供在履行职责中知悉的个人隐私的义务和责任。

《刑法修正案(九)》增设了与信息保护相关的两种犯罪:侵犯公民个人信息罪和拒不履行信息网络安全管理义务罪。根据第253条侵犯公民个人信息罪,情节特别严重的,处3年以上7年以下有期徒刑并处罚金,单位也构成犯罪。根据第286条拒不履行信息网络安全管理义务罪,网络服务提供者不履行法律、行政法规规定的信息网络安全管理义务,经监管部门责令采取改正措施而拒不改正,有相关情形之一的,处3年以下有期徒刑、拘役或者管制,并处或者单处罚金,单位也构成犯罪。

除了上述法律层面的立法外,近期关于数据管理的行政法规、部门规章正在频繁出台。

另外,国家市场监督管理总局、国家标准化管理委员会发布的《信息安全技术　个人信息安全规范》(GB/T 35273—2020)已于2020年10月1日实施,该标准是对《信息安全技术　个人信息安全规范》(GB/T 35273—2017)的修改,旨在严格规范个人信息在收集、存储、使用、共享、转让与公开披露等信息处理环节中的相关行为,遏制个人信息非法收集、滥用、泄露等乱象,最大限度地保护个人的合法权益和社会公众利益。该标准适用于规范各类组织的个人信息处理活动,也适用于主管监管部门、第三方评估机构等组织对个人信息处理活动进行监督、管理和评估,因此也是企业制定自身数据管理规则体系的参考依据。

三、中国数据立法关于境外数据合规的主要规定

笔者对上述法律进行了细致、缜密的梳理,将我国数据立法中涉及我国企业境外数据合规的主要内容总结如表10-2所示。

表 10－2 中国企业境外数据合规相关法律条款

序号	内容	法律条款
1	关于中国数据相关法律的域外适用	《数据安全法》第2条规定:“在中华人民共和国境内开展数据处理活动及其安全监管,适用本法。在中华人民共和国境外开展数据处理活动,损害中华人民共和国国家安全、公共利益或者公民、组织合法权益的,依法追究法律责任。”
		《个人信息保护法》第3条第2款规定:“在中华人民共和国境外处理中华人民共和国境内自然人个人信息的活动,有下列情形之一的,也适用本法:(一)以向境内自然人提供产品或者服务为目的;(二)分析、评估境内自然人的行为;(三)法律、行政法规规定的其他情形。”
2	关于数据的跨境提供	《数据安全法》第25条规定:“国家对与维护国家安全和利益、履行国际义务相关的属于管制物项的数据依法实施出口管制。”
		《数据安全法》第36条规定:“中华人民共和国主管机关根据有关法律和中华人民共和国缔结或者参加的国际条约、协定,或者按照平等互惠原则,处理外国司法或者执法机构关于提供数据的请求。非经中华人民共和国主管机关批准,境内的组织、个人不得向外国司法或者执法机构提供存储于中华人民共和国境内的数据。非经中华人民共和国主管机关批准,境内的组织、个人不得向外国司法或者执法机构提供存储于中华人民共和国境内的数据。”
		《个人信息保护法》第38条规定,个人信息处理者因业务等需要,确需向中华人民共和国境外提供个人信息的,应当具备下列条件之一:(1)关键信息基础设施运营者和处理个人信息达到国家网信部门规定数量的个人信息处理者,应当将在中华人民共和国境内收集和产生的个人信息存储在境内。确需向境外提供的,应当通过国家网信部门组织的安全评估;(2)按照国家网信部门的规定经专业机构进行个人信息保护认证;(3)按照国家网信部门制定的标准合同与境外接收方订立合同,约定双方的权利和义务;(4)法律、行政法规或者国家网信部门规定的其他条件。中华人民共和国缔结或者参加的国际条约、协定对向中华人民共和国境外提供个人信息的条件等有规定的,可以按照其规定执行。个人信息处理者应当采取必要措施,保障境外接收方处理个人信息的活动达到《个人信息保护法》规定的个人信息保护标准。
		《个人信息保护法》第39条规定,个人信息处理者向个人告知境外接收方的名称或者姓名、联系方式、处理目的、处理方式、个人信息的种类以及个人向境外接收方行使本法规定权利的方式和程序等事项,并取得个人的单独同意。
		《网络安全审查办法》第7条规定,掌握超过100万用户个人信息的网络平台运营者赴国外上市,必须向网络安全审查办公室申报网络安全审查。

续表

序号	内容	法律条款
		《网络安全审查办法》第10条规定，网络安全审查会重点评估核心数据、重要数据或者大量个人信息被窃取、泄露、毁损以及非法利用、非法出境的风险，以及上市存在关键信息基础设施、核心数据、重要数据或者大量个人信息被外国政府影响、控制、恶意利用的风险等相关涉外数据安全风险。
3	关于数据的跨境保护	《数据安全法》第2条第2款规定："在中华人民共和国境外开展数据处理活动，损害中华人民共和国国家安全、公共利益或者公民、组织合法权益的，依法追究法律责任。"
		《个人信息保护法》第42条和第43条明确规定境外的组织、个人从事侵害中华人民共和国公民的个人信息权益，或者危害中华人民共和国国家安全、公共利益的个人信息处理活动的，国家网信部门可以将其列入限制或者禁止个人信息提供清单，予以公告，并采取限制或者禁止向其提供个人信息等措施。另外，任何国家或者地区在个人信息保护方面对中华人民共和国采取歧视性的禁止、限制或者其他类似措施的，中华人民共和国可以根据实际情况对该国家或者地区对等采取措施。
4	关于数据跨境提供的法律责任	《网络安全法》第66条规定："关键信息基础设施的运营者违反本法第三十七条规定，在境外存储网络数据，或者向境外提供网络数据的，由有关主管部门责令改正，给予警告，没收违法所得，处五万元以上五十万元以下罚款，并可以责令暂停相关业务、停业整顿、关闭网站、吊销相关业务许可证或者吊销营业执照；对直接负责的主管人员和其他直接责任人员处一万元以上十万元以下罚款。"
		《个人信息保护法》第66条规定："违反本法规定处理个人信息，或者处理个人信息未履行本法规定的个人信息保护义务的，由履行个人信息保护职责的部门责令改正，给予警告，没收违法所得，对违法处理个人信息的应用程序，责令暂停或者终止提供服务；拒不改正的，并处一百万元以下罚款；对直接负责的主管人员和其他直接责任人员处一万元以上十万元以下罚款。有前款规定的违法行为，情节严重的，由省级以上履行个人信息保护职责的部门责令改正，没收违法所得，并处五千万元以下或者上一年度营业额百分之五以下罚款，并可以责令暂停相关业务或者停业整顿、通报有关主管部门吊销相关业务许可或者吊销营业执照；对直接负责的主管人员和其他直接责任人员处十万元以上一百万元以下罚款，并可以决定禁止其在一定期限内担任相关企业的董事、监事、高级管理人员和个人信息保护负责人。"
		《个人信息保护法》第69条规定："处理个人信息侵害个人信息权益造成损害，个人信息处理者不能证明自己没有过错的，应当承担损害赔偿等侵权责任。前款规定的损害赔偿责任按照个人因此受到的损失或者个人信息处理者因此获得的利益确定；个人因此受到的损失和个人信息处理者因此获得的利益难以确定的，根据实际情况确定赔偿数额。"

续表

序号	内容	法律条款
5	关于数据跨境保护的司法协助	《数据安全法》第36条规定:"中华人民共和国主管机关根据有关法律和中华人民共和国缔结或者参加的国际条约、协定,或者按照平等互惠原则,处理外国司法或者执法机构关于提供数据的请求。非经中华人民共和国主管机关批准,境内的组织、个人不得向外国司法或者执法机构提供存储于中华人民共和国境内的数据。"
		《个人信息保护法》第41条与《数据安全法》第36条的规定保持了完全一致。

需要特别关注的是:

第一,数据跨境提供的法律责任日趋严格。2021年11月1日起施行的《个人信息保护法》相对于2017年6月1日起实施的《网络安全法》,加强了对违法行为的处罚并提高了对个人信息保护的力度,主要体现在以下两个方面:其一,把罚款额度提高到了最高处5000万元以下或者上一年度营业额5%以下罚款;其二,在对直接负责的主管人员和其他直接责任人员提高罚款额度的基础上,增加了可以并处禁止其在一定期限内担任相关企业的董事、监事、高级管理人员和个人信息保护负责人的禁业规定。

第二,立法政策鼓励支持数据国际合作。2021年12月12日,中国印发了《"十四五"数字经济发展规划》,该规划明确提出积极构建良好国际合作环境,倡导构建和平、安全、开放、合作、有序的网络空间命运共同体,积极维护网络空间主权,加强网络空间国际合作。积极借鉴国际规则和经验,围绕数据跨境流动、市场准入、反垄断、数字人民币、数据隐私保护等重大问题探索建立治理规则。

四、中国企业境外数据合规风险防控及工具

网络科技促进了网络经济的进一步发展,区块链、元宇宙将自然人的角色定

位和活动空间进一步拓展；与此同时，包括 GDPR 在内的各国数据立法在扩大个人信息保护范围和力度的同时，又均具有域外保护的效力。

“事实上，不用遵守 GDPR 的唯一途径是完全避免与欧盟做生意。鉴于欧盟是世界上最大的贸易区，这对于任何想要利用互联网或要与现代全球市场和供应链合作的组织来说，都是不切合实际的。”①因此，中国企业，尤其是涉及数据管理和运营相关的行业、电商行业和境外上市的企业研究境外数据合规风险应对势在必行，中国企业可运用的境外数据安全风险防控工具主要有：

（一）建立数据安全的技术保障

数据安全首先是一个技术问题。相关企业应当首先在技术能力上取得突破，完成对数据的安全保护，并且在技术流程上建立安全稳定的保障系统。

（二）建立自己的数据合规管理体系

中国企业应首先建立完善管理体系。具体包括：建立个人信息保护管理制度，建立管理机构，配备人员管理人员，明确管理职责，建立包括审查、整改等管理流程，将这套个人信息保护的管理体系冠以什么名称并不重要，最重要的是能发挥实效并经得起检查，能够作为个人信息保护的合规证明。

（三）取得信息安全管理体系标准认证

中国企业也可以尝试通过信息安全管理体系标准（ISO27001）认证。国际标准化组织于 2005 年发布 ISO27001，此标准是信息安全领域的管理体系标准，在国际上获得了空前的认可。通过 ISO27001 的认证有利于加强企业信息安全管理系统建设，也有利于证明企业针对信息安全管理已建立了一套科学有效的管理体系作为保障。同时，ISO27001 作为一种国际认证，也有利于企业得到国际上的承认，增加企业合规管理的国际认可度。

---

① ［英］IT Governance 隐私小组：《欧盟通用数据保护——GDPR 合规实践》，刘合翔译，清华大学出版社 2021 年版，第 4 页。

（四）严格遵守法律法规规定的各项数据合规义务

中国企业应严格遵守数据保护的各项合规义务，包括个人信息收集，个人信息存储，个人信息使用，委托处理、共享、转让、公开披露个人信息以及个人信息跨境传输等。履行合规义务是规避合规风险的最务实的选择。

欧盟于 2021 年通过了委托处理和跨境传输两组关于数据传输的标准合同条款（Standard Contractual Clauses），这两组标准合同条款对中国企业进行数据委托处理和数据跨境传输的合规设计具有比较实用的参考意义。

（五）建立快速响应和应急处理机制

中国企业应建立针对数据保护的快速响应机制，例如，制定响应个人信息主体权利请求的规范性程序，借助适当的技术支持，提升响应的速度和成效。另外，应建立个人信息境外合规的应急预案包括组织职责、处置措施、处置程序、保障措施等，并组织应急预案的演练，做到有备无患。

（六）上市公司要坚持数据合规的动态管理

数据已成为五大生产要素之一。尤其对于网络运营者来讲，数据是事关其生死存亡的首要资源，数据合规也成为资本市场审核公司首次公开募股的合规条件之一。尤其数据行业拟上市公司在上市申报前要全面梳理其数据资产，对数据资产建立全生命周期闭环的合规管理流程。在上市后，公司要随时根据法律法规、业务内容、技术手段的更新等，随时更新企业数据政策、管理措施、用户协议等政策文件，并做好数据信息披露的合规与安全管理。

第十一章
出口管制合规风险与防控

据统计，仅 2022 年 1 月到 2022 年 10 月 31 日，美国针对中国企业实施了 6 轮清单制裁，涉及 82 家实体或个人。中国企业全面、系统、深入研究出口管制相关联合国相关决议与公约、中国出口管制相关法律以及美国出口管制政策等相关规则，并建立符合自身实际情况的出口管制内部合规制度，规范企业经营，树立负责任的企业合规形象，提升国际化运营的合规水平和合规应对力量势在必行。

一、联合国决议与相关国际条约

联合国安理会第 1540（2004）号决议是联合国安理会根据《联合国宪章》第七章作出的一项决定，申明核生化武器及其运载工具的扩散对国际和平与安全构成威胁。

联合国安理会第 1540（2004）号决议项下成立了防扩散委员会（1540 委员会），该委员会是安理会的一个附属机构，由安理会全体成员组成，但 1540 委员会不是一个制裁委员会，不调查或起诉据称违反不扩散义务的行为。

中国积极支持并参加联合国安理会 1540 号委员会等联合国框架下的防扩散工作，积极推动联合国安理会 1540 号决议全面审议进程。为推进决议在亚洲地区的执行，我国与联合国安理会 1540 委员会于 2015 年、2017 年、2019 年在我国青岛、西安、厦门举办了三届“亚太地区防扩散国家联络点培训班”。

与出口管制相关的其他公约、条约和主要包括:《关于禁止发展、生产、储存和使用化学武器及销毁此种武器的公约》(以下简称《禁止化学武器公约》)、《禁止发展、生产、储存细菌(生物)及毒素武器和销毁此种武器公约》(以下简称《禁止生物武器公约》)、《不扩散核武器条约》、《武器贸易条约》,我国是该4项公约(条约)的缔约国。

中国重视通过联合国及出口管制领域的多边机制,对全球性问题、突发性事件保持沟通与磋商,以促进世界和平和地区安全,并主张联合国作为最具普遍性的国际组织,应发挥核心作用,平衡处理防扩散与和平利用的关系,保障发展中国家和平利用科技进步成果的合法权利。

2021年12月,在中国的倡议下,第76届联合国大会通过"在国际安全领域促进和平利用国际合作"决议,强调和平利用科技及相关国际合作对经济、社会发展的重要性,敦促各国在履行防扩散国际义务的同时,取消对发展中国家和平利用科技的不合理限制。

我国签署批准的国际条约和联合国决议是中国主体在从事相关出口活动时应当遵守的重要行为依据之一。尽管这些条约和联合国决议通常需要内化为我国的法律才能对中国主体发生效力,但中国主体应当积极遵守联合国决议或国际条约,创造利于业务开展的外部环境。坚定维护以联合国为核心的国际体系和以国际法为基础的国际秩序,切实维护符合真正多边主义的国际条约和机制的权威,秉持共同、综合、合作和可持续的全球安全观,照顾各国合理关切,消除扩散动因,寻求共同安全。

另外,中国也与多个国家和地区建立政府间机制,开展政府间磋商、研讨。通过与企业对话等活动、交流经验等做法,加强出口管制领域交流合作。例如,中国与俄罗斯等国签署双边协议,相互出具《最终用户和最终用途说明》,推进互信合作。

二、中国出口管制法律及政策

(一)立法层次

中国出口管制法律法规与政策体系非常统一、明确、清晰,包括三个层次。

1. 法律

《中华人民共和国出口管制法》(以下简称《出口管制法》)是中国出口管制领域的基本法和专门法。《出口管制法》已于2020年10月17日由全国人大常委会通过,并于2020年12月1日开始实施。《出口管制法》出台之前,中国出口管制立法以单行的、分散的逐一针对特定类别物项进行专门调整的行政法规及其相关规范性文件为主。

《出口管制法》是中国第一部全面、统一的出口管制综合性立法,也是第一部关于出口管制的法律层面的立法,在出口管制领域的效力和重要性上仅次于宪法。该法提升了中国出口管制制度的立法层级和中国出口管制的执法水平,为中国出口管制相关法律体系和出口管制制度的完善奠定了坚实的基础,树立了强力的权威。

另外,《海关法》、《刑法》、《中华人民共和国行政处罚法》(以下简称《行政处罚法》)等法律中的相关规定为中国出口管制制度提供补充。

2. 行政法规或部门规章

根据物项分类,直接规范出口管制活动的行政法规或部门规章主要有:《中华人民共和国军品出口管理条例》、《军品出口管理清单》、《中华人民共和国导弹及相关物项和技术出口管制条例》、《中华人民共和国导弹及相关物项和技术出口管制清单》、《中华人民共和国生物两用品及相关设备和技术出口管制条例》和《两用物项和技术进出口许可证管理办法》等。

3. 其他规范性文件

为贯彻落实《出口管制法》而制定的各项行政法规或部门规章，包括国家出口管制管理部门制定的工作指引或指导意见等。

（二）《出口管制法》主要内容

1. 基本概念

出口管制，是指国家对从中华人民共和国境内向境外转移管制物项，以及中华人民共和国公民、法人和非法人组织向外国组织和个人提供管制物项，采取禁止或者限制性措施。

管制物项是指两用物项、军品、核以及其他与维护国家安全和利益、履行防扩散等国际义务相关的货物、技术、服务等物项以及物项相关的技术资料等数据。

两用物项，是指既有民事用途，又有军事用途或者有助于提升军事潜力，特别是可以用于设计、开发、生产或者使用大规模杀伤性武器及其运载工具的货物、技术和服务。

军品，是指用于军事目的的装备、专用生产设备以及其他相关货物、技术和服务。

核，是指核材料、核设备、反应堆用非核材料以及相关技术和服务。

2. 管理机构

根据《出口管制法》第5条第1款的规定，国务院、中央军事委员会承担出口管制职能的部门，按照职责分工负责出口管制工作。

商务部是全国两用物项和技术进出口许可证的归口管理部门，负责制定两用物项和技术进出口许可证管理办法及规章制度，监督、检查两用物项和技术进出口许可证管理办法的执行情况，处罚违规行为。商务部产业安全与进出口管制局具体承担着拟定并组织实施国家出口管制、最终用户和最终用途管理、产业与技术评估、国家出口管制体系建设等职能。

海关总署与相关管理部门紧密合作,依法对管制物项的出口实施监管,参与相关违法出口案件的调查处理,开展风险防控、监督执法等相关工作。

另外,2021 年商务部启动了出口管制信息服务平台建设,加大指导和服务力度,积极引导商协会、中介机构、专家智库等社会资源开展出口管制合规研究,提供咨询服务,共同参与出口管制合规建设。

3. 管辖对象

管辖的境内主体包括:出口经营者;为两用物项出口提供代理、货运、寄递、报关、第三方电子商务交易平台和金融等服务的经营者;从事商用密码产品、易制毒化学品进出口的经营者;从事两用物项研发、生产等业务的企业、科研院所。

管辖的境外主体包括:中华人民共和国境外的组织和个人,违反本法有关出口管制管理规定,危害中华人民共和国国家安全和利益,妨碍履行防扩散等国际义务的,依法处理并追究其法律责任。另外,当外国企业在外国违反中国出口管制的规定(如涉及刑事犯罪共犯),或者在境外对从中国购入的受控物项实施再出口时出现违规情形,也有可能被追究相关法律责任。

4. 主要管理制度

(1)协调工作机制

《出口管制法》明确规定国家建立出口管制工作协调机制,统筹协调出口管制工作重大事项。"两用物项出口管制管理体制。核两用物项出口,由商务部会同国家原子能机构进行管理;生物类两用物项出口,由商务部根据需要会同农业农村部、国家卫生健康委员会等部门进行管理;有关化学品类两用物项出口,由商务部进行管理;导弹类两用物项出口,由商务部根据需要会同国家国防科技工业局、中央军委装备发展部等部门进行管理;商用密码出口,由商务部会同国家密码管理局进行管理,《密码法》规定商用密码出口管制清单由商务部会同国家密码管理局和海关总署制定并公布;监控化学品出口,由工业和信息化部会同商务部进行出口经营者资质管理,工业和信息化部负责具体出口审查。"①

(2)出口管制清单制度

管制清单制度是世界大多数国家或地区出口管制制度的重要管制措施。《出口管制法》第9条明确规定,国家出口管制管理部门根据出口管制法律法规和政策,牵头制定、调整管制物项出口管制清单,并及时公布。

但经国务院批准,或者经国务院、中央军事委员会批准,国家出口管制管理部门可以对出口管制清单以外的货物、技术和服务实施临时管制,并予以公告。临时管制的实施期限不超过二年。临时管制实施期限届满前应当及时进行评估,根据评估结果决定取消、延长临时管制或者将临时管制物项列入出口管制清单。

(3)出口许可制度

中国对管制物项的出口实行许可制度。出口管制清单所列管制物项或者临时管制物项,出口经营者应当向国家出口管制管理部门申请许可。国家出口管制管理部门综合考虑国家安全和利益、国际义务和对外承诺出口类型、管制物项敏感程度、出口目的国家或者地区、最终用户和最终用途等因素,对出口经营者出口管制物项的申请进行审查,作出准予或者不予许可的决定。

(4)全面管制制度

《出口管制法》第12条第3款规定,出口管制清单所列管制物项以及临时管制物项之外的货物、技术和服务,出口经营者知道或者应当知道,或者得到国家出口管制管理部门通知,相关货物、技术和服务可能存在危害国家安全和利益或被用于设计、开发、生产或者使用大规模杀伤性武器及其运载工具或被用于恐怖

① 国务院新闻办公室:《中国的出口管制》,载中国政府网,http://www.gov.cn/zhengce/2021-12/29/content_5665104.htm。

主义目的,应当向国家出口管制管理部门申请许可。

《出口管制法》在先前立法基础上,增加了对为出口活动提供支持的代理、货运、寄递、报关、第三方电子商务交易平台、金融等服务等的管制,将单一出口环节管控拓宽到多环节管控,适用主体也从单纯的出口经营者扩大到上述活动的从业者。

《出口管制法》第一次在立法层面扩大了出口的范围,确认了"视同出口"和"再出口"的概念。例如,中华人民共和国公民、法人和非法人组织向外国组织和个人提供管制物项视同出口。管制物项的过境、转运、通运、再出口或者从保税区、出口加工区等海关特殊监管区域和出口监管仓库、保税物流中心等保税监管场所向境外出口,依照《出口管制法》的有关规定执行。

(5)最终用户和最终用途证明制度

国家出口管制管理部门建立了管制物项最终用户和最终用途证明制度,对管制物项的最终用户和最终用途进行评估、核查,加强最终用户和最终用途管理。出口经营者应当向国家出口管制管理部门提交管制物项的最终用户和最终用途证明文件,有关证明文件由最终用户或者最终用户所在国家和地区政府机构出具;管制物项的最终用户应当承诺,未经国家出口管制管理部门允许,不得擅自改变相关管制物项的最终用途或者向任何第三方转让;出口经营者、进口商发现最终用户或者最终用途有可能改变的,应当按照规定立即报告国家出口管制管理部门。

(6)管控名单制度

《出口管制法》第一次在法律层面明确了管控名单制度,第 18 条第 1 款规定:"国家出口管制管理部门对有下列情形之一的进口商和最终用户,建立管控名单:(一)违反最终用户或者最终用途管理要求的;(二)可能危害国家安全和利益的;(三)将管制物项用于恐怖主义目的的。"

需要特别注意的是:

第一,对列入管控名单的进口商和最终用户,国家出口管制管理部门可以采取禁止、限制有关管制物项交易,责令中止有关管制物项出口等必要的措施。

第二,出口经营者不得违反规定与列入管控名单的进口商、最终用户进行交易。出口经营者在特殊情况下确需与列入管控名单的进口商、最终用户进行交易的,可以向国家出口管制管理部门提出申请。

第三,出口经营者违反本法规定与列入管控名单的进口商、最终用户进行交易的,给予警告,责令停止违法行为,没收违法所得,违法经营额50万元以上的,并处违法经营额10倍以上20倍以下罚款;没有违法经营额或者违法经营额不足50万元的,并处50万元以上500万元以下罚款;情节严重的,责令停业整顿,直至吊销相关管制物项出口经营资格。

当然,《出口管制法》对列入管控名单的进口商、最终用户规定了明确的移出制度,列入管控名单的进口商、最终用户经采取措施,不再有第18条第1款规定情形的,可以向国家出口管制管理部门申请移出管控名单;国家出口管制管理部门可以根据实际情况,决定将列入管控名单的进口商、最终用户移出管控名单。

另外,《出口管制法》还规定了经营资格登记制度、出口经营者内部合规制度、对等制度、专家咨询制度等。《出口管制法》第5条第3款规定,国家出口管制管理部门会同有关部门建立出口管制专家咨询机制,为出口管制工作提供咨询意见。中国政府高度重视专家力量,支持建立出口管制专家队伍,协助作出公正、科学、准确的判断和决策、确保公正、合理、非歧视的正确方向发展。

三、中国反外国制裁立法与政策

(一)《中华人民共和国反外国制裁法》

为了维护我国的国家主权、安全、发展利益,我国制定了《中华人民共和国反外国制裁法》(以下简称《反外国制裁法》),并于 2021 年 6 月 10 日起施行。

根据《反外国制裁法》,反制清单的主体包括两类:一类是直接或者间接参与制定、决定、实施针对我国公民、组织的歧视性限制措施的个人、组织;另一类是列入反制清单个人的配偶和直系亲属,列入反制清单组织的高级管理人员或者实际控制人,由列入反制清单个人担任高级管理人员的组织,由列入反制清单个人和组织实际控制或者参与设立、运营的组织。

《反外国制裁法》规定的反制裁措施包括:(1)不予签发签证、不准入境、注销签证或者驱逐出境;(2)查封、扣押、冻结在我国境内的动产、不动产和其他各类财产;(3)禁止或者限制我国境内的组织、个人与其进行有关交易、合作等活动;(4)其他必要措施。

(二)《阻断外国法律与措施不当域外适用办法》

为了阻断外国法律与措施不当域外适用对中国的影响,维护国家主权、安全、发展利益,保护中国公民、法人或者其他组织的合法权益,中国商务部于 2021 年 1 月 9 日公布了《阻断外国法律与措施不当域外适用办法》(以下简称《阻断办法》)。该办法规定建立由中央国家机关有关部门参加的工作机制,负责外国法律与措施不当域外适用的应对工作。该工作机制由国务院商务主管部门牵头,具体事宜由国务院商务主管部门、发展改革部门会同其他有关部门负责。该办法同时确定了不当域外适用以下 5 项制度。

1. 报告制度

中国公民、法人或者其他组织遇到外国法律与措施禁止或者限制其与第三国(地区)及其公民、法人或者其他组织正常的经贸及相关活动情形的,应当在30日内向国务院商务主管部门如实报告有关情况。

2. 不当域外评估制度

有关外国法律与措施是否存在不当域外适用情形,由商务部牵头的相关工作机制综合考虑下列因素评估确认:一是是否违反国际法和国际关系基本准则;二是对中国国家主权、安全、发展利益可能产生的影响;三是对中国公民、法人或者其他组织合法权益可能产生的影响;四是其他应当考虑的因素。

3. 禁令制度

工作机制经评估,确认有关外国法律与措施存在不当域外适用情形的,可以决定由国务院商务主管部门发布不得承认、不得执行、不得遵守有关外国法律与措施的禁令。工作机制可以根据实际情况,决定中止或者撤销禁令。中国公民、法人或者其他组织可以向国务院商务主管部门申请豁免遵守禁令。申请豁免遵守禁令的,申请人应当向国务院商务主管部门提交书面申请,书面申请应当包括申请豁免的理由以及申请豁免的范围等内容。国务院商务主管部门应当自受理申请之日起30日内作出是否批准的决定;情况紧急时应当及时作出决定。

4. 损失赔偿制度

当事人遵守禁令范围内的外国法律与措施,侵害中国公民、法人或者其他组织合法权益的,中国公民、法人或者其他组织可以依法向人民法院提起诉讼,要求该当事人赔偿损失;但是,当事人依照《阻断办法》第8条规定获得豁免的除外。

根据禁令范围内的外国法律作出的判决、裁定致使中国公民、法人或者其他组织遭受损失的,中国公民、法人或者其他组织可以依法向人民法院提起诉讼,要求在该判决、裁定中获益的当事人赔偿损失。

中国公民、法人或者其他组织根据禁令,未遵守有关外国法律与措施并因此受到重大损失的，政府有关部门可以根据具体情况给予必要的支持。

5. 政府反制措施制度

对外国法律与措施不当域外适用，中国政府可以根据实际情况和需要，采取必要的反制措施。

（三）《不可靠实体清单规定》

2020 年 9 月 19 日，中国商务部根据《中华人民共和国对外贸易法》（以下简称《对外贸易法》）、《中华人民共和国国家安全法》（以下简称《国家安全法》）等有关法律发布《不可靠实体清单规定》。该规定作为中国反制反歧视措施，本质上也是一种对外经济制裁措施。

《不可靠实体清单规定》主要针对的对象为危害中国国家主权、安全、发展利益，违反正常的市场交易原则，中断与中国企业、其他组织或者个人的正常交易，或者对中国企业、其他组织或者个人采取歧视性措施，严重损害中国企业、其他组织或者个人合法权益的实体或者个人。换言之，即针对那些不遵守市场规则、背离契约精神、出于非商业目的对中国企业实施封锁或断供、严重损害中国企业正当权益的实体或者个人。

具体措施包括：限制与中国相关的进出口活动；限制在中国境内投资；禁止入境、停留、居留；罚款。

四、美国出口管制政策及清单

美国凭借其作为全球结算体系的金融系统和美元地位，进一步延伸了其出口管制法律法规对其他国家、实体或个人的域外管辖效力。中国企业对此需高度重视。

（一）出口管制政策

美国国会针对用于军事和防务目的的产品和技术制定了《武器出口管制

法》(Arms Export Control Act, AECA)和《国际武器贸易条例》(International Traffic in Arms Regulations, ITAR),针对军民两用产品和技术制定的《美国出口管制改革法案》(Export Control Reform Act, ECRA)于2018年8月13日正式签署生效。美国商务部工业与安全局(Bureau of Industry and Security, BIS)还制定了《出口管理条例》(Export Administration Regulations, EAR)。

(二)出口管制机构

美国的出口管制根据出口物项或技术的军用和民用用途分别由国务院、商务部进行管理。美国国务院和商务部均发布了各自的管制清单目录。

美国国务院发布了《国际武器贸易管理条例》及其项下的《美国军需品清单》。美国对中国施行严格的武器禁运,按照美国相关规定,《美国军需品清单》上的物项不能出口或再出口至中国,也不能转移给中国籍个人或机构。美国商务部发布了《出口管理条例》及其项下的《商业管制清单》(Commerce Control List)。商务部具体负责两用物项出口管制的部门为工业与安全局,《商业管制清单》上的受控物项需要取得BIS的许可或者许可豁免方可出口。

美国财政部下设海外资产管理办公室,作为美国经济制裁的主要执行机构及监管机构,也针对出口管制发布了多个针对国家和实体或者个人的制裁项目。

美国国防部、国土安全部、能源部、美国国家航空航天局、中央情报局、专利与商标局等在不同领域针对特定物项也有出口管制要求。美国核管理委员会、能源部负责核产品的出口管制。

(三)美国出口管制的主要特点

1. 出口管制范围广泛

(1)出口管制包括出口、再出口、视为出口和国内转卖

出口,是指向美国境外实质运送、转移源于美国的受管制产品、技术或物品。

再出口,是指美国出口管制法律不仅限制向美国境外运输、转移受管制产品

或技术的首次出口，对随后的二次或多次再出口也同样有权监管，即将源于美国的受管制物品或技术从A国实质运送、转移至B国的再出口行为。

视为出口，是指在美国境内向美国境内或境外的外籍人士（美国公民、拥有美国居留权或受保护的主体除外）传输、提供无形资产，包括技术、源代码、系统或其他任何受到美国出口管制法律管辖的知识产权等，但不包括科研界广泛传播、作为基础科学研究、非加密的技术、信息等。

国内转卖，是指在源于美国的产品或技术出口至某国后，随后在该国内转卖。

（2）美国出口管制项下的“物项”除了管制美国产品的出口外，还包括对于非原产于美国的产品或技术的限制

非原产于美国的产品或技术包括：位于美国境内（包括美国自贸区内以及美国境内中转）的所有产品；位于美国境外但原产于美国的所有产品；非美国原产但含有“美国成分”（包括成品、软件、技术）且达到一定比例（根据产品性质及类别，分别有0%、10%、25%三条最低标准线）的“外国产品”（最低含量规则）；利用美国技术或软件在境外生产的特定直接产品；由美国境外设备生产的产品，但该设备或设备的主要部件是美国技术或软件的直接产品。

2. 出口管制相关细则比较复杂

出口管制相关细则主要包括《商业管制清单》和《商业国家列表》。《商业管制清单》是美国商务部为了实施《出口管理条例》而制定的配套细则，其将所有原产于美国的产品和技术共分为10个大类别、5个功能组。每一个项目按其所在类别和功能组均有一个特定出口管制分类代码（ECCN），用于判别某一项目是否为管制项目以及该管制项目的出口是否需要获得许可证。

《商业国家列表》中列明了被确定为应受到出口限制或禁止的国家。确定某一国家是否为“受管制国家”的方法是在《商业国家列表》中查阅某一国是否

具有相应的管制理由。这些管制理由包括:国家安全、导弹技术、对外政策、地区稳定、短缺物资、犯罪控制、反恐怖主义和防止核扩散等。

《商业国家列表》将不同的国家分为A、B、D、E 4组,并对不同的国家以不同的理由加以出口限制。A组为特定的国际多边机制成员,多为美国战略合作伙伴。这些国际多边机制包括核供应国集团、导弹及其技术控制制度、瓦森纳安排与澳大利亚集团。该组别许可证例外的优待程度最高,但上述国际多边机制成员并非自动归属为A组组别,如中国虽属核供应国集团成员,但一直被BIS排除在A组组别之外。

B组为受管制较少的国家(地区),该组别例外许可证的优待程度较A组次之;D组为受关注的国家(地区);E组许可证例外的优待程度最低,只有极少数如涉及人道主义需求才可能获得例外许可证。

(四)出口管制主要制裁清单

美国出口管制实行分类管理。美国针对出口管制制定了五花八门、纷繁复杂的各类制裁清单。美国商务部负责实体清单、拒绝贸易者清单、未经验证清单、军事最终用户清单;美国国务院负责防扩散制裁名单和《武器出口管制法》禁止名单等。①

1. 美国商务部实体清单

美国商务部实体清单即BIS公布某些外国实体(包括企业、研究机构、政府和组织、个人和其他类型的法人)的名称清单。向此清单上的实体出口、再出口或转让(国内)美国《出口管理条例》项下管制的物项均需取得BIS的许可,不适用许可例外;许可申请审查将依照该实体中注明的审查政策及美国《出口管理条例》其他相关条款规定。

---

① 以下制裁清单内容参见商务部安全与管制局:《美国出口管制相关问题》,载商务部网,http://exportcontrol.mofcom.gov.cn/article/cjwt/202111/289.html。

2. 拒绝贸易者清单

拒绝贸易者清单列举了被拒绝出口权限(Export Privileges)的实体。美国《出口管理条例》规定,清单内实体不得以任何方式参与受美国《出口管理条例》管辖、从美国出口或拟出口的商品、软件和技术的任何交易,同时禁止为清单内实体获得受美国《出口管理条例》管辖、从美国出口或拟出口的物项提供便利或服务等。

3. 未经验证清单

未经验证清单列举了 BIS 在以前的交易中无法验证的最终用户。被列入清单的实体无法通过许可例外的方式获得受美国《出口管理条例》管辖的物项。在向未经验证清单所列的实体出口、再出口或转让(国内)美国《出口管理条例》管辖物项时,即使该物项出口无须申请许可证,出口商也必须在美国自动出口系统(Automated Export System)备案,并要求清单上的实体出具声明。

4. 军事最终用户清单

军事最终用户清单是美国《出口管理条例》"第 744 部分　附件 7"所列的外国实体名称清单,对其出口"744　附件 2"所列物项,出口商必须获得许可。在美国《出口管理条例》中,"军事最终用户"一词指国家武装部队(陆军、海军、海军陆战队、空军或海岸警卫队)以及国民警卫队和国家警察、政府情报或侦察组织[不包括美国《出口管理条例》第 744.22(F)(2)条所述者],或其行动或职能意在支持"军事最终用途"的任何实体。

五、中国企业出口管制合规风险防控及工具

(一)建立企业出口管制专项合规机制

我国《出口管制法》明确规定,政府部门适时发布有关行业出口管制指南,引导出口经营者建立健全出口管制内部合规制度以规范经营,明确激励措施,对

建立出口管制内部合规制度且运行情况良好的出口经营者，可依法给予通用许可等便利措施。这是中国第一次以法律的形式要求政府相关部门有效引导出口经营者进行出口管制合规建设并提供激励与支持。

为此，2021 年商务部修改并发布《关于两用物项出口经营者建立出口管制内部合规机制的指导意见》，并制定了《两用物项出口管制内部合规指南》，针对两用物项出口经营者建立出口管制内部合规制度设计一套了非常全面、系统、细致、详尽的“模板”，笔者将其总结为“1 +3 +9”机制。

“1”是 1 个方针。出口经营者自觉严格遵守国家出口管制相关法律法规，维护国家安全和发展利益，按照“健全制度、全员参与、严格执行、规范经营”的方针，建立并完善出口管制内部合规机制，树立诚信经营和负责任形象，有效规避和减少经贸风险，不断提升竞争力，实现可持续发展。

“3”是 3 项基本原则。即合法性原则、独立性原则和实效性原则。

“9”是 9 项基本要素。《关于两用物项出口经营者建立出口管制内部合规机制的指导意见》要求中国企业建立的出口管制内部合规机制应当具备以下 9 项基本要素：拟定政策声明；建立组织机构；全面风险评估；确立审查程序；制定应急措施；开展教育培训；完善合规审计；保留资料档案；编制管理手册。

另外，为在制裁发生的关键时刻能够较为从容地应对，取得预期的效果，企业可以针对应急措施和预案提前进行日常性预演。企业也应在平时加强对员工的教育，明确各员工在应急机制预演中所扮演的角色和应承担的责任，并注重培训、预演内容、管制动态和国际环境，与时俱进。必要时可设计情景，组织应急演练，通过实战模拟发现问题，形成符合单位实际的应急预案。

（二）申请实体清单移除

向美国最终用户审查委员会（End – User Review Committee，ERC）申请移除是可以采取的应对措施之一 ERC 将根据相关规定进行审议。

1. 移除申请

实体清单移除的请求必须以书面形式提交,并以书面形式详细阐明该企业或个人应从实体清单中移除的原因,而不能仅仅简单地提出申请。例如,要求移除的企业应积极制定和实施出口合规计划,并向 BIS 提供其将遵循美国出口管制相关法律的保证。另外,要求移除的企业或个人可以考虑主动与美国政府合作,以换取移除。最后,如果某企业或个人认为美国政府将其放在实体清单中是一个错误,其应提出令人信服的论据。

2. 审议程序

ERC 的主席在收到请求后会将移除请求的副本转发给 ERC 的其他所有成员,并会指示成员审查此类请求并对其进行表决。ERC 必须在收到此类移除要求后的 30 日内审查并作出书面决定,除非 ERC 成员一致同意推迟该日期。如果某 ERC 成员对投票结果有异议,可提交出口政策顾问委员会(Advisory Committee on Export Policy,ACEP)审议,对 ACEP 结果的异议可以提交出口管理审查委员会(Export Administration Review Board,EARB)审议,对 EARB 的异议则可提交至美国总统。

3. 移除标准

ERC 在考虑移除请求时主要关注以下两方面因素:与美国政府的合作,以及保证将来遵守美国《出口管理条例》。

(三)出口管制应急机制

中国企业如受到他国政府或国际组织的制裁,应在风险事件发生后第一时间启动应急机制。

1. 自查

有关单位受到相关制裁后,应立即对制裁所提及的理由进行自我调查。单位内部可以组成专项调查小组,主要从产品和用户两个方面进行自查并起草调查报告。如果发现确实存在违规行为,应及时对与制裁有关的文件资料和其他证据进行梳理和整理。对用户审查的依据主要是看其是否在制裁发布主体管制清单上。企业应确认用户和最终用户国家是否受到制裁发布主体的管制以及是否是禁售对象和敏感国家等。

2. 同制裁方交涉

在完成自查后,受制裁单位可以组建应急工作团队,团队成员包括涉事业务负责人、企业负责人、专业律师团队、谈判专家等,并同制裁方进行交涉,就受制裁业务的相关情况进行说明,表明态度,提出正当合理的要求,以期尽早解除相关制裁措施。

在合适的情形下,受制裁单位可以聘请两国的律师事务所来应对涉及出口管制域外管辖的调查并提供双向结合的法律应对方案。受制裁单位也可以与制裁方国内的其他出口管制机关、智库、利益相关方等机构保持沟通,争取他们的理解与支持。

3. 同供应商、客户等外部相关方沟通

受制裁单位应保持与供应商等外部相关方的沟通,及时就单位合规情况向供应商等外部相关方发布信息、澄清事实、表明立场,争取外部相关方的理解和支持,维持与相关方之间的商业关系。如果制裁方针对相关清单或法案存在一个反映期或者征询意见期,受制裁单位应充分利用这段时期促使供应商或其他相关方向有关政府部门提出意见,争取将自身排除在清单或法案适用的范围之外。

4. 及时采取补救措施

受制裁单位在遵守我国法律法规的前提下,可根据实际情况采取相应措施,包括但不限于中止合同、停止发货、追回在途货物和完善内部合规制度等。此外,受制裁单位可以组织相关专家和专业律师团队认真研究制裁规则和制裁措施，寻找合理的解决方案，在避免制裁事件升级的同时尽可能地维护单位利益。

（四）遵守国内相关法律法规和规章

受制裁单位应严格遵守商务部公布的《阻断办法》，遇到《阻断办法》所适用的情形时，应当按照《阻断办法》的规定，在30日内履行报告义务，并结合业务实际作出综合评估。

在国务院商务主管部门发布禁令的情况下，受制裁单位若遵守禁令存在特殊困难或面临特殊情形的，可依照《阻断办法》的规定向国务院商务主管部门申请豁免遵守禁令，并加强合规风险防控。

根据《反外国制裁法》第12条第1款的规定，任何组织和个人不得执行或者协助执行外国国家对我国公民、组织采取的歧视性限制措施。对于违反《反外国制裁法》第12条第1款规定的组织和个人，侵害我国公民、组织合法权益的，我国公民、组织可以通过法律程序要求其停止侵害、赔偿损失。

值得注意的是，2021年12月29日，国务院新闻办公室发布白皮书《中国的出口管制》，这是我国政府首次专门就出口管制问题发布白皮书，从中国出口管制的基本立场、不断完善出口管制法律制度和管理体制、持续推进出口管制体系现代化、积极开展出口管制国际交流与合作等四个方面，向国内外各界全面和系统地介绍与阐述了中国出口管制不断推进出口管制体系和能力建设、强化管理、严格执法、推进合规建设的战略部署。中国将担当大国责任，履行国际义务和承诺，开展出口管制交流与合作，同各国一道，推进国际出口管制治理健康发展，为构建人类命运共同体作出积极贡献。

第十二章
国家安全审查的合规风险与防控

国家安全审查是东道国以是否对国家安全构成潜在影响和威胁为标准，由专门的机构对属于审查范围内的特定外国投资行为进行全面审查，针对该投资行为对本国国家安全产生的风险和影响进行评估，从而作出决策并进行风险干预管控的专门的制度和工作机制。

国家安全审查具有两个方面的合理性和必要性：

第一，基于国家安全原则的必要性。国家必须信守国际条约和国际规则，这也意味着国家需要部分地让渡或限制国家权力；同时，经济全球化也促生了大量的跨国公司，部分规模庞大、资本雄厚的跨国公司通过在世界范围内进行产业布局、配置资源以及通过其先进的科学技术和管理经理来推行自己的全球战略，从而已开始在一定程度上影响东道国经济发展和国家安全。因此，基于国家安全原则，东道国需要对外资并购实施国家安全审查。

第二，基于平衡吸引外国投资和确保外资并购安全的必要性。外资并购可能会对东道国的相关民族产业带来冲击，导致民族产业竞争力下降，从而影响东道国经济安全；同时，外资并购也会导致东道国先进的技术和管理经验外溢，从而提升投资国相关产业的竞争力，相对降低东道国相关产业的竞争力。因此，东道国需要建立外资并购审查制度，在吸引外国投资和外资并购安全之间寻求最佳平衡。

近几年来，外商投资安全立法和政策日趋走向保守，很多国家纷纷修改立法、提高审查标准。

2020 年 6 月,澳大利亚宣布修改其外国投资法以进一步加大对外商投资的国家安全审查。

2020 年 5 月 8 日,日本新《外汇与外国贸易法》正式生效。该法在 12 个关键行业加强对外国投资的审查,并将“外国投资者持有日本涉及国家安全上市公司一定股权后应向日本政府申报”的比例限制由 10% 降低到 1% 。

“法国在 2019 年年底和 2020 年 4 月两次修改外商外资审查办法,提高投资审查门槛,将外资股比限制从 33% 降到 25% ,再进一步下调至 10% 。德国 2020 年多次强化投资审查机制,通过了旨在加强卫生医疗领域审查的法令并且容许政府阻止外资并购疫苗口罩等相关企业。”①

2018 年 8 月 13 日,《外国投资风险审查现代化法案》(FIRRMA)正式生效。该法案旨在扩大美国外国投资委员会在审查外国投资人投资美国业务是否对美国国家安全构成风险方面的权限。根据 CFIUS 公布的文件,FIRRMA 主要内容包括扩大管辖权、强制性申报、延长审查时限、暂停措施等六个方面。另外,该法案赋予了 CFIUS 更大的权力。

FIRRMA 在进一步加强国家安全审查的同时,专门针对中国进行了规定,即美国商务部部长应当向美国国会和 CFIUS 每两年提交中国对美直接投资交易报告,于本法案颁布之日起 2 年后执行,直至 2026 年。②

据统计,自 2010 年以来,中国企业赴美投资遭遇美国外国投资安全审查的案例逐年增加,从 2010 年的 6 件(占美国 2010 年外国投资安全审查案件总数的 6.45%)增长至 2015 年的 29 件(占美国 2015 年外国投资安全审查案件总数的 20.28%)。

---

① 屠新泉等:《世界贸易组织发展报告 2020—2021》,对外经济贸易大学出版社 2021 年版,第 49 页。

② 张新民等主编:《中国企业海外发展报告(2020)》,社会科学文献出版社 2020 年版,第 181 页。

另外,自1988年以来,由美国总统基于国家安全原因直接禁止的6例交易中,有5例都是针对有中国企业背景的外资并购。因此,FIRRMA无疑加大了中国企业赴美投资的难度,中国企业面向美国跨境投资的国际化道路布满艰难险阻。"美国沃顿商学院马歇尔·迈耶教授承认:'中国企业在美国确实有特别的障碍。'"①

一、美国外资并购国家安全审查

(一)CFIUS的审查

美国是全球最早对外国投资实施国家安全审查制度的国家。

美国政府于1975年5月创设了专门的外国投资安全审查机构(CFIUS),其直接受命于美国总统,是跨行政部门的联邦特设机构,也是美国外国投资审查的核心机构。其设立的主要目的就是审查外国在美国的投资对美国国家安全的潜在威胁。

CFIUS以财政部部长为首,由包括财政部、国防部、司法部、国土安全部、商务部、能源部、国务院的负责人,美国贸易代表,科学技术政策办公室等11个美国政府机构的首长和5个观察员组成,其中包括国家情报局。CFIUS的职责历经演变逐渐强化,其主要职责是审查可能影响或威胁美国国家安全的外国投资交易。该委员会有权就可能影响美国国家安全的交易提出缓解措施或作出不予批准的决定,或者直接提交总统并建议总统发布行政命令否决交易,而美国国会对此具有监督权。

(二)美国国家安全审查的立法渊源

1. 美国国家安全审查的早期立法

美国国家安全审查立法最早可追溯到1917年美国国会通过的《对敌贸易

① 周锡冰:《华为国际化:20余年海外风雨历程》,中信出版集团2020年版,第196页。

法》。第一次世界大战期间,美国对境内德国企业可能引发的国家安全风险更加担心。1917 年美国正式加入第一次世界大战的事实加速了《与敌贸易法》的出台。该法第 5 条明确规定法律赋予总统可以对任何涉及国家安全的交易行为进行调查的权力,并有权采取管理、阻止等措施。[①]

随后,美国通过进行部门专项立法的形式,限制外国投资者对某个产业部门的投资,如美国《海运法》、美国《矿产土地租赁法》、美国《商业航空法》、美国《通信法》、美国《投资公司法》等。这些立法构成了美国国家安全审查的立法渊源。

2. 美国外国投资国家安全审查的近期立法

美国 1950 年《国防生产法》出台。该法第 721 节是美国国家安全审查制度的前提和基础,至今仍被不断地增补、修订和完善。

1988 年,美国国会通过著名的《埃克森—弗洛里奥修正案》。这是美国第一部针对外资并购安全审查的专门立法,标志着美国外资并购国家安全审查制度的建立。该修正案规定美国总统有权终止对国家安全存在威胁的外资并购。《埃克森—弗洛里奥修正案》项下的 CFIUS 根据总统授权对外国投资进行安全审查。实践中,CFIUS 没有法定的实质审查权,主要承担总统助手和参谋的角色。

美国 1993 年《国防授权法案》,又被称为《伯德修正案》,对美国 1950 年《国防生产法》第 721 条进行了进一步的补充和完善,为美国强制调查由外国政府控制或代表外国政府利益的人在美国从事兼并、收购或接管投资的活动提供了法律上的依据。

2007 年 7 月 26 日,时任美国总统乔治 · W. 布什签署了 2007 年《外国投资

① 参见郑雅方:《美国外资并购安全审查制度研究》,中国政法大学出版社 2015 年版,第 16 页。

与国家安全法案》(Foreign Investment and National Security Act,FINSA),该法案是对《埃克森—弗洛里奥修正案》的修改与完善,其以专节规定了 CFIUS 的组成及职责,并规范了 CFIUS 的操作流程,直接赋予了 CFIUS 外国投资安全审查的法定职权。FINSA 将国家安全审核范围进一步拓宽,强化了 CFIUS 国家安全审查的威慑力。

2018 年 8 月,FIRRMA 法案通过,2018 年 10 月 FIRRMA 法案的"试点计划"发布。2020 年实施 FIRRMA 法案的细则出台。

(三)CFIUS 的管辖权

1. CFIUS 对三种类型交易的法定审查管辖权

第一,非美国实体直接或间接获得任何从事任何美国跨州贸易业务的"控制权"。"控制"并不仅限于多数所有权,而是包括任何"通过拥有某一实体多数或占优势的少数的表决权、董事会席位、代理表决权、特殊类别股份、合同安排、正式或非正式的一致行动安排或其他方式,从而能够确定、指导或决定影响某一实体的重要事项的任何直接或间接的权力"。如果一方以美国业务作为资产(包括知识产权和其他无形资产)向跨国合资企业出资,则该跨国合资交易也被视为管辖范围内的控制交易。

第二,非美国实体通过直接或间接收购美国 TID 业务[①]的非控股权益获得以下权利的投资:(1)获得美国 TID 业务的任何重要非公开技术信息;(2)美国 TID 业务的董事会席位或观察员资格(包括提名权);(3)参与的美国 TID 业务涉及敏感技术等的重要决策议题。满足特定标准且来自特定国家(目前仅限于澳大利亚、加拿大和英国)的投资者可能豁免该条下的 CFIUS 管辖权。

第三,非美国实体进行的以下直接或间接收购:管辖范围内的港口或机场的

① 对 TID 业务的介绍将在后文具体介绍。

不动产权利,或位于某些特定军事设施或其他美国政府敏感设施附近(通常在1~99英里)的不动产权利。该项管辖权不适用于特定情形,例如,“仅可用于向公众零售消费品或服务之目的不动产租赁和特许权”。

美国公司收购美国公司 Lattice 为何被否:[①]

2017年9月,美国总统特朗普接受了CFIUS的建议,签署行政令否决了美国Canyon Bridge公司收购美国Lattice半导体公司的交易。

此次交易是一家美国公司对美国公司的收购。中国投资者设立了一家注册于美国的私募基金管理公司Canyon Bridge,并任用两位美国公民作为该公司的普通合伙人,管理公司主要运营活动。中国投资者控制的子公司只作为Canyon Bridge管理的一只基金的有限合伙人,只是一个消极的财务投资者。Lattice半导体公司是一家位于美国俄勒冈州希尔斯伯勒市的美国芯片制造商。但CFIUS仍旧认定该交易应当受CFIUS审查管辖,并以Canyon Bridge主要由具有中国政府背景的投资者设立以及半导体供应链对美国政府的重要性,最终认定此交易对美国国家安全存在隐患,故否决了该交易。

该案例说明,在美国国家安全审查中,CFIUS不仅会对收购方进行审查,还会对收购方的每个股东进行追溯审查,以确认收购方最终控制人的身份,并最终还是会追踪到实际控制人及其关联方以及资金来源,并据此决定目标公司在交易完成后是否会被外国人(或组织)控制。

如果Canyon Bridge能够吸收背景更为多样化的投资者作为有限合伙人,从而降低中国投资者的出资比例,也许结果可能有所不同。

① 参见张劲松、高玮、潘正怡:《专家说丨从特朗普否决 Lattice 收购案看美国国家安全审查(CFIUS)的新趋势》,载搜狐网2017年10月12日,https://www.sohu.com/a/197767569_822816。

2. 关于 TID 业务

“TID 业务”指生产、设计、测试、制造、装配或开发任何“关键技术”(Critical Technology,T)的任何美国业务、以某些特定方式涉及“关键基础设施”(Critical Infrastructure,I)或维护或收集“敏感个人数据”(Sensitive Personal Data,D)的业务。具体为:

“关键技术”,总体而言包括大多数国防技术,敏感的军民两用产品以及特定的核设备、设施、部件、材料、软件和技术等。“关键基础设施”包括:机场、海港或港口、州际石油或天然气管道、海底电缆设施、为美国国防部提供服务的卫星服务以及产生、传输、分配或储存电能的系统等。“个人敏感数据”指为美国国家安全政府机关或承包商定制的产品或服务;在过去 12 个月中的任何时间点保存或收集超过 100 万人的身份识别数据;或显示出保存或收集超过 100 万人的身份识别数据的商业意图,且此类数据是美国业务的主要产品或服务的重要组成部分。身份识别数据包括:消费者报告中的数据、人寿保险的保险数据、地理定位数据电子设备等。

3. 法定的管辖权豁免交易类型

CFIUS“豁免企业”机制,用以豁免 CFIUS 针对特定美国 TID 业务和不动产交易的非控股投资审查。申请对 CFIUS 管辖权扩大后的管辖豁免必须满足以下所有条件:

(1)该投资是对上文所述 TID 业务的非控股投资,或者受 CFIUS 管辖的美国不动产投资。

(2)该非美国投资者是被美国或 CFIUS 列入“豁免国家”名单的国家的国民,或在美国或“豁免国家”成立且总部位于其境内的投资者。该“豁免国家”名单目前仅包括澳大利亚、加拿大和英国。两年后,CFIUS 将评估上述“豁免国家”的外国直接投资法律与 CFIUS 目标是否充分一致。根据 CFIUS 的评估结果，该“豁免国家”名单将受到调整。自2022年起，“豁免国家”将必须“正在使用有效程序评估外国投资带来的国家安全风险，并且促进与美国在投资安全相关事项上的协调”，才可满足CFIUS的评估标准。

(3)该投资者的董事会中必须至少有75%的成员为美国或“豁免国家”的国民。

(4)持有非美国投资者10%及以上的表决权或经济利益的任何投资者必须为美国或“豁免国家”的国民。

(5)未上市的投资者80%以上的所有权权益或已上市的投资者的大多数股份必须由美国或“豁免国家”的股东持有。

(6)该非美国投资者在过去5年内未违反美国出口管制、CFIUS规定或其他美国国家安全规定。

由于该豁免规定，来自澳大利亚、加拿大和英国的符合条件的投资者可以避免非控股交易和不动产投资的CFIUS审查，但是不符合该豁免条件的投资者(无论是由于投资者来自其他国家，还是不符合上述标准)仍可能需要接受CFIUS的全面审查。

对于豁免投资者的豁免只适用非控股投资和不动产投资。豁免投资者不能规避除此以外的常规管辖权和对于控股投资的强制申报要求。

(四)CFIUS审查的主要原则

就多数交易而言，CFIUS采用自愿申报制度。交易各方可自愿申请CFIUS审查，以确保美国政府不会在交易完成后撤销或变更交易。若交易各方未主动申请审查，CFIUS在特定情况下可自行启动审查。如果发现交易存在问题，CFIUS可能会为交易附加限制性条件以解决相关问题。

在2018年之前，CFIUS审查程序主要是自愿申报。交易各方主要为CFIUS批准后的“安全港”规则而提交自愿申报，即如果交易成功通过CFIUS审查，那么根据 CFIUS“安全港”规则,美国政府不能在 CFIUS 批准后反悔,或强迫非美国投资者采取救济措施、变更交易或出售资产。

但自 2018 年后,CFIUS 针对相关 TID 业务适用强制性申报,例如,外国政府拥有 49% 及以上股权的非美国实体进行投资并通过该投资获得 TID 业务 25% 及以上的权益等情形。

(五)CFIUS 审查的基本程序

美国国家安全审查采取书面通知(Notice)申报制度,交易方需提供有关外国投资者、美国企业和交易的具体信息,其申报程序分为以下四个阶段:

(1)非正式阶段(Preliminary Work)。主要包括磋商和备案:磋商即与 CFIUS 解释、说明、讨论交易相关信息;备案即在草案中提交联合自愿通知,供 CFIUS 审查。

(2)45 日初步审查(45 – Day Initial Review)。CFIUS 审核“受管辖交易”是否会对国家安全造成潜在风险。美国国家情报总监(Director of National Intelligence)将在 20 日内对交易进行“国家安全威胁评估”(National Security Threat Assessment,NSTA);CFIUS 可能会结清交易或启动额外的 15 日调查。

(3)45 日正式调查(45 – Day Investigation)。CFIUS 及特定政府机关有权力与交易各方就消解交易对美国国家安全威胁的条款、条件进行协商,并有权对该类条款、条件进行强制执行。即使交易各方在正式调查完成之前撤回申报,CFIUS 仍有权采取临时保护措施,并且要求重新提交申报,并对交易方任何相关行为进行监督。

(4)15 日总统审查(15 – Day Presidential Review)。由总统独立判断批准、中止或禁止交易,但应满足以下两点:其一,所有其他美国法律不足以对交易所带来的对国家安全的威胁提供足够的保护;其二,有“可信证据”证明该项外国投资会损害美国国家安全。

CFIUS 审查程序通过三种方式启动：

(1)依据交易参与方的声明(declaration)启动。这是 FIRRMA 新设的简化申报程序：由交易参与方向 CFIUS 提交交易相关书面材料，CFIUS 在 30 日审查期限内可决定是否采取措施以及采取何种措施；若有证据证明该交易会引起国家安全方面的考虑，可要求交易参与方提交书面的交易申报。

(2)依据参与交易方的申报启动。是否提交交易申报以自愿为原则。经审查交易申报材料，CFIUS 将作出对交易无异议或对交易启动进一步调查程序(investigation)的决定。

(3)CFIUS 依职权启动。对于不适用强制声明规定的交易，CFIUS 可对其认为对美国国家安全存在威胁的交易依职权启动审查，并根据审查结论决定是否启动进一步的调查程序。

(六)违反 CFIUS 审查的法律责任

违反 CFIUS 审查的法律责任是非常严格的，若相关交易的参与方存在下述违反特定投资新规或 CFIUS 审查制度的行为，将会面临一定金额的民事罚款。该民事罚款通常以 25 万美元或交易标的额二者中金额较高者为上限：

(1)交易声明/申报材料中存在重大虚假陈述或重大遗漏；

(2)交易参与方未能履行强制声明义务；

(3)交易参与方违反为消除交易对美国国家安全的威胁而与 CFIUS 签订的缓和协议的相关约定。

二、澳大利亚国家安全审查

(一)澳大利亚国家安全审查机构

澳大利亚国家安全审查的主体是澳大利亚财政部。澳大利亚财政部部长负责决定是否批准外商投资申报，如果财政部部长认为一项外国投资有损于澳大利亚的国家利益，其可以禁止该项投资或附加修改条件后进行批准。澳大利亚财政部部长在审批过程中会听取澳大利亚外国投资审查委员会（Foreign Investment Review Board，FIRB）的意见。

FIRB 成立于 1976 年，它的主要职能是对提交审查的外国投资计划进行审查，并向财政部部长提交审查意见、向外国投资者提供澳大利亚有关投资法律和政策的指导和咨询、监督外国投资者对投资相关政策和法律的遵守等。

FIRB 在整个外资并购审查中是非常核心的一个部门。虽然财政部部长享有最终的审批权，但是其决定依据主要来源于 FIRB 的审查意见，FIRB 对投资项目最终能否得到审批具有非常重要的影响。也正因如此，澳大利亚外国投资安全审查也被称为“FIRB 审批”。

（二）FIRB 审批的主要立法

澳大利亚《1975 年外国收购与接管法案》（Foreign Acquisitions and Takeover Act，FATA）是澳大利亚外资审查的基础法律，规定了审查机构、审查对象、何谓取得目标企业控制权、豁免和法律责任等核心问题。

《2015 年外资收购与接管收费法案》（Foreign Acquisitions and Takeovers Fees Imposition Act 2015）以及《2020 年外资收购与接管收费条例》（Foreign Acquisitions and Takeovers Fees Imposition Regulations 2020）。

上述法律历经修改，构成了澳大利亚外国投资安全审核的主要法律依据。除此以外，澳大利亚还发布了《澳大利亚外国投资政策》（Australia’s Foreign Investment Policy），对上述法律法规的适用和理解提供支持。《澳大利亚外国投资政策》虽然不具有法律效力，但对 FIRB 审批具有很重要的指引作用。另外，上述法律将银行、航空、机场、航运、媒体、通信业列为敏感行业，这些领域的外国投资除需符合 FATA、FATR 有关规定外，还需要受该行业相关法律法规的规制。

（三）FIRB 审批的范围

澳大利亚外商投资申报包括强制申报和自愿申报两种形式。根据 FATA 的相关规定，对于外国政府投资者及其相关实体在澳大利亚的一切投资执行最严格的审查制度，无论投资金额大小和拟持有目标企业的股份比例，都必须在交易实质发生前履行 FIRB 审批；另外，超过一定金额或持股比例的外国私人投资项目也必须履行强制性的投资审查程序。投资金额审查的门槛会进行动态调整，每年将根据澳大利亚国内生产总值进行调整，并在外国投资审查委员会网站上公布。

1. 外国人士

FIRB 有关制度下的“外国人士”通常指：

（1）非澳大利亚普通居民的个人；

（2）外国政府或外国政府投资者；

（3）就非澳大利亚普通居民的个人、外国公司或外国政府持有其 20% 以上实质性权益（substantial interest）的公司、信托或有限合伙企业而言，该等公司、该等信托的受托人或该等有限合伙企业的普通合伙人；

（4）就两名或两名以上的上述外国人士合计持有其 40% 及以上实质性权益的公司、信托或有限合伙企业而言，该等公司、该等信托的受托人或该等有限合伙企业的普通合伙人。

也就是说，如果外国持有人持有一家实体 20% 及以上实质性权益，那么该实体为外国人士。与之类似，如果外国持有人持有一家信托或有限合伙企业 20% 及以上实质性权益，那么该信托或有限合伙（因其受托人或普通合伙人）也为外国人士。如果两名或两名以上无关联的外国持有人合计持有一家实体 40% 及以上实质性权益，那么该实体也被视为外国人士。但是，为确定合计持有的实质性权益是否达到 40%，外国人士持有的、在澳大利亚证券交易所首次上市的实体不超过5%的股权可以忽略不计(该持股不构成《2001年澳大利亚公司法》定义的实质性持股)。

2. 权益的追溯

为确定一家实体是否构成外国人士,可以通过公司、信托和有限合伙的链条向上追溯,如果存在持有20%及以上权益的上游外国持有人,那么该实体将被认定为外国人士。例如,如果某外国公司持有澳大利亚A公司21%的股权,而澳大利亚A公司持有澳大利亚B公司21%的股份,即使该外国公司不控制澳大利亚A公司,且澳大利亚A公司不控制澳大利亚B公司,那么澳大利亚B公司也将被视为外国人士。

该追溯范围比公司法下评估相关权益的同等追溯测试(equivalent tracing test)的范围更广(根据澳大利亚公司法的规定,20%以上但未取得控制权的权益在一个实体链条中只能被追溯一次)。

(四)外国政府投资者的特别规定

与私人投资者相比,针对外国政府投资者投资的规则不同,外国政府投资者须接受更严格的审查。一般而言,外国政府投资者的投资必须履行FIRB审查规则,没有设置金额方面的门槛,即审查门槛为0澳元。许多独立运营的投资者也被视为外国政府投资者,其中不仅包括主权财富基金和国有企业,还包括许多政府在上游拥有部分所有权的实体(如私募股权基金和其他财务投资者)或通过其他方式被政府控制的实体(包括国有养老金基金和公立大学的捐赠基金)。

外国政府投资者包括外国政府及其单独的部门和机构,还包括单一外国政府(及其部门和结构)持有20%及以上权益或者多个国家的外国政府(及其部门和结构)——即使相互不关联——合计持有40%及以上权益的公司、信托和有限合伙。对于外国政府投资者的认定也有具体的追溯机制。因此,公司、受托人和普通合伙人可能根据权益链条被认定为外国政府投资者。

在决定是否需要向 FIRB 申报时，需要考虑关联方的持股。重要的是，如果某一人士是外国政府投资者，那么该人被视为来自同一国家的所有其他外国政府投资者的关联方，即使在实质上上述实体互不关联也是如此。

（五）审查程序

向 FIRB 提交申报的起算时间以 FIRB 确认申报费已经缴付开始。澳大利亚财政部部长应在法定时限内作出决定。

就总体规则而言，财政部部长应在 30 日内作出决定，并在 10 日内通知申报人。但财政部部长可以通过多种方式可以延长这一期限：

（1）如果财政部部长要求提供、补充与申报相关的信息和文件，那么计时停止，直至信息和文件符合要求。

（2）财政部部长还可以发布临时命令。该命令具有临时暂停交易（最长 90 日）的效果，其实质是延长财政部部长作出最终决定的时间。

（3）财政部部长也可以单方面将期限延长，最长可达 90 日（这是临时命令之外的额外延期权）。

（4）申报人也可以申请延长期限。通常情况是，FIRB 会表示需要更多的时间来评估和审查申报，从而要求申报人考虑申请延期。实际操作中这种情形经常发生。在这种情况下，申报人通常会同意提出延期申请，以避免 FIRB 下达公开的临时命令或直接作出不利于申报人的决定。

另外，FIRB 在向财政部部长建议是否批准一项投资并购交易之前，会就外资投资计划与其他联邦、州和地区政府部门和机构进行磋商。

例如，澳大利亚竞争与消费者委员会（Australian Competition and Consumer Commission，ACCC）、澳大利亚税务局（Australian Taxation Office，ATO）以及联邦总检察长部门的关键基础设施中心（在涉及关键基础设施资产的情况下）。ATO 将对申报进行"税务风险评估"，ACCC 会在竞争事项上提出建议，关键基础设施中心会对申报进行国家安全风险评估并向 FIRB 提供建议。这些监管部门之间的磋商和讨论都可能导致审批延时。

因此,需要提醒的是,尽管存在法定的时间期限,但由于 FIRB 或申报人均可采取措施延长期限,FIRB 和其他部门的磋商也具有不确定性,故在实践中,FIRB 完成审查和批准的时间难以确定,一般最少在 3 到 6 个月时间,甚至更长,部分收购会因迟迟无法取得 FIRB 审批而失败。例如,2020 年 8 月,蒙牛公司以约 6 亿澳元收购雄狮乳品与饮料公司的计划就由于澳大利亚财政部部长迟迟未作出审批决定,最终导致收购计划终止。

(六)法律责任

外国投资者违反 FIRB 审查的责任相比 CFIUS 更为严格。外国投资者违反 FIRB 审查将可能面临承担民事责任、刑事责任等处罚。

自然人将面临监禁和巨额罚款,并且刑事处罚和民事处罚两者并不相互排斥,一名外国人可以同时被追究刑事和民事责任。

而且,上述刑事和民事处罚的对象包括授权或放任申报责任主体违反 FIRB 申报要求,或未能阻止申报责任主体违反 FIRB 申报要求的申报责任主体的"管理人员",即申报责任主体的董事、足以影响申报责任主体决策或有能力对申报主体财务状况产生重大影响的人,包括足以影响申报主体的控股股东的管理人员。因此,违反 FIRB 审查的惩罚主体比较广泛且处罚比较严厉。

三、中国外国投资国家安全审查

(一)中国外国投资安全审查立法概述

2011 年 2 月 3 日国务院办公厅下发了《国务院办公厅关于建立外国投资者并购境内企业安全审查制度的通知》(以下简称《国办并购安全审查通知》),《国办并购安全审查通知》在我国正式建立了外国投资审查制度。2011 年 8 月 25

日，商务部根据《国办并购安全审查通知》颁布了《商务部实施外国投资者并购境内企业安全审查制度的规定》(以下简称《商务部并购安全审查通知》)，《商务部并购安全审查通知》其实是《国办并购安全审查通知》的具体落实。

2015年4月8日国务院办公厅下发了关于印发《自由贸易试验区外商投资国家安全审查试行办法》的通知。

2015年7月1日起施行的《国家安全法》只有第59条和第60条规定国家建立国家安全审查和监管的制度和机制，对影响或者可能影响国家安全的外商投资、特定物项和关键技术、网络信息技术产品和服务、涉及国家安全事项的建设项目，以及其他重大事项和活动，进行国家安全审查，有效预防和化解国家安全风险。中央国家机关各部门依照法律、行政法规行使国家安全审查职责，依法作出国家安全审查决定或者提出安全审查意见并监督执行。

2020年1月1日起施行《中华人民共和国外商投资法》(以下简称《外商投资法》)只有第35条规定："国家建立外商投资安全审查制度，对影响或者可能影响国家安全的外商投资进行安全审查。依法作出的安全审查决定为最终决定。"

2020年12月19日，国家发展和改革委员会和商务部颁布了《外商投资安全审查办法》。《外商投资安全审查办法》针对外商投资安全审查的机构、范围和程序作了比较全面的规定，在一定程度上弥补了我国外国投资安全审查的空白。

但我国外商投资安全审查立法起步比较晚，现行立法以停留在部门规章层面的审查办法为主，且《外商投资安全审查办法》仅23条，略为原则。

(二)中国外国投资安全审查的特点

1. 立法层次

《国家安全法》和《外商投资法》是我国仅有的两部涉及外商投资安全审核

的法律层面的立法，但共计只有三条，且都只是概括性、倡导性地规定了建立外商投资安全审查制度的方向性意见，没有任何具体机构、具体制度和程序性规定。具体规定仅由国家发改委和商务部的部门规章来明确，影响了我国国家安全审核的权威性和执行力度。

2. 审查范围

根据上述立法，我国并购安全审查的范围包括：(1)投资军工、军工配套等关系国防安全的领域，以及在军事设施和军工设施周边地域投资；(2)投资关系国家安全的重要农产品、重要能源和资源、重大装备制造、重要基础设施、重要运输服务、重要文化产品与服务、重要信息技术和互联网产品与服务、重要金融服务、关键技术以及其他重要领域，并取得所投资企业的实际控制权。

但第2项所称取得所投资企业的实际控制权，只包括下列情形：外国投资者持有企业50%以上股权；外国投资者持有企业股权不足50%，但其所享有的表决权能够对董事会、股东会或者股东大会的决议产生重大影响；其他导致外国投资者能够对企业的经营决策、人事、财务、技术等产生重大影响的情形。

上述持股50%以上的“控制权”界定标准相对美国和澳大利亚的“控制权”界定标准，大大缩小了我国纳入国家安全审查的外国投资范围，且没有规定零门槛的无条件审查事项。因此，中国外国投资安全审查的范围相对较窄。

3. 责任追究制度

我国外国投资安全审查制度立法没有规定具体、严格的责任追究制度，仅在《外商投资法》第36条规定：“外国投资者投资外商投资准入负面清单规定禁止投资的领域的，由有关主管部门责令停止投资活动，限期处分股份、资产或者采取其他必要措施，恢复到实施投资前的状态；有违法所得的，没收违法所得。外国投资者的投资活动违反外商投资准入负面清单规定的限制性准入特别管理措施的，由有关主管部门责令限期改正，采取必要措施满足准入特别管理措施的要求；逾期不改正的，依照前款规定处理。外国投资者的投资活动违反外商投资准入负面清单规定的，除依照前两款规定处理外，还应当依法承担相应的法律责任。”

审查办法规定的惩罚措施形式单一且处罚力度过轻，只是“责令限期处分股权或者资产以及采取其他必要措施，恢复到投资实施前的状态，消除对国家安全的影响”。和“将其作为不良信用记录纳入国家有关信用信息系统，并按照国家有关规定实施联合惩戒”。

仅仅“恢复到实施投资前的状态；有违法所得的，没收违法所得。”惩罚比较轻，且非常笼统，执行越来也缺乏操作性和具体标准。

“中国一贯倡导改革开放，以开放促改革，以外部标准倒逼国内改革，处于一个规则接受者的角色。中国欲成为规则供给者，实现规则输出，国内规则建设是一个必要条件。不仅在一般意义上要健全国内规则，而且还必须以国际视野、以引领国际规则的高度来健全国内规则，还必须加快健全国内规则，不能坐等机会丧失。”①

因此，针对外国投资安全审查制度的局限性，我国应当尽快出台更高效力层次、更系统、更细致且具有严格责任追究制度的外国投资安全审查法律法规。

（三）对我国国家安全审查立法的建议

针对我国国家安全审核制度的立法局限，我们应当进一步完善我国国家安全审查相关立法，进一步加大我国国家安全审查的权威性、全面性和责任追究制度，主要包括以下四个方面：

1. 提高立法渊源

我国应当提高国家安全审查立法的法律渊源和效力，将目前部门规章层面

---

① 韩立余主编：《〈跨太平洋伙伴关系协定〉（全译本导读）》，北京大学出版社2018年版，第6页。

的立法上升为国务院行政法规的层面，这样一方面有利于提升了国家安全审查立法的权威性，另一方面有利于克服部门分歧、加强各相关部门在安全审查工作中的协同一致。

2. 增加审查机构

增加外商投资安全审查的部门，包括国家税务总局、工业和信息化部、交通运输部等，并明确国家发展改革委、商务部牵头前提下的其他相关部门针对相关领域的协同审查权，以避免实际操作中征求其他部门意见时缺乏法律依据而授人以柄，同时又加强审查的专业性、全面性和系统性。

3. 扩大审查范围

我国安全审查立法应当适度扩大安全审查的范围，例如，要修正对“控制权”为50%以上的界定，降低“控制权”界定的比例，将持有少数股权但具有一票否决权或能够取得投资领域重要信息的情形纳入安全审查的范围。同时，应当将涉及重要基础设施、关键信息等的投资排除在“控制权”比例限制之外，设置“非控制权”类的外商投资安全审查权，在不设置股权比例门槛的前提下，将部分“非控制权”投资纳入国家安全审查。

4. 加强责任追究

我国关于外商投资安全审查的处罚方式单一，当前立法仅恢复状态、消除影响、纳入不良信用记录三种方式的责任追究形式，惩诫作用非常有限，且比较笼统，执行起来也缺乏可操作性和具体标准。因此，我国安全审查立法应当丰富责任追究形式，增加罚款和刑事责任形式；设置相当于投资金额或交易标的额一定比例的罚款数额，设置对投资者个人或组织的刑事处罚，从而加大处罚力度；明确处罚程序和具体措施等，从而加强我国外商投资监管能力和风险防范能力。

外商投资安全审查制度是国家安全战略的重要组成部分，针对外部环境的生深刻变化，我们必须重新审视经济、政治、金融、网络、生物、卫生等领域的国家安全新挑战，坚持进一步加大改革开放的同时，严守安全审查重要防线，进一步加大外商投资安全审查的权威性、全面性和责任追究制度，维护国家发展和安全双重领域的长治久安。

四、中国企业国家安全审查合规风险防控及工具

（一）严格遵守东道国国家安全审查制度，并尽早确定国家安全审查工作方案

中国企业境外并购应当在项目可行性研究、论证阶段就对东道国国家安全审查制度进行深入研究，对是否要进行国家安全审查申报以及申报方式进行广泛调研、充分研究和科学研判，尤其是要提前对申报方案进行风险评估和预判，提前设计好风险防范预案。避免在收购公告之后，仓促上阵，在应对审查中顾此失彼，导致被动失败。

（二）努力发现可能存在的潜在国家安全因素并主动提出降低国家安全影响的措施

在整个国家安全审查中最重要的概念和核心审查标准就是“国家安全”，但何为国家安全，无论美国还是澳大利亚均没有在立法中进行明确的定义、界定和解释，而是将自由裁量权交给了 CFIUS 和 FIRB。因此，中国企业要对并购项目是否会涉及潜在国家安全审查事前进行充分、深入、准确的论证，合理设计并购方案，尽最大努力降低并购对东道国国家安全的潜在影响，促进并购目的的实现。

（三）全面关注政治、利益相关者等多重因素，为国家安全审查创造积极有利的政治支持和舆论环境

国家安全审查背后涉及众多政治、军事和社会等多重因素。中国企业应当制定全面的利益相关者公关策略，包括加强对相关议员的主动披露和积极沟通，

提前与并购标的企业、当地政府、当地社区、相关工会等做好沟通，重视社区对外资并购的敏感度，集合多部门协同、联动的公关机制，统一筹划、多方沟通，在政治和舆论上为并购创造积极影响。

尤其是美国国家安全审查，其由总统、CFIUS 和国会三方监管共同发挥审查作用，国会在国家安全审查中具有不可忽略的作用。

2005 年 6 月 23 日，中国海洋石油有限公司（以下简称中海油）提出了以现金收购优尼科的并购方案，为了促进交易成功、平复美国方面的争议，中海油在并购协议中提出了许多降低美国国家安全威胁的条款，并主动向 CFIUS 提出了安全审查申报，且即便中海油与优尼科合并成功，合并后的中海油—优尼科天然气年产量也仅为美国年产量的 1%，石油产量仅为美国年消费量的 0.3%。但很快，美国众议院和参议院分别于 2005 年 6 月 30 日和 2005 年 7 月 15 日专门通过了阻止该项收购的相关议案。迫于美国国会的种种压力，中海油最终于 2005 年 8 月 2 日宣布退出了并购竞争。[①] 因此，这场并购在尚未进入 CFIUS 正式调查之前，就因美国国会积极反对、强力阻止被迫以放弃而告终。

国家安全审查表面是法律问题，背后是政治的角逐和经济的竞争。国会等政治力量以及东道国相关利益集团等在国家安全审查中扮演着重要角色，中国企业应当利用法律、外交、公关等多种工具，多方联动、多方公关，以多方合力确保国家安全审查顺利完成。

（四）通过司法程序进行救济

2012 年 Ralls 公司（一家在特拉华州注册的美国公司，两位股东是担任中国

---

① 参见郑雅方：《美国外资并购安全审查制度研究》，中国政法大学出版社 2015 年版，第 70 ~75 页。

制造企业三一重工集团的中国公民。)收购了4个美国风电项目公司。但该交易很快受到CFIUS的详细调查。CFIUS因认为该收购威胁国家安全并发布了暂时性限制命令。时任美国总统奥巴马同样认为这笔交易对美国国家安全造成威胁,故签发了一个永久性的总统令来禁止这笔交易,并要求Ralls公司撤走对风电项目公司的投资。

Ralls公司向地方法院提起诉讼。在地方法院驳回Ralls公司的诉求后,Ralls公司提出上诉。上诉法院最终裁决撤销了原判决。

2015年11月,Ralls公司宣布与美国政府正式就收购项目达成和解。Ralls公司撤销了对奥巴马的诉讼,美国政府也相应撤销了对Ralls公司强制执行总统令的诉讼。该案是CFIUS成立以来,历史上第一次有相关的公司或者是被审查一方通过美国法院对CFIUS和总统的国家安全审查决定提出诉讼以维护自身权益的案件。①

另外,澳大利亚普通法院也可根据普通法对财政部部长作出的外资审查决定进行司法审查。虽然澳大利亚法院轻易不启动此类司法审查程序,但如果财政部部长作出决定时未满足法定要求、考虑的因素超出国家利益范围或决定不符合一般理性标准,那么被审查人可以通过提起诉讼来维护合法权益。

(五)紧密跟踪程序进展,审时度势、随机应变,以最快的时间解决随时出现的各种新问题

CFIUS和FIRB审核的具体标准和各个环节并不充分透明和公开,尤其是整个CFIUS调查程序所表现出的一大特点就是缺乏透明度。一旦CFIUS决定开始正式调查,整个程序就像进入了一个“暗箱”。CFIUS没有义务告知交易双方调查进展,外界更难以了解与调查相关的信息,公之于众的只有CFIUS

① 参见王东光:《外国投资国家安全审查制度研究》,北京大学出版社2018年版,第29页。

所作出的最终决定及建议。[①] 因此,中国企业应当及时关注程序进展,尽最大努力能动参与、审时度势、随机应变,以最快的时间解决随时出现的各种新问题。

---

① 郑雅方:《美国外资并购安全审查制度研究》,中国政法大学出版社 2015 年版,第 52 页。

第十三章
反商业贿赂合规风险与防控

近年来,反商业贿赂执法呈现出全球化、多国协作、处罚金额高以及对高管责任追究更严厉的趋势。美国不断扩大域外执法权,运用“长臂管辖”在全球范围严厉打击商业贿赂行为。例如,2020 年,美国司法部与法国空客公司(Airbus Group)针对商业贿赂达成的和解金高达 20.9 亿美元,刷新了美国反商业贿赂执法的罚金纪录。“我们不能排除外国政府和机构抓住反商业贿赂的契机,对我国的某些高新技术领域企业和国家经济的中流砥柱产业进行精准打击的可能。”①

同时,解决腐败问题对于中国政府保护民生、促进可持续发展也同样至关重要,我们需要从根本上改变思维方式,在国内法治和涉外法治等各个层面拒绝腐败。因此,中国企业应当进一步提高反商业贿赂合规意识,尽快熟悉规则、制定策略,严控反商业贿赂的风险。

一、反商业贿赂国际公约

(一)《联合国反腐败公约》(United Nations Convention Against Corruption)

1.《联合国反腐败公约》的意义

《联合国反腐败公约》是联合国历史上第一部用于指导国际反腐败斗争的

---

① 高俊:《域外反商业贿赂规范实务指引》,载《2020 威科先行系列实务指引　企业合规热点问题实务指引》,第 2 页。

法律文件(经第58届联合国大会通过),颁布于2003年10月31日,正式生效于2005年12月14日。该公约目前已由近150个成员国签署、近80个国家批准加入。

该公约对预防腐败、界定腐败犯罪、反腐败国际合作、非法资产追缴等问题进行了法律上的规范,对各国加强国内的反腐行动、提高反腐成效、促进反腐国际合作具有重要意义。

2003年12月10日,时任中国外交部副部长张业遂代表中国政府在《联合国反腐败公约》上签字。2006年2月12日,《联合国反腐败公约》对中国生效(在声明中华人民共和国不接受该公约第66条第2款约束的基础上)。为此,2007年9月,我国按照该公约要求,成立了国家预防腐败局,①全面负责反腐败的国际合作和国际援助。

2.《联合国反腐败公约》的主要内容

《联合国反腐败公约》除"序言"外共分8章、71项条款,包括"总则"、"预防措施"、"定罪和执法"、"国际合作"、"资产的追回"、"技术援助和信息交流"、"实施机制"以及"最后条款"。公约涉及预防和打击腐败的立法、司法、行政执法以及国家政策和社会舆论等方面,是一个重要的、全面的、综合性的反腐败国际公约。

3.《联合国反腐败公约》反腐败五大机制

(1)预防机制

包括规定专门预防腐败机构,建立科学的非选任公职人员管理制度,建立以透明、竞争、客观为标准的公共采购制度,简化行政程序,防止私营部门的腐败,促进社会参与,打击洗钱活动等。

① 2018年3月,第十三届全国人民代表大会第一次会议审议通过了《宪法修正案》,设立中华人民共和国国家监察委员会,不再保留国家预防腐败局,并入国家监察委员会。

(2)刑事定罪和执法机制

在刑事定罪方面,《联合国反腐败公约》将贿赂外国公职人员及国际公共组织官员,贪污、挪用、占用受托财产,利用影响力交易等行为确定为犯罪。对腐败的制裁,除刑事定罪外,还包括取消任职资格、没收非法所得等。反腐败专门机关还有权采取特殊侦查手段。保护措施包括保护举报人、证人、鉴定人、被害人,对因腐败而受到损害的人员或实体予以赔偿或补偿等。

(3)国际合作机制

《联合国反腐败公约》规定缔约国应当就打击本公约规定的犯罪进行国际合作,包括引渡、司法协助、执法合作等。引渡必须满足两个基本条件:一是被引渡人有本公约所涵盖的犯罪行为;二是请求国和被请求国同为本公约缔约国,且符合双重犯罪原则。国际合作机制下的联合执法加大了国际反商业贿赂的力度。

例如,2022 年 5 月 24 日,在美国、英国、巴西三国的联合调查之下,全球大宗商品巨头嘉能可(Glencore)多年来的腐败行为曝光,引发全球关注。由于其涉嫌多项商业贿赂和市场操纵,将可能支付高达 15 亿美元的罚款。

(4)资产追回机制

《联合国反腐败公约》规定缔约国应对外流腐败资产的追回提供合作与协助,包括预防和监测犯罪所得的转移、直接追回财产、通过国际合作追回财产、资产的返还和处置等。

(5)履约监督机制

《联合国反腐败公约》规定设立缔约国会议,负责监督公约的实施。

(二)其他反商业贿赂公约

1997 年 12 月,美国政府与经济合作与发展组织(Organization for Economic

Co-operation and Development，OECD）的其他 28 个成员以及 5 个非成员签订了《关于打击国际商业交易中行贿外国公职人员行为的公约》，该公约要求缔约国将本国公司为了争取合同而向外国公司行贿的行为宣布为犯罪行为，使世界主要贸易国和投资国承担了有约束力的国际反腐败条约义务。

1996 年 3 月，23 个美洲国家签署了全球第一部反腐败公约即《美洲国家间反腐败公约》。该公约旨在推动美洲国家之间的反腐败合作。

欧盟 1999 年制定的《反腐败刑法公约》、2003 年制定的《私营领域反腐框架决定》等也是重要多边反商业贿赂公约。

另外，总部位于德国柏林的透明国际（Transparency International），即"国际透明组织"，是一个监察贪污腐败的非政府、非营利、国际性的民间组织。该组织以推动全球反腐败运动为已任，从 1995 年起，透明国际每年制定并公布清廉指数，提供一个可供比较的国际贪污状况列表。透明国际也与一些政府合作打击腐败，并在大约 90 个国家设有分支机构。

二、中国反商业贿赂立法

中国反商业贿赂立法主要分布在行政立法和刑事立法项下两个方面：

行政立法下的反商业贿赂主要集中体现在《中华人民共和国反不正当竞争法》（以下简称《反不正当竞争法》）以及《关于禁止商业贿赂行为的暂行规定》中。此外，《行政处罚法》《中华人民共和国保险法》《中华人民共和国商业银行法》等法律法规甚至规范性文件中也有针对不同行业的相应规定。2017 年修订的《反不正当竞争法》明确了商业贿赂受贿方的范围，显著提高了针对商业贿赂的行政处罚力度，罚款上限从 20 万元提升至 300 万元，并增加了吊销营业执照的严厉处置。《关于禁止商业贿赂行为的暂行规定》对"商业贿赂"进行了定义，是指经营者为销售或者购买商品而采用财物或者其他手段贿赂对方单位或者个人的行为。

刑事立法下的反商业贿赂主要集中在《刑法》以及相关刑事司法解释中，刑事司法解释包括《关于办理商业贿赂刑事案件适用法律若干问题的意见》《最高人民法院关于审理单位犯罪案件具体应用法律有关问题的解释》等。具体罪名涉及：非国家工作人员受贿罪（《刑法》第163条）、对非国家工作人员行贿罪（《刑法》第164条）、受贿罪（《刑法》第385条）、单位受贿罪（《刑法》第387条）、行贿罪（《刑法》第389条）、对单位行贿罪（《刑法》第391条）、介绍贿赂罪（《刑法》第392条）、单位行贿罪（《刑法》第393条）、利用影响力受贿罪（《刑法》第388条之一）。

中国关于国际反商业贿赂的立法主要是对外国公职人员或者国际组织官员行贿罪（《刑法》第164条第2款）。但中国于2021年颁布的《法治中国建设规划（2020—2025年）》明确提出要"加强反腐败国际合作，加大海外追逃追赃、遣返引渡力度"。

三、美国《海外反腐败法》（FCPA）

（一）FCPA的由来

美国《海外反腐败法》（Foreign Corrupt Practices Act，FCPA）源于美国20世纪70年代初的"水门事件"。尼克松总统辞职后，美国公众开始严重质疑高级官员和企业高管的诚信度，并强烈呼吁加强反腐败立法、遏制美国公司对外国官员行贿。SEC也建议国会修改《1934年证券交易法》，处罚美国公司的海外行贿行为。在此背景下，美国国会于1977年12月6日通过了S.305法案，即FCPA。FCPA是美国反腐败、反贿赂的主要法律，该法的初衷在于限制美国公司利用个人贿赂国外政府官员的行为，并对在美国上市公司的财会制度作出了相关规定。该法历经1988年、1994年、1998年三次修订，不断扩大域外执法权，目前已成为美国法律“长臂管辖”最典型和突出的领域。

(二)FCPA 的主要内容

笔者在研究中发现,运用“长臂管辖”在全球范围内横扫腐败、屡开巨额罚单的 FCPA,其实仅仅只有短短的 5 项条款。

这 5 项条款是:(1)1 个会计条款,即第 78m 节“定期报告及其内容”。(2)3 个反贿赂条款,即第 78dd－1 节“禁止发行人从事的涉外交易行为”、第 78dd－2 节“禁止国内实体从事的涉外交易行为”、第 78dd－3 节“禁止除发行人及国内实体之外的人从事的涉外交易行为”。(3)1 个法律责任条款,即第 78ff 节“处罚”。

这五项条款主要涉及两类禁止行为:一是反贿赂条款禁止行为。反贿赂条款禁止向外国官员、政党官员等公职人员支付任何有价值物品(anything of value)以获取或维持商业机会或者获得不当利益。二是会计条款禁止行为。会计条款要求在美国上市的公司有义务向 SEC 提交报告,保证公司会计账目管理正确,严禁做假账掩护对外行贿的行为。

(三)反贿赂条款

1. 反贿赂条款的管辖对象

FCPA 虽然是美国国内法,但管辖对象范围非常宽泛,其适用主体包括五个类别:

(1)发行人,即在 SEC 上市或需要向 SEC 提交定期报告和其他报告的美国和外国上市公司。在美国诉挪威石油天然气公司案中,挪威石油天然气公司于 2006 年成为在 FCPA 下被执法的第一家外国企业。本案的管辖连接点是其股票在美国交易所交易,即虽是外国公司但构成 FCPA 管辖下的“发行人”。[①]

① 叶海波主编:《反海外腐败合规实践指引》,法律出版社 2021 年版,第 37 页。

(2)国内实体。根据 FCPA 第 78dd－2 节(h)的规定,包括任何作为美国公民、国民或居民的个人,以及任何公司、合伙企业、社团、股价公司、商业信托、非法人组织或个人独资企业,其主要营业地在美国,或根据美国的州、领地、属地、或自治邦的法律而组建。

(3)除发行人及国内实体之外的人。这是指在美国地域范围内或直接或通过代理参与或促进腐败性支付的外国个人及外国非发行人实体。

(4)上述三类主体的公司职员,包括管理人员、董事、雇员、代理人或代表该发行人行事的股东的自然人。

(5)外国公司及个人。即便其并没有在美国境内从事任何贿赂行为,但基于协助或教唆理论(Aids or Abets)、共谋理论(Conspiracy)、代理理论(Agency),仍可能被纳入 FCPA 的管辖之下。

另外,FCPA 项下的行贿对象也非常广泛,包括四类:任何外国官员;任何外国政党或其官员或外国政治职务的任何候选人;任何国际公共组织的官员;任何知道通过其向上述任何官员、候选人的支付或许诺支付的其他人。

2. 反贿赂条款禁止的行为

反贿赂条款禁止的行为是促成提供、支付、承诺支付,授权支付任何金钱,提供、赠与、许诺给予或授权给予任何有价事物的支付行为。

首先,反贿赂条款禁止“促成”(in furtherance)支付行为,而不仅仅是支付行为本身。共谋、帮助、教唆、劝说或造成其他人违反 FCPA 的行为也属于“促成”的范畴。

其次,除了实际支付行为外,承诺支付或授权支付也会被认定为 FCPA 项下的不正当支付行为。

最后,反贿赂条款禁止不正当支付金钱或“任何有价之物”,但 FCPA 条文本身及美国司法判例并没有对 FCPA 项下“任何有价之物”的形式和最低价值数额作出明确界定。

因此，在美国反贿赂实践中，“任何有价之物”的形式相当广泛，包括诱使公职人员作为或不作为的任何物品，如现金、慈善捐赠、礼品赠送、非法雇佣、不当差旅（旅游）、娱乐开支、餐饮款待等均构成“有价之物”的形式。

只有具有腐败性（corruptly）和商业目的的不正当支付行为才构成 FCPA 项下的犯罪行为。“腐败性”是决定反贿赂条款适用范围的关键因素，虽然 FCPA 条文没有对此进行界定，但“腐败性”一般指相关公职人员或具有公职性质的人员滥用其职位、侵蚀公务的廉洁性的行为。另外，反贿赂条款所禁止的行为是“为了取得、保持商业交易（business）或将交易指向任何人”的不正当支付行为。也就是说，“为了取得、保持某项商业交易”是构成 FCPA 项下不正当支付行为的必备条件。

实践中，所谓“取得、保持商业交易”中所称的“商业交易”多种多样，比如获取项目合同、影响采购流程、规避产品进口的法律限制、获取非公开的招标信息、偷逃关税、影响司法判决、谋取法律特权等。

FCPA 禁止通过诸如销售代表（sales agent）、批发商（distributor）、顾问（consultant）、承包商（contractor）等第三方或中介机构介绍行贿。根据 FCPA 的规定，行为人知道有价物品的全部或部分将会直接或间接提供、给予或允诺给任何外国官员、外国政党或其官员、外国政党的候选人，仍然支付该有价物品的，构成 FCPA 项下的违法行为。判断是否构成通过第三方支付的关键在于如何证明行为人知道其所支付的有价物品将用于海外贿赂。

3. 违反反贿赂条款的法律责任

违反反贿赂条款的法律责任包括刑事责任、民事责任和其他后果。（1）刑事责任。可以对公司处以最高 200 万美元的罚金，对个人处以最高 10 万美元罚金和（或）5 年以下监禁。（2）民事责任。对公司或自然人可以处以最高 1 万美元的民事罚款。(3)其他后果。除上述两方面责任外,违反 FCPA 的企业和个人还可能被暂停或禁止与联邦政府签订合同,受到多边开发银行联合除名制裁,以及暂停或撤销某些出口优惠。

需要注意的是,FCPA 规定,对公司高级职员、董事、雇员、代理或者股东的罚款,不得直接或间接地由该公司支付。另外,近年来,美国加大了对个人的处罚力度,"2019 年,美国副检察长罗德·罗森斯坦在主题演讲上,明确表示将'对实施不法行为的个人追究责任'作为 FCPA 执法工作的重中之重"。①

(四)会计条款

1. 适用主体

FCPA 会计条款适用于两类主体:(1)根据美国《1934 年证券交易法》第 12 条的规定需要注册的证券发行人;(2)根据美国《1934 年证券交易法》第 15(d)条的规定需要提交年度报告或其他定期报告的证券发行人。因此,会计条款适用的主体范围小于反贿赂条款。

2. 账簿、记录和账目条款

会计条款要求其适用主体"制作并保存合理详尽的账簿、记录和账目,以准确而公正地反映发行人资产的交易和处分",会计条款要求适用主体建立并维持内部会计控制体制以足以合理确保交易的进行遵照管理层的概括或具体授权,交易的记录满足能制备符合公认会计准则或其他可适用标准的财务报表并保持资产的责任性等。

但 FCPA 明确规定"本条第 2 款所称'合理确保'及'合理详尽'是指处理自身事务的确保及详尽之程度足以使审慎行事的官员满意"。将"足以使审慎行事的官员满意"作为判断标准,官员的专业经验、执法理念等主观因素使企业对

① 叶海波主编:《反海外腐败合规实践指引》,法律出版社 2021 年版,第 40~41 页。

账簿、记录和账目没有确定的标准预期,也为执法部门在无法取得企业贿赂外国官员充分证据的情况下,仍然找到理由对企业进行处罚提供了空间。

3. 内部控制条款

内部控制条款要求具备一套内部控制制度,并且该内部控制系统能够提供以下合理保证:(1)交易是按照管理部门的一般或具体授权进行;(2)保留必要的交易记录,以便按照相应标准准备财务报表并保证资产可靠性;(3)资产的使用必须取得管理部门的一般或具体授权;(4)定期核对资产,并采取适当措施应对发现的差异。

需要注意的是,FCPA 并没有为企业规定具体的内部控制模板,这就需要企业结合自身的规模和业务特点为量身打造,形成一套既能提供 FCPA 内部控制条款所要求的"合理保证"又适应企业自身需要的内部控制系统。

4. 违反会计条款的法律责任

对于每一项违反会计条款的违法行为,FCPA 规定对公司和其他商业实体处以 2500 万美元以下的罚金。对于个人,包括公司管理人员、董事、股东和代理人,可处以 500 万美元以下的罚金和 20 年以下的监禁。

(五)FCPA 的执法机构

1. 主要执法机构

FCPA 的执法由美国司法部(U. S. Department of Justice, DOJ)和 SEC 共同负责执行。

DOJ 下设刑事欺诈处(Fraud Section of the Criminal Division),全权负责 DOJ 管辖的所有 FCPA 事务。SEC 的 FCPA 小组在华盛顿哥伦比亚特区和遍布全国的区域办公室设有律师,专门负责执行 FCPA。

具体而言,DOJ 负责对违反 FCPA 的所有行为人的刑事调查和指控。针对违反 FCPA 的民事调查和起诉,由 DOJ 和 SEC 分工负责:SEC 负责对证券发行者及其高级职员、董事、雇员和代理人、股东提起民事诉讼,DOJ 负责对国内相关者以及证券发行者与国内相关者之外的人提起刑事诉讼;在对证券发行者进行民事调查的过程中,如果 SEC 发现涉及刑事指控事宜的,需要将案件交给 DOJ 提出指控。一般认为,DOJ 和 SEC 对 FCPA 规定的事项具有共同的管辖权,他们各自进行的调查互不妨碍,SEC 甚至可以在 DOJ 对某一案件提起刑事诉讼后再就同一事实展开证券违法方面的调查。两个执法机构可以共享调查的结果。

2. 其他参与执法活动的机构

其他参与 FCPA 调查的美国政府机构有:美国联邦调查局(Federal Bureau of Investigation, FBI)、国际反腐小组(International Corruption Unit)、FBI 的 FCPA 特勤队、国土安全部(Department of Homeland Security)、税务总局刑事调查司(Internal Revenue Service Criminal Investigation)、财政部海外资产控制办公室(Department of Treasury's Office of Foreign Assets Control)等。2020 年第2 版《FCPA 指南》(A Resource Guide to the U. S. Foreign Corrupt Practices Act, Second Edition)将美国邮政总局和美国商品期货交易委员会也纳入反海外腐败调查主体范围,这显示其他机构也越来越多地进入 FCPA 的执法领域。

(六)FCPA 的追诉时效

FCPA 本身没有具体的追诉时效规定。《美国法典》第 18 编第 3282 条(关于刑事诉讼)和第 28 编第 2462 条(关于民事诉讼)中规定的 5 年时效条款将适用于 FCPA 违法行为。但是在实际执法过程中,5 年的时效经常被延长到 7 年、10 年,甚至更长。

需要注意的是,如果共同犯罪的其中一个行为发生在 5 年的时效期内,美国政府便可以追诉 5 年之前的 FCPA 违法行为。美国政府往往会通过下面三种方式延长时效:(1)说服被调查方签署一份时效中止协议,主动延长追诉时效期;

(2)申请法院下令中止一个刑事案件的追诉时效,中止的最长时间为3年,以便从外国获得证据;(3)在针对非美国居民个人的案件中,任何因为被告不"在美国境内而无法正式送达法律文书"的期间,时效都会被中止。

(七)FCPA的结案方式

DOJ案件的结案方式包括:起诉(刑事起诉、无陪审团起诉和陪审团起诉三种形式)或在适当案件中通过谈判协议结案,签订认罪协议、签订延迟起诉协议(Deferred Prosecution Agreement, DPA)、签订不起诉协议(Non-Prosecution Agreement,NPA)或决定不起诉。

SEC案件的结案方式包括:民事禁令及赔偿(向法院申请)、民事行政诉讼及救济(由SEC执法部发起,SEC行政法官审理)、延迟起诉协议DPA、不起诉协议NPA、调查终止信和不起诉决定。

执法实践中,多数案件以签订延迟起诉协议或不起诉协议的方式结案。通常由涉案方支付一定的罚金,放弃针对执法机构的诉讼时效抗辩,承认重大违法事实,与执法机构合作等条件。若涉案方在协议期限内严格履行义务,则执法机关将撤销起诉或不起诉。执法机关还可能根据案件情况提议涉案方任命一名监督人员(monitor),由其以独立第三方的身份检查涉案方的内控体系及合规项目的运行情况并提出建议。这种设立监督人员的提议在刑事案件中尤为多见。

(八)FCPA的"长臂管辖"

(1)根据FCPA第78dd-1节(g)和FCPA第78dd-2节(i)的规定,在发行人和国内实体情形下,任何美国人在美国境外作出任何腐败行为,以促成提供、支付、许诺支付或授权支付任何金钱,提供、赠与、许诺给予或授权给予任何有价事物,不论该美国人是否利用邮件或州际商业(interstate commerce)的任何工具或方法促成该提供、赠与、支付、许诺或授权,均为违法行为。在上述两种情形中,“美国人”指美国《移民与国籍法》所定义的美国国民,或任何美国联邦法律或美国的州、领地、属地或自治邦的法律,或其任何政治分支的法律所组建的公司、合伙企业、社团、股价公司、商业信托、非法人组织或个人独资企业。

(2)很多外国公司及个人虽然并没有在美国境内从事任何贿赂行为,但基于协助或教唆理论、共谋理论、代理理论,仍可能被纳入 FCPA 的管辖之下。

(3)FCPA 属于联邦法律,其所管辖的违法行为必须与州际商业活动相关联,否则无法建立联邦法律的管辖权。但在实践中,诸如有助于共谋的电话、电子邮件、书信或通过银行跨州、跨国转账都足以满足这样的要求。针对“在美国地域范围内进行腐败性支付的其他人(包括外国公司和个人)”,FCPA 规定其在美国境内腐败地利用邮件或者其他跨州的任何方法或手段,或者实施有助于海外支付的任何其他行为的都构成犯罪。

例如,特纳瑞斯案,特纳瑞斯是总部位于卢森堡的石油和天然气行业钢管产品制造商和有关服务供应商。特纳瑞斯被指控 2006 ~ 2007 年,向乌兹别克斯坦石油天然气工业国有控股公司的全资子公司的代理人支付贿款,以从该代理人处获得竞争对手的机密招标信息,特纳瑞斯稍后根据对手的信息修改了本方的投标书。2011 年,特纳瑞斯与 SEC 签署了 DPA 结束了有关指控,并向 SEC 返还了非法所得,向 DOJ 缴纳罚款。本案发生在美国境外,公司和代理人均非 FCPA 管辖对象,本案与 FCPA 唯一的管辖连接点是特纳瑞斯通过美国一家中间银行向中间人转账了美元贿款。①

中国企业受 FCPA 管辖通过有六种情形包括:(1)中国企业在美国上市,即作为发行人受到美国 FCPA 的管辖;(2)美国公司在中国设立的子公司、代表处以及雇员实施了违反 FCPA 的行为,即受到 FCPA 的管辖;(3)中国企业或个人

① 参见叶海波主编:《反海外腐败合规实践指引》,法律出版社 2021 年版,第 40 ~ 41 页。

在美国领域内从事海外腐败行为,也会受到美国 FCPA 的管辖;(4)中国企业虽然未在美国境内从事任何贿赂行为,但基于协助或教唆理论、共谋理论、代理理论,仍可能被纳入 FCPA 的管辖之下;(5)使用美国境内网络服务器收发电子邮件以及使用美国境内银行支付等管辖连接点也会将中国企业纳入 FCPA 管辖;(6)通过"代理人"理论,FCPA 也会将作为美国发行人公司的母公司及其关联公司纳入管辖范围。

四、英国《2010 年反贿赂法》(UKBA)

(一)UKBA 的由来

英国反贿赂法律体系主要由《2010 年反贿赂法》(Bribery Act 2010,UKBA) UKBA 及其配套文件《2010 年反贿赂法:相关商业机构防止与其有关人员贿赂可以实施的程序指引》(以下简称《防止有关人员贿赂实施程序指引》)以及英国《2010 年反贿赂法:重大欺诈案件办公室主任和总检察长联合起诉指引》等法律文件共同构成。UKBA 于 2010 年 4 月 8 日获得批准,并于 2011 年 4 月生效,被称为"世界上最为严厉的反腐败立法",是英国反贿赂法律体系的基本法。

(二)UKBA 的主要内容

UKBA 由 6 个部分组成,共计 20 条,分别为:(1)一般贿赂犯罪;(2)贿赂海外公职人员;(3)商业组织未能防止贿赂;(4)起诉与处罚;(5)关于犯罪的其他规定;(6)补充说明。UKBA 由英国反严重欺诈办公室(Serious Fraud Office, SFO)负责执行。

(三)UKBA 的主要特点

1. 处罚比 FCPA 更严厉

UKBA 规定了没有上限的罚款。根据第 11 条的规定,若自然人被定罪,则最高刑期可达 10 年监禁,且罚金没有上限,两者可以同时并处。若商业组织被定罪，其罚金也没有上限。

在商业组织预防贿赂失职罪中，商业组织承担“严格责任”。根据 UCBA 第 8 条的规定，只要个人 A 是组织 C 的雇员，除非另有证据证明，否则应当推定个人 A 是为了或代表组织 C 而履职的人员，则组织 C 构成此罪。另外，“近年来，英国反腐败的执法力度日趋严厉，政府在财政、行政和立法内容等方面均对反腐败行动提供了有力支持”①。

2. 强调预防体系的建立

根据《实施程序指引》，企业应当结合自身规模、业务模式、行业特征等实际情况，建立一套健康、良性的反贿赂程序，以实现有效防止贿赂行为发生的目的。在建立预防实施贿赂程序时，应当考虑以下六个基本原则：

(1)具备相称程序。主要指反贿赂的相关政策和执行流程。

(2)获得高层关注。主要指企业的高层人员(董事和高级管理人员)需要参与防止贿赂的政策制定、项目审核等防止贿赂的相关工作。

(3)实施风险评估。主要指企业应当对其关联人内部和外部的潜在贿赂风险进行评估。

(4)开展尽职调查。主要指企业对第三方包括企业代理人、经销商等代表或将要代表其履职的主体进行合规性调查。

(5)确保有效传达(包括提供培训)。主要指企业应当通过包括培训在内的方式确保将有关防止贿赂的政策和流程贯穿企业内部和外部，使企业内外部都对相关政策和流程有清晰的认识。确保有效传达(包括提供培训)的形式包括高层发表声明、发布企业行为准则、为员工提供反馈的通道、对新员工和代理商进行培训等。

---

① 高俊：《域外反商业贿赂规范实务指引》，载《2020 威科先行系列实务指引　企业合规热点问题实务指引》，第 30 页。

(6)进行监督与检查。主要指企业主动进行内部监控和检查,以便时刻防止贿赂行为的发生,对已有的政策、流程等不时进行完善。

这六项基本原则不具有强制性,但如果企业在建立反贿赂预防程序时对其进行了考虑且有效实施,则该体系可成为企业应对执法检查时减轻自身责任的重要抗辩理由,也会成为监管或执法部门对企业责任进行评估的重要考量因素。

3. 扩大了责任主体范围

UKBA 规定受贿人也应当承担责任,而 FCPA 并未规定外国的受贿者也要承担责任。

五、中国企业反商业贿赂合规风险防控及工具

近几年,FCPA 涉及中国企业的执法行为明显增加,“在 2008 ~ 2019 年 FCPA 的执法案件中,涉及中国的案件最高已超过六成”①。FCPA 和 UKBA 都确立了“长臂管辖”原则。这导致即使中国企业或个人并不受 FCPA 和 UKBA 管辖,随着企业全球化运营的开展,也可能因为上下游企业被调查而一并受到调查和制裁。

“2018 年,美国三个重要的 FCPA 案件中,便有 11 个国家的执法机关为美国政府提供了协助。此外,美国时任司法部部长 Jeff Sessions 还在 2018 年年底宣布启动‘中国行动’,强调要‘识别有关同美国公司竞争的中国公司 FCPA 案件’,中国公司被明确列为 FCPA 案件的执法重点。”②因此,中国企业应当针对《联合国反腐败公约》、FCPA、UKBA 等国际国内反贿赂规则,制定多方面的境外反贿赂风险应对策略和工具。

① 叶海波主编:《反海外腐败合规实践指引》,法律出版社 2021 年版,第 71 页。

② 吴巍编著:《企业营商风险与合规指引》,法律出版社 2020 年版,第 119 页。

（一）建立反商业贿赂专项计划

中国企业应当参照我国《企业境外合规管理指引》和英国《实施程序指引》等，针对海外业务所处国家和地区，根据企业性质、规模、所处行业等实际情况，构建相匹配的反贿赂管理专项规则。一方面，促使企业形成事前预防机制，严禁商业贿赂、严防贿赂风险；另一方面，如果企业涉及反贿赂案件，在面临执法机构的调查和处罚时，良好的反腐合规体系可成为抗辩的一项依据，帮助公司减轻甚至避免反腐败执法所造成的严重后果。

（二）提高对非公职贿赂的重视

在我国的法律体系中，贿赂分为公职贿赂和非公职贿赂。是否为国家工作人员是区分的关键，对于贿赂的相应处罚或量刑幅度也因此不同。这在一定程度上会使商业往来中非公职贿赂未能受到充分重视。在英国反贿赂法律的历史上，也曾将公职贿赂和非公职贿赂区分处理，由此所带来的弊端成为英国《2010 年反贿赂法》出台的原因之一。英国《2010 年反贿赂法》中的贿赂犯罪不仅适用于公职贿赂，也适用于私人或者私营部门之间的贿赂，所以提高非公职贿赂中权力寻租的灵敏度也是避免受到英国《2010 年反贿赂法》惩处的对策之一。

（三）警戒竞争对手、解雇员工和做空机构提出不当控告

实践中，竞争对手、解雇员工、解约的经销商或代理商会对企业提出不当控告，从而引起 DOJ 或 SEC 的调查。在美国上市的中概股也会成为做空机构的目标，做空机构会通过指控上市公司来操纵股价。

《联合国反腐败公约》第 33 条明确规定了保护举报人制度，要求“各缔约国均应当考虑在本国法律制度中纳入适当措施，以便对出于合理理由善意向主管机关举报涉及根据本公约确立的犯罪的任何事实的任何人员提供保护，使其不致受到任何不公正的待遇”。

美国《萨班斯—奥克斯利法案》和《多德—弗兰克法案》都规定了 FCPA 情形下对举报人的多项保护制度,《多德—弗兰克法案》还对举报人设置了高额奖励。“SEC 机构内部专门设置了举报人办公室负责管理实施该计划。目前举报已成为 SEC 执法的重要信息来源,自 2012 年以来,SEC 已向 82 人发放了约 4.5 亿美元的奖励金。”[①]奖励金相当于人均约 550 万美元。“美国诉戴姆勒—克莱斯勒中国有限公司案”和“英国葛兰素史克公司案”就是分别由公司的审计员和高级管理人员向执法机构进行举报。

因此,中国企业应当做好对解雇员工、解约的经销商或代理商的善后管理,并对竞争对手和作空机构做好充分研判和前瞻性预案。

（四）警惕海外反贿赂中“贿赂物”的宽泛界定

境外反商业贿赂对贿赂的认定外延非常广泛。贿赂以多种形式存在,不仅包括具有金钱价值的典型贿赂方式,也涵盖通过变相有价之物达到贿赂目的的途径,比如提供进修机会、协助就职推荐、赠送球赛门票等隐性好处。

（五）主张“加速费”作为责任例外条款

FCPA 规定,若支付的目的是加速或取得外国官员、政党或政党官员非自由裁量权的例行政府行动,则构成给外国公职人员的便利性或加速性支付的例外情况,不构成对 FCPA 的违反,且加速费例外适用于“发行人”“国内实体”“除发行人及国内实体之外的人”三种情形。实践中,加速费的合理性证明很难,且被运用的案例非常少。

（六）主张肯定性抗辩

中国企业可以根据具体情形对控诉提出肯定性抗辩,主要包括两种情形:(1)对该任意有价物的支付、赠与、提供或许诺,根据该外国官员、政党、政党官

① 叶海波主编:《反海外腐败合规实践指引》,法律出版社 2021 年版,第 62 页。

员或候选人所属国家的成文法规是合法的。(2)对该任意有价物的支付、赠与、提供或许诺是外国官员、政党、政党官员或候选人承付的或在其名义下的合理且正当的开支(例如差旅费和住宿费),并且直接关系产品或服务的推广、展示或说明,或者与外国政府或机构所签署的合同的执行或实施。

第十四章
反倾销合规风险与防控

反倾销、反补贴和保障措施是当今 WTO 国际贸易救济体系中的三大贸易救济措施。其中,反倾销措施是应用最频繁、影响面最广泛的救济手段,越来越成为人们所关注的重要贸易保护手段。

根据有关统计,2020 年是自 2001 年以来全球发起反倾销调查数量最多的一年。2020 年,WTO 各成员方共发起 349 起反倾销调查,最终实施 113 起反倾销措施。[①] 更重要的是,中国遭受的反倾销调查数量长期居高不下,在加入 WTO 以后的 20 年以来这一窘境从未得到扭转。

与此同时,我国在 2018 年至 2021 年已连续举办了 4 次中国国际进口博览会,进一步加大开放国内市场的力度,为全世界高品质产品提供进口便利。

尤其 2022 年 10 月,习近平总书记在党的二十大报告中明确提出:“坚持高水平开放,加快构建以国内大循环为主体,国内国际双循环相互促进的新发展格局。”[②]在此情形下,全面研判国际反倾销规则以及美国、欧盟等发达国家针对中国产品开展反倾销调查的特点,提升中国企业应对反倾销的能力迫在眉睫。

---

① 参见屠新泉等:《世界贸易组织发展报告 2020—2021》,对外经济贸易大学出版社 2021 年版,第 119 页。

② 习近平:《高举中国特色社会主义伟大旗帜 为全面建设社会主义现代化国家而团结奋斗》,载新华网,http://www.news.cn/politics/cpc20/2022-10/25/c-1129079429.htm。

一、反倾销主要国际规则

自 WTO 成立以来,关于反倾销的国际规则主要是《1994 年关税与贸易总协定》(以下简称《1994 年关贸总协定》)第 6 条和《关于实施 1994 年关税与贸易总协定第 6 条的协定》(以下简称《反倾销协定》)。

《1994 年关贸总协定》第 6 条对倾销的定义作了初步规定,并授权缔约方在一定条件下可对倾销进口采取反倾销措施。《反倾销协定》第 2.1 条规定:"如果一项产品从一国出口到另一国,而该产品的出口价格在正常贸易过程中,低于出口国旨在用于本国消费的同类产品的可比价格,即以低于其正常价值的价格进入另一国商业领域,则该产品即被认为是倾销。"《反倾销协定》还对反倾销中的实体性和程序性问题作了规定,包括倾销、损害、国内产业和同类产品的定义,倾销、损害的认定方法,反倾销立案、调查和裁决的程序,反倾销措施的种类和期限,反倾销调查的终止条件,反倾销复审和司法审查,反倾销争议的处理,等等。

按照 WTO 规则,缔约方的调查机关对进口产品采取反倾销措施应符合以下三个要件:一是进口产品以倾销价格进入进口国市场;二是进口产品的倾销对进口国生产同类产品的国内产业造成实质损害或实质损害威胁,或实质阻碍了国内产业的建立;三是进口产品的倾销与国内产业遭受的损害存在因果关系。

(一)倾销的认定

判断一国产品是否存在倾销,关键在于产品的"出口价格"是否低于其"正常价值的价格"。那么,如何确定"正常价值的价格"成为倾销认定的最基本的核心。《反倾销协定》第 2.2 条针对"正常价值"的核算确定了三种方法。

1. 在正常贸易过程中出口国国内供消费的同类产品的可比价格

此方法需要重点把握三个基本要素:(1)"同类产品"。《反倾销协定》第 2.6 条规定:"本协定所用'同类产品'一词应解释为指相同的产品,即与被调查产品在各方面都相同的产品,或如果无此种产品,则为尽管并非在各方面都相同,但具有与考虑中的产品极为相似特点的另一种产品。"因此,"同类产品"是指相同的产品,即与调查中的产品在性能等各方面都相同的产品。如果没有此种产品,则应选择虽然并非在各方面都相同,但具有与调查中的产品极为相似特点的另一种产品。(2)同类产品的可比价格是在正常贸易过程中形成的价格,不包括企业内部交易或关联交易中使用的价格,以及在一些非市场因素影响下形成的价格,且是供消费的同类产品。(3)同类产品在出口国国内市场的销售量不低于向进口国出口数量的5%。如不足该数量,则一般不宜根据出口国国内消费的价格认定正常价值。当然,如有证据表明较低比例的国内销售仍属进行适当比较的足够数量,则可接受该较低比例。

2. 第三国价格

第三国价格即依据同类产品出口至一适当第三国的可比价格确定,需要该价格具有代表性。《反倾销协定》第2.2条规定,"如在出口国国内市场的正常贸易过程中不存在该同类产品的销售,或由于出口国国内市场的特殊市场情形或销售量较低,不允许对此类销售进行适当比较,则倾销幅度应通过比较同类产品出口至一适当第三国的可比价格确定,只要该价格具有代表性"。

但采用第三国价格与出口价格比较的前提条件是:在出口国国内市场的正常贸易过程中不存在该同类产品的销售;或由于出口国国内市场的特殊市场情况,不允许对此类销售进行适当比较;或由于出口国国内市场的销售量较低,不允许对此类销售进行适当比较,即在第一种方法无法采用的情形下。

3. 结构价格

《反倾销协定》第2.2条规定正常价值的价格也可以"通过比较在原产国的生产成本加合理金额的管理、销售和一般费用及利润加以确定",但前提条件是:在出口国国内市场的正常贸易过程中不存在该同类产品的销售;或由于出口国国内市场的特殊市场情形,不允许对此类销售进行适当比较;或由于出口国国内市场的销售量较低,不允许对此类销售进行适当比较,即在第一种方法无法采用的情形下。

中国企业需要特别注意的是关于"非市场经济地位国家"的规定。上述三种"正常价值"的确定方法以出口商或生产商在市场经济下运行为基础条件。由于《反倾销协定》第2.7条保留了《1947年关税与贸易总协定》第6.1条第2项的补充规定,即"各方认识到,在进口产品来自贸易被完全或实质上完全垄断的国家,且所有国内价格均由国家确定的情况下,在确定第1款中的价格可比性时可能存在特殊困难。在此种情况下,进口缔约方可能认为有必要考虑与此类国家的国内价格进行严格比较不一定恰当的可能性。"因此,WTO实际上是继承了《1947年关税与贸易总协定》对"非市场经济地位国家"的区别对待规则。

但《反倾销协定》对什么是"非市场经济地位国家"没有具体、明确、清晰的界定,规则的不完美实质上为各成员在具体实践中如何确定非市场经济地位国家涉控产品的倾销成立以及倾销幅度的大小留下了很大的自由裁量空间。

实践中,一些WTO成员利用这一规定以及个别成员入世议定书中的相关条款,在他们认定的"非市场经济地位国家"中以不可靠为由弃用国内价格和成本,而以替代或模拟国家的销售价格或成本为基础来确定"正常价值的价格"(除非这些国家的特定出口生产商或生产商能够根据预先确定的标准证明存在市场经济条件)。而"正常价值"以替代国的销售价格或成本为基础进行认定将更高,往往会计算出更高的倾销幅度。

因此,"非市场经济国家"因素给WTO成员滥用反倾销措施提供了空间,导致反倾销成为个别情形下实施贸易保护主义的斗争工具。

中国为加快加入WTO的步伐,在《中国入世议定书》第15条允许进口WTO成员在反倾销调查中使用非市场经济方法,即替代国方法,计算中国企业出口产品的正常价值,但同时也约定在中国加入 WTO 15 年后(2016 年 12 月 11 日之后),其他 WTO 成员不得再使用替代国方法。

在《中国入世议定书》第 15 条到期后,中国政府努力争取贸易伙伴的认可。迄今已有包括新西兰、新加坡、马来西亚等 WTO 成员在内的 90 多个国家和地区,承认中国的“完全市场经济地位”,而中国的主要贸易伙伴如美国、欧盟、日本、加拿大、印度等国家和地区仍然不承认中国的市场经济地位,并在 2016 年 12 月 1 日后继续使用或变相继续使用替代国方法。

(二)倾销幅度的计算

“在国际贸易领域,如果说倾销的本质是一种价格歧视行为,那么反倾销的本质就要发现价格歧视,确定倾销的幅度。”[①]《反倾销协定》第 2.4 条规定了通过对正常价值的价格和出口价格进行比较,以确定是否存在倾销以及倾销幅度的大小。根据《反倾销协定》第 2.4 条,调查机关必须在“出口价格”与“正常价值”之间进行“公平比较”,且应在贸易水平或大致相同的情况下,通常是在出厂价水平上,与尽可能在同一时间进行的销售进行比较。应根据每一案件的具体情况,适当考虑影响价格可比性的差异,包括在销售条件和条款、税收、贸易水平、数量、物理特征方面的差异,以及其他能够证明影响价格可比性的差异。

另外,在遵守适用于《反倾销协定》第 2.4 条中公平比较规定的前提下,第 2.4.2 条规定了三种比较方法:(1)调查阶段倾销幅度的存在通常应在对加权平均正常价值与全部可比出口交易的加权平均价格进行比较的基础上确定(平均对平均法);(2)在逐笔交易的基础上对正常价值与出口价格进行比较而确定(逐笔对逐笔法);(3)如主管机关认为一种出口价格在不同购买者、地区或时间之间差异很大,且就为何不能通过使用加权平均对加权平均或交易对交易进行

① 白明:《被唤醒的条款:反倾销特殊市场情形规则理论与实务》,人民出版社 2021 年版,第 28 页。

比较而适当考虑此类差异作出说明,则在加权平均基础上确定的正常价值可以与单笔出口交易的价格进行比较。

(三)损害的认定

在调查机关采取反倾销措施前,认定国内产业存在损害是第2项必要条件,因此国内产业的界定及损害的认定是采取反倾销措施的重要环节。《反倾销协定》第4.1条明确了国内产业的定义:“国内同类产品的全部生产商,或者其合计总产量构成全部国内该产品产量的一个重要部分的生产商。”

就“国内产业损害”的认定而言,进口产品对国内产业损害主要表现为倾销对已经建立的国内产业造成实质损害、产生实质损害威胁,或者对建立国内产业造成实质阻碍。在实践中,调查机关需要考虑下述三个要素进行“国内产业损害”的认定。

第一,倾销进口产品的数量。《反倾销协定》第3.2条规定:“关于倾销产品数量,调查主管机关应该考虑倾销产品的绝对数量或相对数量是否大幅度增加。”因此,产品数量增长分绝对增长和相对增长两种。根据这一条款,确定进口产品是否存在“大幅度增加”由绝对数量或相对数量两个方面来决定。也就是说,任一数量的增加幅度较大都有可能构成“实质性产业损害”。

第二,倾销产品对价格的影响。《反倾销协议》第3.2条规定,“关于倾销产品进口对价格的影响,调查主管机关应考虑与进口成员国同类产品的价格相比,倾销进口产品是否大幅度削低价格,或此类进口产品的影响是否大幅度压低价格,或是否在很大程度上抑制在其他情况下本应发生的价格增加”。

“倾销进口产品大幅度削低价格”又被称作“削价销售”,通常是指倾销进口产品以较大幅度低于其正常价值的价格销售。某些生产商通过这一方法达到排挤竞争对手、扩大甚至独占市场的目的。

以美国为例,在实践中,国际贸易委员会在具体认定价格差异时,会向美国的制造商和生产商发放调查问卷,要求其提供最近3年内每季度的最大客户的离岸价(FOB价格),再综合美国国内同类产业和进口商提供的价格,对其进行比较,从而计算出削价销售的差额,以认定倾销进口产品对同类产品的价格影响。

"大幅度压低国内同类产品的价格",又被称作"价格跌落",是指国内产业生产的同类产品,由于受到了外国倾销进口产品价格竞争,被迫降价销售。

"抑制国内同类产品本应发生的价格增加",又被称作"价格抑制"指国内产业生产的同类产品的价格,在正常的贸易环境中本应该呈上涨趋势的,但由于受到了进口倾销产品的低价倾销并没有上涨,或未达到预期的上涨幅度。

第三,倾销产品对产业的影响。倾销进口产品,无论是数量增加还是价格变化,最终冲击的无疑都是国内同类产业。因此,国内同类产业是否受到实质影响是反倾销机构是否采取反倾销措施的关键。

《反倾销协定》中第3.4条规定:"关于倾销进口产品对国内产业影响的审查包括对影响产业状况的所有有关经济因素和指标的评估,包括销售、利润、产量、市场份额、库存、就业、工资、增长、筹措资金或投资能力的实际和潜在的消极影响,该清单不是详尽的,这些因素中的一个或多个均未必能够给予决定性指导。"这就要求在对产业影响的评估中,进口国调查机关要对整个国内产业的影响有整体情况的评估,从经济因素和指标上入手予以一定程度的说明和解释,而不仅仅是列举。

(四)因果关系认定

在判定倾销与损害之间的因果关系时,如果除倾销之外,还有其他已知的因素正在对国内产业造成损害,调查机构还要调查已知因素对国内产业造成的损害,而不能将已知因素对国内产业的损害归因于进口产品。《反倾销协定》第3.5条规定,必须通过按第3.2条和第3.4条中所列的倾销的影响,证明倾销进口产品正在造成属于《反倾销协定》范围内的损害。证明倾销进口产品与对国内产业损害之间存在因果关系应以对调查机关得到的所有相关证据进行的审查为根据。调查机关还应审查除倾销进口产品外的、同时正在损害国内产业的任何已知因素,且这些其他因素造成的损害不得归因于倾销进口产品。这方面可能相关的因素特别包括未以倾销价格销售的进口产品的数量、价格、需求的减少或消费模式的变化,外国与国内生产者限制贸易的做法和他们之间的竞争、技术发展以及国内产业的出口实绩和生产率。

(五)反倾销调查程序

《反倾销协定》规定反倾销调查程序包括申请提起、通知和公告、调查、初裁、终裁、复审等阶段。第5.10条指出,反倾销调查一般应在1年内结束,无论如何不得超过18个月。在反倾销调查的过程中,调查机关可向出口商或外国生产商发送有关问题的调查卷,并要求其作出答复,但至少应给予对方30日的期限。在调查期间,调查机关应及时向各利害关系方通报信息,使其有充分时间维护自身权益;各利害关系方应有为其利益辩护的充分机会。

另外,《反倾销协定》第5.8条指出,如果出现以下情况,反倾销调查就应立即终止:第一,证据不足;第二,倾销幅度可忽略不计,即倾销幅度低于2%;第三,实际或潜在的损害无足轻重,或进口数量可忽略不计,即从单个国家或地区进口的数量不足进口国进口数量的3%,或从不同国家进口的总数量不足进口国进口数量的7%。

(六)反倾销主要措施

1.临时措施

临时措施是进口国在正式征收反倾销税之前,为保护国内工业而采取的一种临时性的救济措施。临时措施包括征收临时反倾销税和担保(支付现金或保证金)两种,但这两种临时措施的数额都不能高于初步裁定的倾销幅度。

根据《反倾销协定》第7条的规定,反倾销调查机关可采取临时措施的条件有:一是已开始进行反倾销调查并已予以公告,同时已给予各利害关系方提供资料和提出意见的机会;二是已作出倾销和损害存在的肯定性初步裁定;三是调查机关经过调查,断定实施临时措施对防止在调查期间继续发生的损害是必要的。

临时性措施应从开始调查之日起的60日后方可采取,一般不得超过4个月;如果有关贸易的大部分出口商提出延长要求,那么该期限可延长到6个月。如果在调查过程中调查当局审查低于倾销幅度的税额是否能消除损害,那么该期限可分别限定为6个月和9个月。

2. 价格承诺

《反倾销协定》第8条规定,价格承诺是被控倾销的产品出口商或出口国政府与进口调查当局达成的协议,旨在提高出口价格以消除对进口国工业的损害。据此,进口调查机关终止反倾销调查。倾销产品的提价幅度不能高于初步裁定的倾销幅度。价格承诺应该是自愿作出的,并且在倾销与损害存在肯定性的初步裁定之后才可作出,目的是防止进口国不进行调查、取证而仅凭指控就限制进口。当然,进口调查机关并没有接受价格承诺的义务,一旦接受,价格承诺的期限就应在5年后终止。

3. 反倾销税

征收反倾销税是最主要的一种反倾销措施。《反倾销协定》第9.1条规定,反倾销税由反倾销调查机关在作出倾销与损害存在的肯定性的最终裁定后征收。

征收反倾销税应遵循以下原则:一是征收额度应低于或等于倾销幅度。二是“多退,少不补”。如果最终确定的反倾销税额高于临时反倾销税额,那么差额部分不能要求出口商补交;反之,如果最终确定的反倾销税额低于临时反倾销税额,那么出口商多交的部分税款应当退还。三是非歧视原则。征收反倾销税的期限，以抵消损害所必要的程度为基准。通常，反倾销税应自征税之日起5年内结束，届满之前要进行“日落复审”。

另外，《反倾销协定》第10条对产品追溯征收反倾销税的条件作出了规定：主要看该产品是否有倾销历史和在短期内是否有大量进口的可能。如果可能性存在，调查当局就可以对该产品追溯90日，征收反倾销税。

《反倾销协定》第11.3条对日落复审规定如下：“虽然有本条第1款和第2款的规定，但是任何最终反倾销税应在征收之日起（或在复审涉及倾销和损害两者的情况下，自根据第2款进行的最近一次复审之日起，或根据本款）5年内的一日期终止，除非调查机关在该日期之前自行进行的复审或在该日期之前一段合理时间内由国内产业或代表国内产业提出的有充分证据请求下进行的复审确定，反倾销税的终止有可能导致倾销和损害的继续或再度发生。在此种复审的结果产生之前，可继续征税。”在通常情况下，复审应在一年内结束。

二、中国反倾销法律政策与实践

（一）中国现行反倾销立法

中国现行反倾销立法主要包括2016年修正的《对外贸易法》以及国务院于2004年3月31日颁布的《中华人民共和国反倾销条例》（自2004年6月1日起施行，以下简称《反倾销条例》）。此外，商务部在《反倾销条例》基础上发布了若干实施层面的规章，包括《反倾销问卷调查规则》（自2018年5月4日起施行）、《反倾销和反补贴调查听证会规则》（自2018年5月4日起施行）以及《出口产品反倾销案件应诉规定》（自2006年8月14日起施行）。

整体而言，我国反倾销法律制度体系呈现以下特点。首先，《对外贸易法》针对反倾销的条款只有两款，且仅为非常原则性的倡导性、主张性条款，可操作性不强。其次，作为反倾销主干法规，《反倾销条例》立法层次较低。《反倾销条例》属于国务院行政法规，主要规定了商务部的相关职责，未能建立各个相关部门充分协同、有力高效的执法机制。最后，《反倾销条例》内容过于原则和概括，可操作性不强，有些规定尚未与国际规则完全接轨。

（二）中国反倾销调查程序

1. 国内产业申请

国内产业或者代表国内产业的自然人、法人或者有关组织（以下统称申请人），可以依照《反倾销条例》的规定向商务部提出反倾销调查的书面申请。但国内产业申请不是立案的唯一程序，在特殊情形下，商务部没有收到反倾销调查的书面申请，但有充分证据认为存在倾销和损害以及二者之间有因果关系的，可以决定立案调查。

2. 立案

商务部应当自收到申请人提交的申请书及有关证据之日起60日内，对申请是否由国内产业或者代表国内产业提出、申请书内容及所附具的证据等进行审查，并决定立案调查或者不立案调查。

在表示支持申请或者反对申请的国内产业中，支持者的产量占支持者和反对者总产量50%以上的，应当认定申请是由国内产业或者代表国内产业提出，可以启动反倾销调查；但是，表示支持申请的国内生产者的产量不足国内同类产品总产量25%的，不得启动反倾销调查。

3. 调查

商务部可以采用问卷、抽样、听证会、现场核查等方式向利害关系方了解情况，进行调查。商务部认为必要时，可以派出工作人员赴有关国家（地区）进行调查；但是，有关国家（地区）提出异议的除外。

4. 初裁

商务部根据调查结果，就倾销、损害和二者之间的因果关系是否成立作出初裁决定,并予以公告。初裁决定确定倾销成立,并由此对国内产业造成损害的,可以采取下列临时反倾销措施:(1)征收临时反倾销税;(2)要求提供保证金、保函或者其他形式的担保。

5. 终裁

初裁决定确定倾销、损害以及二者之间的因果关系成立的,商务部应当对倾销及倾销幅度、损害及损害程度继续进行调查,并根据调查结果作出终裁决定,予以公告。终裁决定确定倾销成立,并由此对国内产业造成损害的,可以征收反倾销税。征收反倾销税应当符合公共利益。

由商务部提出征收反倾销税的建议,国务院关税税则委员会根据商务部的建议作出决定,由商务部予以公告。海关自公告规定实施之日起执行。反倾销税的征收期限和价格承诺的履行期限不超过 5 年;但是,经复审确定终止征收反倾销税有可能导致倾销和损害的继续或者再度发生的,反倾销税的征收期限可以适当延长。

6. 复审

反倾销税生效后,商务部可以在有正当理由的情况下,决定对继续征收反倾销税的必要性进行复审;也可以在经过一段合理时间,应利害关系方的请求并对利害关系方提供的相应证据进行审查后,决定对继续征收反倾销税的必要性进行复审。

反倾销调查应当自立案调查决定公告之日起 12 个月内结束;特殊情况下可以延长,但延长期不得超过 6 个月。另外,《反倾销条例》规定了行政复议和诉讼程序,如对作出的终裁决定、是否征收反倾销税的决定、追溯征收、退税、对新出口经营者征税的决定或者复审决定不服的,可以依法申请行政复议,也可以依法向人民法院提起诉讼。

(三)中国反倾销实践

1997 年 11 月,中国对来自美国、加拿大和韩国的新闻纸发起反倾销调查,开启了中国对外反倾销调查的先河。中国反倾销调查具有案件少、产品集中度高和税率相对低的特点。

自1997年中国反倾销第一案至2018年年底，中国共计对外发起反倾销调查274起，这一数字远远低于美国、欧盟、印度甚至澳大利亚和巴西。而且在此期间，中国连续9年成为全球第二大进口国。总体而言，中国反倾销调查案的数量不到全球总量的5%，相对较低。

中国对外反倾销调查的产品集中度比较高，例如，针对双酚A分别于2004年、2006年和2017年发起了三次反倾销调查。

中国反倾销税的税率也偏低。“数据显示，中国的反倾销税率中位数仅为29%，平均值为34.13%，且中位数小于平均值，表明中国征收的反倾销税率多位于其平均值以下，总体上水平偏低。与发达经济体相比，中国的反倾销平均税率与欧盟相差不大，比美国低14个百分点，比加拿大和澳大利亚高；与发展中经济体相比，中国位列最后一位，其反倾销税率几乎是印度和巴西的一半，不足阿根廷的40%。”①可以说，我国政府和我国企业在非常智慧和容忍地对进口产品进行有限度地反倾销调查和申请。

三、欧盟和美国对中国反倾销歧视的特点

（一）欧盟创设的“严重市场扭曲”

《中国入世议定书》第15条于2016年12月11日到期，标志着将中国视为非市场经济国家适用“替代国法”计算“正常价值”的做法将因丧失规则依据而必须终止。一方面，部分欧盟产业对中国产品出口加剧欧盟产业竞争存在顾虑；另一方面，“尽管欧盟拒绝承认中国市场经济地位，但其也深知继续使用原有的

① 陈清萍：《中国对外反倾销政策效应评估》，经济管理出版社2020年版，第65页。

非市场经济国家条款存在在世贸组织争端解决机制败诉的风险，故而制定了所谓‘反倾销计算新方法’的立法，该方法‘换汤不换药’，将被调查产品特殊市场情形和原材料特殊市场情形相互结合，考察涉案国整体市场状况，创设了一个新的概念‘严重市场扭曲’，并据此继续使用替代国做法”。①

2017 年 12 月 20 日，欧盟颁布了新增“严重市场扭曲”的新反倾销条例并发布了中国市场扭曲的国家报告。根据欧盟新的反倾销条例，当认定一国存在“市场严重扭曲”，不宜使用该出口国的国内价格和成本时，正常价值应当基于反映未被扭曲的价格或基准进行构造。构造价格的来源包括：

（1）在相关数据可获得情况下，与出口国具有相似经济发展水平的适当代表国的相应生产及销售成本；如果此类国家不止一个，应当优先考虑有充分社会保障及环境保护水平的国家；

（2）未被扭曲的国际价格、成本或基准；

（3）国内成本，但仅限于有准确和适当证据证明其未被扭曲的情况下。另外，欧盟产业在提交立案或复审申请时可援引这些报告中的信息作为证据，在立案或复审申请书中指控出口国国内价格及成本不适合用于特定正常价值，从而使用新的计算方法，从而也减轻了申请人的举证责任。

“严重市场扭曲”是指企业提交的价格或成本，包括原材料和能源成本受到政府重大干预，不是自由市场运行的结果。在评估是否存在“市场严重扭曲”时，法案提出应考虑以下一个或多个因素：（1）在被调查市场中，相当一部分企业在运营中为出口国当局所有、受其控制，或者受其政策监管或指引；（2）国家在企业中的存在使其能够对价格或成本进行干预；（3）公共政策或措施存在差别待遇，有利于国内供应商或影响自由市场运行；（4）破产、公司及物权相关法

① 白明：《被唤醒的条款：反倾销特殊市场情形规则理论与实务》，人民出版社 2021 年版，第 28 页。

律缺失、歧视性适用或执法不力;(5)工资成本被扭曲;(6)从执行公共政策目标或非独立于国家的机构获取金融支持。

当认定一国存在“严重市场扭曲”时,不宜使用该出口国的国内价格和成本时,正常价值应当基于反映未被扭曲的价格或基准进行构造。构造价格的来源包括:(1)在相关数据可获得情况下,与出口国具有相似经济发展水平的适当代表国的相应生产及销售成本;如果此类国家不止一个,应当优先考虑有充分社会保障及环境保护水平的国家;(2)未被扭曲的国际价格、成本或基准;(3)国内成本,但仅限于有准确和适当证据证明其未被扭曲的情况下。在确定一国“严重市场扭曲”时,欧盟委员会将制作、发布并定期更新报告,阐述关于特定国家或产业“严重市场扭曲”情况。欧盟产业在提交立案或复审申请时可援引这些报告中的信息,在立案或复审申请书中指控出口国国内价格及成本不适合用于特定正常价值。目前欧盟已经发布了中国市场严重扭曲报告,对于和中国相关的案件,特别是报告中列举的钢铁、铝、化工和陶瓷行业,申请人在申请书中可以直接列举报告中的信息,从而减轻申请人举证责任,加大了中国企业应对反倾销的工作难度。

(二)美国坚持中国非市场经济地位

从2001年至2021年,美国对外发起的反倾销调查总共680起,其中针对中国发起了159起调查。其中有142起为肯定性的裁决,17起为否定性裁决。而且,中国企业在被判定反倾销行为成立后获得单独税率的机会较少,绝大部分企业都被按国别税率来征收反倾销税。

事实上,美国通过反倾销调查对中国产品的限制由来已久,2001年2月至2004年10月,中国福耀玻璃历经4年艰苦卓绝的努力,终于取得了在美国的反倾销胜诉,这是中国加入世界贸易组织以来的第一个反倾销胜诉,是中国企业反倾销的经典案例。但曹福耀先生坦言:“经过近两年的交锋,我发现自己有一点幼稚，在反倾销官司上根本没有法律！反倾销是一个政治问题，他们根本就没有认真调研，胡乱判的。”①

如前所述，虽然《中国入世议定书》第 15 条规定中国非市场经济地位在 2016 年 12 月 11 日到期，但美国在 2017 年 11 月正式拒绝了中国对市场经济地位的申请诉求。因此，美国反倾销主管机构针对中国发起的反倾销调查是以中国为非市场经济地位为前提的。

美国商务部选择替代国的标准有两条：一是替代国与中国经济发展水平相当；二是替代国必须是生产涉案产品或同类产品的生产国家。从美国对华反倾销案例裁决结果看，美国商务部在选择替代国的时候并未论述其依据及具体标准，选择过程的随意性和自主性较大；用替代国的生产要素价格计算正常市场价通常忽视了中国的人力资源优势；替代国与中国会计制度差异较大，放大了中国涉案产品出口价和正常市场价之间的差别，导致中国最后被认定倾销的概率较大且被征收较高的反倾销税。

在过往的 106 起案件中，有 25 起肯定性裁决的案件是涉及中国与其他市场经济国家并案裁决的，但最终的结果大不相同。例如，2017 年的铜版纸案件涉及中国、印度尼西亚、韩国三国企业，最终裁定结果是对中国企业征收 135.84% 的反倾销税，对印尼、韩国企业征收 20.13% 的反倾销税。

四、中国企业反倾销合规风险防控及工具

（一）采取直接投资或在第三国投资等多元化方式进入国际市场

中国企业国际化普遍经历了一个渐进式的过程：通过中间商间接的产品出口—生产商直接的产品出口—建立海外销售分支机构—建立海外生产工厂（从

① 曹德旺：《心若菩提》，人民出版社 2017 年版，第 351 页。

合营到独资)。随着国际化运营经验的积累,中国企业可以根据企业自身的海外运营能力,结合运输成本、劳动力成本、土地资源成本等综合竞争优势研判,通过绿地投资或跨国并购在目标市场国家投资建设工厂,将出口转化成为在目标市场国的国内贸易,从而避开目标市场国家的反倾销壁垒。

另外,中国企业也可以在未遭遇反倾销指控的第三国投资建设工厂,再以从第三国出口的方式进入其他国家市场,从而合法规避反倾销措施。例如,在2016~2017年美国对中国卡车轮胎的反倾销和反补贴("双反")调查案中,"玲珑轮胎就因为将订单转移至泰国工厂而受影响较小"①。

需要关注的是:欧盟和美国针对规避反倾销的行为进行了反规避立法,进口国组装、第三国组装、产品轻微改变、产品后期改变等方式均被欧盟和美国反规避立法所禁止。例如,欧盟将出口商在欧盟投资设立工厂或合资企业将被征收反倾销税的产品的零配件出口到欧盟,由这些工厂或合资企业再组装或加工成制成品在欧盟内销售的行为,视为有意规避欧盟征收反倾销税的行为,并在满足一定条件的情形下仍然对其征收反倾销税。另外,欧盟针对在第三国组装生产的产品实施"原产地规则",只要零部件在原产地国是已被征收反倾销税的相同产品的生产国,无论其在何国组装生产,欧盟都将在满足一定条件下,依照反规避措施对其征收反倾销税。

因此,如果中国企业希望通过直接投资或第三国投资方式合法规避反倾销,应当深入研究相关国家反规避立法,避免构成进口国组装、第三国组装、产品轻微改变、产品后期改变等被欧盟和美国反规避立法所禁止的情形、落入欧盟和美国反规避执法的管制范畴。

---

① 李小北等主编:《反倾销案例——中国在对外贸易中如何应对棘手问题》,经济管理出版社2019年版,第162~163页。

（二）充分利用各国国内法律提供的行权途径，最大限度地维护自身合法权益

例如，在美国反倾销调查中，已被裁定构成倾销并征收反倾销税的企业可以通过积极、认真参加年度复审，在复审中提出降低对倾销幅度的认定和征收的税率。在调查期间没有出口涉案产品到美国的企业可以向商务部提出新出口复审来改变自己的不利地位。

（三）利用 WTO 双边磋商和争端解决机制

根据《关于争端解决规则与程序的谅解》（Dispute Settlement Understanding，DSU），《建立世界贸易组织协定》及其附件 1、附件 2、附件 4 的所有协议属于 WTO 争端解决机制管辖的范围。根据相关统计，在 WTO 争端解决机制解决的案件所涉及的协议中，反倾销协议所涉及的案件数量在 21 类协议中排列第三。因此，中国企业如对进口成员国的行政主管机关裁定的征收反倾销税裁决有异议，那么可以书面形式请求与所涉成员国进行磋商。如果磋商未能达成双方同意的解决办法，那么中国企业可以将争端提交 WTO 争端解决机构解决。

WTO 争端解决机制的一般原则是，要求各成员承诺不对已发现的各种违反贸易规则行为采取单边主义的行动，而应诉诸多边争端解决机制并遵守其规则和裁决。这意味着动辄采用单方面报复措施是违背 WTO 规定的。WTO 成员应当积极诉诸 WTO 多边争端解决机制公正、平等地解决争端。中国政府和企业充分寻求 WTO 争端解决机构解决反倾销争端，并在若干案件中取得了胜利。

2007 年 11 月 9 日，欧盟委员会决定对中国进口的钢铁紧固件发起批倾销调查。2009 年 1 月 31 日，欧盟作出肯定性裁决，征收高达 85% 的反倾销税。2009 年 7 月 31 日，中国政府在 WTO 争端解决机制下提出磋商请求。2009 年 9 月 14 日，磋商失败。2010 年 1 月 12 日，中国请求 WTO 争端解决机构立案审核。2010 年 12 月 3 日，WTO 专家组裁定欧盟对中国紧固件行为不公正的反倾销措施违反 WTO 规则。2011 年 3 月，中国和欧盟分别提出上诉。2011 年 7 月 15

日,WTO 专家再次裁定欧盟对中国紧固件行为不公正的反倾销措施违反 WTO 规则。2012 年 3 月 6 日,欧盟对中国紧固件反倾销措施启动复审,并于 2012 年 10 月 10 日公布了调整后的反倾销税,只是稍微下降,仍然严重影响中国企业对欧盟的出口。

为此,2013 年 10 月 30 日,针对欧盟 2012 年 3 月对中国紧固件反倾销措施的复审措施,中国政府再次诉至 WTO 争端解决机构。2015 年 8 月 7 日,WTO 专家再次裁定欧盟对中国紧固件的反倾销措施违反 WTO 规则。2015 年 9 月,中国和欧盟再次分别提出上诉。2016 年 1 月 18 日,WTO 发布最终公告,第四次裁定欧盟对中国紧固件的反倾销措施违反 WTO 规则。2016 年 2 月 27 日,根据 WTO 的最终裁决,欧盟发布公告正式取消对中国紧固件行业的反倾销措施。中国紧固件行业最终通过 WTO 双边磋商和争端解决机制取得了针对欧盟反倾销措施的胜利。[①]

(四)积极寻求行业协会在反倾销应诉中的资源支持

反倾销耗时长、规模大、处罚力度也很大,对出口国相关行业的打击和损害非常大。行业协会具有信息优势,可以利用整个行业的资源来弥补企业单打独斗的不足。行业协会可以组织行业内企业有利共享、有损共担,避免个别企业搭便车行为;行业协会往往比单个企业更有经验,可以对企业应对反倾销提供专业指导和帮助。因此,中国企业要积极寻求行业组织在反倾销应诉中的资源支持,加强同行业企业之间的协同与合作,提升反倾销应对的专业水平和综合能力。

(五)积极支持、推动行业协会和政府建立反倾销预警机制

中国企业在运用反倾销措施保护企业及国家正当、合理利益方面起步较晚,研究和实践尚不足,而国际上一些国家的反倾销法律及实践比较成熟。因此,中

① 参见李小北等主编:《反倾销案件——中国在对外贸易中如何应对棘手问题》,经济管理出版社 2019 年版,第 220 ~221 页。

国企业应积极支持、推动行业协会和政府建立反倾销预警机制。这一方面有利于对相关行业的出口规模和国际市场布局做好动态掌握;另一方面有利于中国企业对反倾销做好事前、充分的准备工作。

(六)加强会计管理、财务管理等企业内部管理水平

在反倾销调查中,存在反倾销调查机关有意将原材料、生产工序以及用途不同的产品混为同一种产品进行立案调查,扩大中国被调查产品范围的问题。[①]此外,中国企业在部分产业、部分产品上客观存在人力、土地、原材料等方面的低成本优势。

因此,中国企业应当注意以真实、准确的会计数据将部分产品的客观的低成本进行充分的说明和论证,说明其产品天然的低成本优势而非恶意的低价竞争。中国企业建立完善的会计、财务管理制度对准确、有力应对反倾销调查非常有帮助。在反倾销与反补贴调查开始之后,企业内部的管理资料信息、生产成本信息等是否完备,直接决定诉讼应对是否能获得成功。[②]

① 李小北等主编:《反倾销案例——中国在对外贸易中如何应对棘手问题》,经济管理出版社 2019 年版,第 274 页。

② 万迎军:《中国企业涉外业务常见法律问题及对策》,载中国外文局教育培训中心编著:《走向世界的中国企业——新时代中国企业国际化发展的使命与能力讲稿集》,外文出版社 2022 年版,第 131 页。

第十五章
反补贴合规风险与防控

反补贴与补贴如影随形，是进口国反击出口国国家补贴的专项行为。具体而言，反补贴是指进口国政府根据其国内相关产业的申请，为了保护受损的国内产业，恢复公平竞争，调查进口产品的补贴，并通过征收反补贴税或价格承诺抵消进口产品享受的补贴。

近年来，全球发起反补贴调查的数量显著提升。据统计，WTO 各成员 2020 年发起反补贴调查 55 项，是自 1995 年以来全球反补贴最高峰；2019 年全球采取反补贴措施 35 项，也达到 1995 年以来的历史最高点。[①] 自 2004 年 4 月加拿大对中国生产的室外烧烤架发起反倾销反补贴调查（这也是针对中国的首例反补贴调查）以来，反补贴已成为中国贸易摩擦的新领域，也是中国各级政府和出口企业面临的一项重要的国际化经营合规挑战。

虽然相对于作为企业行为的倾销，补贴是一国政府的财政行为，反补贴措施往往直接针对的也是政府的政策性行为，但反补贴措施包括促使出口国修订产业支持政策、加征关税等，将对出口企业造成更为深远和广泛的影响。

然而，相对于反倾销而言，中国理论界和实务界针对反补贴的研究相对较少，尤其缺乏企业应对反补贴的实务性操作指引。

---

① 参见屠新泉等：《世界贸易组织发展报告 2020—2021》，对外经济贸易大学出版社 2021 年版，第 128 页。

一、反补贴国际规则

反补贴国际规则以《1994 年关贸总协定》的缔结为肇始,以美国反补贴制度为参照,逐步发展出一套关于补贴和反补贴的国际规则,集中体现于现行有效的 WTO 项下《补贴与反补贴措施协定》(以下简称 SCM 协定)和《农业协定》,WTO 成员必须遵守这些规则,并在国内法中加以体现。

(一)基本概念

1. 补贴

SCM 协定通过列举的方式阐释了 SCM 协定项下补贴构成的情形,其实质等于间接地界定了补贴。根据 SCM 协定,补贴即出口国(地区)政府或者其任何公共机构提供的、并为接受者带来利益的财政资助以及任何形式的收入或者价格支持。补贴是国家针对市场配置资源的不足,为了公共利益、全局利益或长远利益,对于市场配置机制的一种补充。例如,为了促进科技创新,针对科技创新企业的税收优惠,以及为了促进发展平衡,针对落后地区的扶贫支持等。因此,补贴本身是一个中性词,是国家作为“第二只手”干预市场的常规手段。

2. 补贴的分类

根据 SCM 协定,补贴可分为禁止性补贴、可诉性补贴和不可诉补贴 3 类:

禁止性补贴,是禁止成员国政府实施的补贴。一旦实施禁止性补贴,任何受到其影响的其他成员国可以直接采取反补贴措施。SCM 协定第 3 条专门规定的禁止性补贴包括两种:(1)在法律或事实上,视出口实绩为唯一条件或多种其他条件之一而给予的补贴;(2)视使用国产货物而非进口货物的情况为唯一条件或多种其他条件之一而给予的补贴。禁止性补贴包括出口实绩补贴和进口替代补贴。其中,出口实绩补贴是指在法律或事实上仅向出口行为提供的补贴,进口替代补贴是指对生产或使用国内替代进口品给予的补贴。这两种补贴都是以补贴作为政策导向，促进本国生产与出口、限制进口，既保护国内市场，又扩张国外市场，不符合公平竞争的原则。因此，SCM 协定规定不得授予或维持此类补贴。属于禁止性补贴的，无须证明损害就可以采取反补贴措施。比较常见的禁止性补贴包括：出口直补、出口优惠信贷、购买国产零部件的退税、出口名牌扶持措施等。

可诉性补贴，是在一定范围内允许实施，但如果对其他成员的经济贸易利益造成了损害，受损害的成员就可以就此采取反补贴措施的补贴。根据 SCM 协定第 5 条的规定，构成可诉补贴需要满足三个要件为：(1)损害另一成员的国内产业；(2)取消或妨碍其他成员按《1994 年关贸总协定》直接或间接获得的利益；特别是根据《1994 年关贸总协定》第 2 条规定获得的减让利益；(3)严重妨碍另一成员的利益。

不可诉补贴，是指为 WTO 规则所容许的，一般不受其他专业成员反对或因此采取反补贴措施的补贴。根据 SCM 协定第 8 条的规定，不可诉补贴主要包括以下几类：(1)不具有专向性的补贴，即可普遍获得的，不针对特定企业、特定行业或特定地区的补贴则；(2)符合一定条件的专向性补贴，包括研发资助、落后地区援助和环境保护补贴等。不可诉补贴属于过渡期条款，目前已终止。SCM 协定第 31 条规定不可诉补贴的有效期为 WTO 成立后 5 年，即自 1995 年 1 月 1 日至 2000 年 1 月 1 日。1999 年 12 月 20 日，委员会未能就不可诉补贴延长达成一致，所以第 8 条不可诉补贴未能延长，其效力已经终止。

3. 补贴的救济途径

在 WTO 争端解决机制下，禁止性补贴和可诉性补贴的救济途径基本相同，都包括磋商、专家小组、上诉、执行四个阶段。不同的是，相对可诉性补贴来讲，禁止性补贴每一个阶段的时效都更短。例如，在禁止性补贴项下，磋商应当在 30 日内结束，而可诉性补贴项下是 60 日。在禁止性补贴项下，专家小组最后报告应当在小组成立后90日内分发给各成员；而在可诉性补贴项下，专家小组最后报告应当在小组成立后120日内分发给各成员。在禁止性补贴项下，上诉机构应当在上诉之日起30日内作出决定，最长可延长到60日；而在可诉性补贴项下，上诉机构应当在上诉之日起60日内作出决定，最长可延长到90日。之所以对禁止性补贴规定加速的程序，是因为禁止性补贴严重扭曲国际贸易、对相关成员国带来的不利影响更为严重，需要尽快解决以消除影响。

（二）反补贴措施

反补贴措施则是进口国（地区）主管机构依法对接受补贴的进口产品进行调查，并通过征收反补贴税或价格承诺等方式，抵消由禁止性补贴和部分可诉性补贴造成不利影响的一种贸易救济措施。反补贴措施包括：

1. 临时措施

临时措施是指征收临时反补贴税，具体包括交付现金或存款保证书。征收数额应当与临时估计的补贴数额相等，临时措施应当自发起调查之日起60日后方可采取，实施期限不超过4个月。

2. 承诺

在调查当局作出肯定性的初步裁决之后，出口成员政府或企业为了避免征收反补贴税，可以自愿承诺取消或限制补贴，或抬高价格以消除损害影响。对于这种承诺，调查局可以自主决定是否接受，调查当局与出口成员和出口商之间一旦达成有关承诺的协议，调查应当终止。调查当局可以要求出口成员或者出口商提供履行承诺的情况，一旦发现违反承诺，可立即使用临时措施，并且可追溯至采取临时措施之前90日的有关产品。

3. 反补贴税

在调查最终结果表明存在补贴、损害及二者之间的因果关系时，调查当局可自行决定征收反补贴税。如果决定征收反补贴税，所征数额应当与补贴数额相等或更少。根据 SCM 协定第 21 条的规定，反补贴税适用的期限应当足以抵消补贴造成的损害，最长期限不能超过 5 年。在期满前审查发现终止征收反补贴税有可能导致损害继续或重新发生者除外。

二、中国反补贴立法与实践

中国现行反补贴立法主要以《对外贸易法》为基础，以《中华人民共和国反补贴条例》（以下简称《反补贴条例》）为主干，以相关部门规章为补充，很好地完成了对国际条约的国内法转化。

根据《反补贴条例》的规定，补贴是指出口国（地区）政府或者其任何公共机构提供的、并为接受者带来利益的财政资助，以及任何形式的收入或者价格支持。进口产品存在补贴，并对已经建立的国内产业造成实质损害或者产生实质损害威胁，或者对建立国内产业造成实质阻碍的，依照《反补贴条例》规定进行调查，采取反补贴措施。依照《反补贴条例》进行调查、采取反补贴措施的补贴，必须具有专向性。

（一）中国反补贴调查程序

1. 申请与立案

商务部负责对补贴进行调查和确定。涉及农产品反补贴的国内产业损害调查，由商务部会同农业农村部进行。中国国内产业或者代表国内产业的自然人、法人或者有关组织（以下统称申请人），可以依法向商务部提出反补贴调查的书面申请。在特殊情形下，商务部没有收到反补贴调查的书面申请，但有充分证据认为存在补贴和损害以及二者之间有因果关系的，也可以决定立案调查。

商务部应当自收到申请人提交的申请书及有关证据之日起 60 日内，对申请是否由国内产业或者代表国内产业提出、申请书内容及所附具的证据等进行审查，并决定立案调查或者不立案调查。在特殊情形下，可以适当延长审查期限。

立案调查的决定一经公告，商务部应当将申请书文本提供给已知的出口经营者和出口国（地区）政府。

2. 初步调查和初裁

商务部可以采用问卷、抽样、听证会、现场核查等方式向利害关系方了解情况，进行调查，并应当为有关利害关系方、利害关系国（地区）政府提供陈述意见和论据的机会，商务部认为必要时，可以派出工作人员赴有关国家（地区）进行调查；但是，有关国家（地区）提出异议的除外。商务部在反补贴调查期间，应当给予产品被调查的国家（地区）政府继续进行磋商的合理机会。磋商不妨碍商务部根据《反补贴条例》的规定进行调查，并采取反补贴措施。

商务部根据调查结果，就补贴、损害和二者之间的因果关系是否成立作出初裁决定，并予以公告。

3. 终裁前调查和终裁

初裁决定确定补贴、损害以及二者之间的因果关系成立后，商务部应当对补贴及补贴金额、损害及损害程度继续进行调查，并根据调查结果作出终裁决定，并予以公告。在为完成磋商的努力没有取得效果的情况下，终裁决定确定补贴成立并由此对国内产业造成损害的，可以征收反补贴税。征收反补贴税，由商务部提出建议，国务院关税税则委员会根据商务部的建议作出决定，由商务部予以公告。海关自公告规定实施之日起执行。

反补贴调查应当自立案调查决定公告之日起 12 个月内结束；特殊情况下可以延长，但延长期不得超过 6 个月。

4. 复审

反补贴税生效后，商务部可以在有正当理由的情况下，决定对继续征收反补贴税的必要性进行复审；也可以在经过一段合理时间，应利害关系方的请求并对利害关系方提供的相应证据进行审查后，决定对继续征收反补贴税的必要性进行复审。根据复审结果，由商务部依照《反补贴条例》的规定提出保留、修改或者取消反补贴税的建议，国务院关税税则委员会根据商务部的建议作出决定，由商务部予以公告；或者由商务部依照《反补贴条例》的规定，作出保留、修改或者取消承诺的决定并予以公告。复审期限自决定复审开始之日起，不超过 12 个月。在复审期间，复审程序不妨碍反补贴措施的实施。

5. 行政复议和诉讼

对补贴及补贴金额、损害及损害程度的调查结果作出的终裁不服的、对是否征收反补贴税的决定以及追溯征收的决定不服的，或者复审决定不服的，可以依法申请行政复议，也可以依法向人民法院提起诉讼。

（二）中国反补贴调查的主要措施

1. 临时措施

初裁决定确定补贴成立，并由此对国内产业造成损害的，可以采取临时反补贴措施。临时反补贴措施采取以保证金或者保函作为担保的征收临时反补贴税的形式。采取临时反补贴措施，由商务部提出建议，国务院关税税则委员会根据商务部的建议作出决定，由商务部予以公告。海关自公告规定实施之日起执行。临时反补贴措施实施的期限自临时反补贴措施决定公告规定实施之日起，不超过 4 个月。自反补贴立案调查决定公告之日起 60 日内，不得采取临时反补贴措施。

2. 承诺

在反补贴调查期间，出口国（地区）政府提出取消、限制补贴或者其他有关措施的承诺，或者出口经营者提出修改价格的承诺的，商务部应当予以充分考虑。

商务部可以向出口经营者或者出口国（地区）政府提出有关价格承诺的建议。出口经营者、出口国（地区）政府不作出承诺或者不接受有关价格承诺的建议的,不妨碍对反补贴案件的调查和确定。商务部认为承诺能够接受并符合公共利益的,可以决定中止或者终止反补贴调查,不采取临时反补贴措施或者征收反补贴税。中止或者终止反补贴调查的决定由商务部予以公告。

商务部对补贴以及由补贴造成的损害作出肯定的初裁决定前,不得寻求或者接受承诺。在出口经营者作出承诺的情况下,未经其本国(地区)政府同意的,商务部不得寻求或者接受承诺。

商务依照前述承诺中止或终止调查后,应出口国(地区)政府请求,商务部应当对补贴和损害继续进行调查;或者商务部认为有必要的,可以对补贴和损害继续进行调查。根据调查结果,作出补贴或者损害的否定裁定的,承诺自动失效;作出补贴和损害的肯定裁定的,承诺继续有效。

对于反承诺的,商务部依照《反补贴条例》的规定可以立即决定恢复反补贴调查;根据可获得的最佳信息,可以决定采取临时反补贴措施,并可以对实施临时反补贴措施前90日内进口的产品追溯征收反补贴税,但违反承诺前进口的产品除外。

3. 反补贴税

反补贴税的纳税人为补贴进口产品的进口经营者。反补贴税税额不得超过终裁决定确定的补贴金额。终裁决定确定不征收反补贴税的,或者终裁决定未确定追溯征收反补贴税的,对实施临时反补贴措施期间已收取的保证金应当予以退还,保函应当予以解除。

另外,反补贴税的征收期限和承诺的履行期限不超过5年;但是,经复审确定终止征收反补贴税有可能导致补贴和损害的继续或者再度发生的,反补贴税的征收期限可以适当延长。

三、美国的反补贴立法

美国反补贴立法非常发达。“反补贴”作为立法的概念，最早就起源于美国1890年的《关税法》，后来又是美国推动将反补贴写入了关税与贸易总协定(General Agreement on Tariffs and Trade，GATT)，并最终形成SCM协定。由此可见，美国对于反补贴的研究和实践由来已久，可以说，目前WTO项下的反补贴制度就是在美国主导下建立的。

另外，“2004年4月至2019年12月31日，中国已遭受双反调查123起，作为反补贴措施的头号使用国美国，发起的所有反补贴调查几乎都涉及中国，这在WTO乃至GATT历史上都是极为罕见的”[①]。因此，研究美国反补贴立法对中国企业具有非常重要的实践意义。

美国反补贴立法从1890年《关税法》起，经历了1974年《贸易法》、1979年《贸易协定法》、1984年《贸易和关税法》以及1988年《综合贸易和竞争法》等多次修改。1994年结束的乌拉圭回合谈判形成了SCM协定后，作为成员的美国于1994年又通过了《乌拉圭回合协定法》(Uruguay Round Agreement Act，URAA)，URAA主要是根据SCM协定对美国的反补贴法进行了大规模的修改，2000年美国又通过了2000年《持续倾销和补贴抵消法》。美国现行反补贴法有以下三个特点需要中国企业特别关注。

(一)关于补贴中的利益传递

补贴中的利益传递是美国反补贴法特有的规定，SCM协定和中国目前的反补贴立法均没有涉及类似规定。

美国反补贴法规定了上游补贴。上游补贴是根据产品的投入物是否获得了

---

① 单一:《规则与博弈——补贴与反补贴法律制度与实务》，北京大学出版社2020年版，第2页。

可制裁补贴来判定的。在一定条件下的反补贴调查中,美国要对被调查产品的上游投入物所接受的补贴采取反补贴措施。美国商务部从三个标准来确定一项补贴是否构成上游补贴:一是提供给投入物生产商的利益是一项可诉性补贴;二是该补贴为被调查产品提供了竞争性利益;三是确定投入的补贴对最终产品的生产制造成本产生了重大影响。尽管出口商品及其生产者本身并未获得直接的补贴,由于对投入物补贴的存在,该出口商品获得了竞争利益,并且投入的补贴对制造和生产出口商品的成本有相当的影响,则该补贴构成上游补贴。

美国也规定了私有化补贴,即对前身为国有企业的私有化企业在国有期间接受的补贴征收反补贴税。例如,实践中,美国商务部提出了同人法,"'同人法'判断利益传递的标准为私有化前后的实体是否为同一'人'。美国商务在确定同一人时考虑的因素包括一般商业运作、生产设备,资产和债务以及人员等的连续程度。如得出同一人的结论,美国商务部将自动认为补贴利益传递给了新企业,否则将停止适用反补贴调查。实践中国有企业私有化后新企业在上述四个方面完全不同于之前的肯定性是非常小的,因此根据'同人法',只要私有化前的企业得到了补贴,美国商务部户几乎就能够自动做出利益传递给私有化后企业的决定。"①

关于补贴中的利益传递,无论是对于上游补贴还是私有化补贴,美国都延伸了反补贴和管辖,提升了进口国对于进口的贸易壁垒。

(二)关于非市场经济国家

美国将中国在反倾销案中认定为非市场经济国家,因此在长期实践中美国商务部不对中国适用反补贴调查。例如,"2001~2006 年 10 月,美国并没有对

① 林惠玲:《美国反补贴实体法律及实际问题研究》,上海人民出版社 2019 年版,第 69 页。

中国发起过反补贴调查，其主要原因是中国的非市场经济国家地位。”①但 2006 年 10 月 30 日，美国新页纸业公司作为申请方对来自中国、韩国和印度尼西亚的铜版纸进行双反调查。2006 年 11 月 21 日，美国商务部公告启动双反合并调查，该调查成为美国首例对中国产品的反补贴调查。

2012 年 3 月 13 日，美国前总统奥巴马签署第 112－99 号联邦法令《对非市场经济国家适用 1930 年关税法反补贴规定及其他目的之法案》，在原 1930 年《关税法》的基础上增补了关于对非市场经济国家适用反补贴税的具体规定。由此，美国商务部和美国国际贸易委员会可以对非市场经济国家适用反补贴措施。并且第 112－99 号联邦法令将对非市场经济国家适用反补贴税规定的生效日期追溯到 2006 年 11 月 20 日，确认该规定适用于从 2006 年 11 月 20 日之后发起的所有反补贴调查、美国海关的执法行动，以及联邦法院相关的民事和刑事程序。由此，追认了历史上所有美国针对中国反补贴调查的合法性。

关于针对非市场经济国家进行反补贴，主要问题是在反倾销和反补贴（“双反”）调查中，由于将中国认定为非市场经济国家，采用替代国方法计算出来的中国产品的真实价值，实际就包括了补贴对倾销幅度的影响。如果在此基础上再进行反补贴调查和征收反补贴税，那么存在对中国企业进行重复计算和重复制裁的问题。当然，美国对市场经济国家实施反倾销和反补贴调查并不存在重复计算的问题，体现出美国的双重标准。

四、中国企业反补贴合规风险防控及工具

补贴行为一般属于国家政府行为，但无论是反补贴税的征收还是价格承诺，反补贴措施主要是由企业承担。因此，企业在应对反补贴方面可运用的举措非

① 乔小勇、李泽怡：《世界主要国家和地区对华实施反补贴调查的形势及应对举措》，载《国际商务研究》2017 年第 6 期。

常有限。在实践中,中国企业可以关注以下四个方面:

(一)充分利用政府产业基金,用政府市场化投资取代政府行政性补贴

SCM 协定第 14(a)条规定,政府提供股本不得视为授予利益,除非投资决定可被视为与该成员领土内私营投资者的通常投资做法(包括提供风险资金)不一致。

另外,2015 年 11 月 12 日,中国财政部印发了《政府投资基金暂行管理办法》,该办法规定,政府投资基金是指由各级政府通过预算安排,以单独出资或与社会资本共同出资设立,采用股权投资等市场化方式,引导社会各类资本投资经济社会发展的重点领域和薄弱环节,支持相关产业和领域发展的资金。该办法严格规定了各级财政部门政府投资基金的使用领域:

1. 支持创新创业。为了加快有利于创新发展的市场环境,增加创业投资资本的供给,鼓励创业投资企业投资处于种子期、起步期等创业早期的企业。

2. 支持中小企业发展。为了体现国家宏观政策、产业政策和区域发展规划意图,扶持中型、小型、微型企业发展,改善企业服务环境和融资环境,激发企业创业创新活力,增强经济持续发展内生动力。

3. 支持产业转型升级和发展。为了落实国家产业政策,扶持重大关键技术产业化,引导社会资本增加投入,有效解决产业发展投入大、风险大的问题,有效实现产业转型升级和重大发展,推动经济结构调整和资源优化配置。

4. 支持基础设施和公共服务领域。为改革公共服务供给机制,创新公共设施投融资模式,鼓励和引导社会资本进入基础设施和公共服务领域,加快推进重大基础设施建设,提高公共服务质量和水平。

因此,上述相关领域的企业利用政府投资基金弥补资金不足,是减少政府性补贴、防止反补贴调查和制裁的方式之一。

在混合所有制改革中,民营企业积极引进国有资本参与投资,通过股权多元

化、市场化引进政府或国有企业资金，以支持相关产业发展，也是依赖政府补贴的一种替代方式。

（二）积极利用贸易调整援助制度

贸易调整援助是一种国际通行、广泛使用的贸易援助规则，指政府帮助因国际贸易环境突然变化、进口激增或产业被迫转移等而陷入暂时困难的企业渡过难关的一种制度安排。主要做法是通过就业培训、技术升级、管理升级等技术性援助手段帮助企业应对对外贸易中由于非市场因素导致的突发情况和困难，消除损害影响，恢复正常市场竞争水平，进而维护产业安全和发展利益。

2015 年 12 月 6 日，国务院发布了《关于加快实施自由贸易区战略的若干意见》，明确提出在自由贸易区“研究建立贸易调整援助机制。在减少政策扭曲、规范产业支持政策的基础上，借鉴有关国家实践经验，研究建立符合世贸组织规则和我国国情的贸易调整援助机制，对因关税减让而受到冲击的产业、企业和个人提供援助，提升其竞争力，促进产业调整”。

2019 年 11 月 19 日，中共中央、国务院发布了《关于推进贸易高质量发展的指导意见》，该指导意见第 33 条专门针对加强贸易领域风险防范提出了明确意见：“完善对外贸易调查制度。健全产业损害预警体系。妥善应对贸易摩擦。提升运用贸易救济规则能力和水平。研究设立贸易调整援助制度。加强风险监测分析预警，引导企业防范风险。”

（三）重视行会在应对反补贴调查中的作用

应对反补贴调查，行业协会的作用显得尤为重要。中国企业应当推动和利用行业协会在反补贴中的作用，促进行业协会对我国以及世界各国的相关政策和市场情况的了解，充分利用行业协会提供的咨询、监督、协调等服务，并协助加强行业协会对本行业向世界各国的出口量进行规划、协调与预警，防止对出口国家造成产业损害。当企业遇到反补贴诉讼时，也应当积极寻求行业协会的帮助与指导，发挥行业协会承上启下的作用，上向政府及时反映，下带企业积极应诉，以取得应诉的最终胜利。

（四）支持政府和行业协会建立反补贴预警和应对机制

预警机制可以对相应的出口和进口情况还有产业的情况进行监督，在察觉到反补贴调查威胁的时候，及时提高警惕并采取相关措施，调整相关政策，以降低国内产业受损害的程度。为做好具有动态复杂性的反补贴工作，可建立以反补贴动态过程为背景，以政府为主体，以行业协会、律师协会、涉案企业、高校和科研机构为主线的“动态一体四翼”反补贴申诉和调查的联席会议制度，进而实现对进口反补贴工作的动态、常态应对机制。

第十六章

劳工保护合规风险与防控

一、劳工保护的国际规则

(一)联合国国际公约

目前,关于劳工保护的联合国国际公约主要有1945年《联合国宪章》、1948年《世界人权宣言》、1967年《公民权利和政治权利国际公约》和《经济、社会及文化权利国际公约》等。

《联合国宪章》并未直接提到劳工权,仅在第55条原则性规定联合国“有促进全民就业的责任,并帮助全世界人民达到较高生活程度,促进经济和社会的发展”。

《世界人权宣言》从第20条到第24条规定了劳工的工作权、报酬权、不受歧视的权利、参加工会的权利和休息的权利。《世界人权宣言》虽然不是严格意义上的法律文件,但被各项多边条约所认可,故构成了劳工保护国际规则的基础。

《国际公民和政治权利公约》的内容也包含了反对强制劳动、结合自由等权利,但此公约主要侧重于政治方面的权利,且中国不是缔约国。

《国际经济、社会和文化权利公约》第6条到第8条规定了劳工权利,包括工作权、报酬权、不受任何歧视的权利、休息权,并提出了人人在其行业中适当的提级的同等机会,除资历和能力的考虑外,不受其他考虑的限制。联合国上述相关国际规则整体针对劳工保护都是原则性、概括性的。

（二）国际劳工组织相关专门性公约

1919 年根据《凡尔赛和约》作为国际联盟的附属机构成立的国际劳工组织，旨在促进充分就业和提高生活水平、促进劳资双方合作、扩大社会保障措施、保护工人生活与健康的专门性国际劳工组织，于 1946 年 12 月成为联合国的一个专门机构。国际劳工组织目前已拥有了 150 余个会员，通过了 180 余个专门性的国际劳工公约以及 190 余项建议。

（三）其他区域性协定

近年来，随着跨国投资的发展，部分国家之间签署的双边投资协定（Bilateral Investment Treaty，BIT）中体现了劳工国际保护条款。例如，美国将劳工条款纳入 BIT，中美 BIT 谈判于 2008 年正式启动，目前已进行了 24 轮谈判。美国 2012 年 BIT 范本是美国进行双边投资协定谈判的依据，BIT 中的劳工条款也是中美双方谈判的重点之一。因此，中国企业对 2012 年 BIT 范本中的劳工条款应当加以关注。

例如，美国 2012 年 BIT 范本要求缔约方认识到通过削弱或减少国内劳工法授予的保护来鼓励投资是不适当的。因此，每一缔约方须努力确保不以取消或减损，或者试图取消或减损相关国际承认的劳工权利，或将未能通过作为或不作为的持续或反复的过程有效执行劳工法，作为对投资者在其领土内设立、收购、扩大或者维持投资的鼓励。美国 2012 年 BIT 范本还规定了劳工结社的自由、对集体谈判权的有效承认、禁止任何性质的强迫或强制劳动、有效地消除童工和禁止最恶劣形式的童工、消除关于就业和职业的歧视、有关最低工资、劳动时间和职业安全与健康的可接受的工作条件等缔约国应当充分维护的权利。因此，美国 2012 年 BIT 范本中对劳工权利的保护是比较严格的。

美墨加协定(USMCA)

美墨加协定(United State - Mexico - Canada Agreement,USMCA)规定了较北美自贸协定(North American Free Trade Agreement,NAFTA)更严格的劳工标准,并加强了劳工条款的可执行性。协定第23章附件23 - A规定,墨西哥应进行劳工改革,允许工人参与真正的集体谈判,此举旨在更迅速地解决劳资纠纷,并提高墨西哥工人工资。

2022年6月,两位墨西哥劳工官员表示,美国政府正考虑就汽车巨头Stellantis在墨西哥的汽车零部件工厂Teksid Hierro de Mexico被指用工不当提起贸易诉讼。

如果美国贸易代表办公室开始调查Teksid Hierro de Mexico工厂,则将是美墨加协定于2020年生效以来针对在墨西哥的外资企业的第四起劳工投诉。自美墨加协定生效以来,美国已三次根据劳工快速响应机制要求墨西哥审查企业是否违反自由结社和集体谈判权,且均集中在汽车行业。包括对美国通用汽车、日本松下电器和美国Tridonex工厂展开调查。

墨西哥劳动部政策和制度关系主管亚历山大·恩西纳和墨西哥联邦劳工中心负责人阿尔弗雷多·多明格斯表示,自收到工会请求之日起,美国当局有30日的时间评估是否根据USMCA劳工快速响应机制(Rapid Response Labor Mechanism,RRM)提起诉讼。根据美墨加协定,侵犯工人权利的工厂可能会失去出口免税的待遇。① 很多企业一直在密切关注早期案例,以了解新规则将如何发挥作用。

---

① 参见张日:《汽车业劳工争端折射美墨分歧》,载中国商务新闻网,https://www.comnews.cn/content/2022-06/14/content_10425.html。

另外,欧盟与78个非加太国家集团(African, Caribbean and Pacifica Group, ACP)国家于2000年6月签署的《科托努协定》,也对劳工权利保护进行了比较具体、严格的规定,《科托努协定》中的劳工保护条款也构成了欧盟签订双边协定时劳工保护的范本性文件。

(四)劳工保护标准和指引

目前,全球范围内具有典型意义的劳工保护标准非常少,具有参考意义的有以下两个。

1. SA8000

SA8000,即“社会责任标准”(Social Accountability 8000)作为全球首个道德规范国际标准公布于1997年,适用于世界各地、任何行业、不同规模的公司。其关于劳动用工标准的要素引自国际劳工组织关于禁止强迫劳动、结社自由的有关公约及其他相关准则、人类权益的全球声明和联合国关于儿童权益的公约。SA8000作为企业道德规范和社会责任的标准,从社会责任角度,对企业劳工保护提供了标准指引。

2.《经济合作与发展组织跨国企业准则》

该准则“呼吁跨国公司在劳工权利方面要做到以下几点:尊重员工权利并由贸易、工会和其他真正的组织代表在工作条件方面进行建设性谈判;给予员工代表援助和信息;对企业的情况提供公正而真实的信息;研究就业和劳资关系标准不逊于在东道国雇主的研究;利用训练和准备提升他们的劳动力;避免就业的歧视性条款;授权员工代表就集体意见和劳动关系管理与管理代表进行谈判等”。[①]

① 孙玉凤:《国际投资协定中的劳工权保护问题研究》,武汉大学出版社2020年版,第56页。

上述以《联合国宪章》《世界人权宣言》等联合国国际公约为基础，以国际劳工组织项下专门性劳工公约为主体，以双边投资协定相关条款为补充的国际规则构成了一个比较全面的劳工权益国际规则体系。SA8000 和《经济合作与发展组织跨国企业准则》都不是法律，也没有强制力，但是它们作为标准和指引，对跨国公司劳工权利的管理和维护具有一定的示范作用。

二、中国企业境外劳工保护的主要挑战

劳动用工是中国企业境外投资必须考量的主要因素之一。劳动用工贯穿并购决策、尽职调查、项目交割和运营管理全流程，甚至会成为决定中国企业海外收购成功与否的关键因素。总结历史上中国投资者在对外投资实践中曾发生过的劳工用工法律事件，中国企业境外投资劳工保护合规挑战主要有以下三种情形。

（一）薪酬福利

由于被并购方所在国的薪酬福利待遇与我国实际情况差异比较大，并购交易发生时，被并购方利益相关者，尤其是企业员工，担心并购后薪酬福利降低，从而会对并购产生抵制，形成阻止交易达成的风险。

（二）裁员计划

被并购方员工的抵制会给企业正常合理的员工计划包括裁员计划带来实质性障碍，甚至因被并购企业员工抗议最终导致并购失败。

（三）日常劳工关系管理

部分东道国法律对于员工工资标准、加班、休假具有非常细致明确的规定并在实际操作中不折不扣地实行，中国企业按照中国传统管理很容易产生劳工纠纷。“比如，中国某企业因原材料短缺而让生产线上的工人停工，这时企业若安排这些工人打扫卫生，就是侵犯工人权益的行为，当地工会有权要求企业对工人

做出赔偿。”①

三、中国企业境外投资劳工保护合规风险防控及工具

（一）严格遵守东道国关于劳工的法律制度

国际公约、国际劳工组织专门性劳动公约以及 BIT 等不直接适用于企业，与企业最直接相关的是东道国劳工相关法律与政策。中国企业应当深入了解、严格遵守东道国关于招聘、裁员、赔偿等的劳工法律规定，以防交易行为本身违反东道国国家的法律底线而被政府叫停。例如，巴西劳工法的相关规定，外资公司可以聘用外籍雇员，但巴西本国劳工在人数和工资收入上均不得低于企业全部劳工人数和工资总额的 2/3；巴西劳工法强制要求提供各种附加福利以及雇佣条款，包括劳动关系终止时支付遣散费的义务；大部分巴西公司的员工会自动成为代表其产业或专业的工会成员，雇主必须遵守相关集体劳动合同中的要求。再如，罗马尼亚劳工法规定雇主有权设定员工个人绩效目标，但必须告知员工评估标准；雇用人员超过 21 人，必须签署集体劳动合同。

（二）事前进行劳动用工专项尽职调查

中国企业需要尽早调查被并购企业原有的薪资体系和员工管理制度，包括员工评价考核制度、退休工人的福利、员工工作时间等各方面有关劳工的内部规定。对于尽职调查中发现的劳工问题，要提前制定一个双方都可以接受的方案并进行充分沟通和谈判，保持信息的通明度并持续沟通。对于重要问题，可以借助专业咨询公司，做好公共关系管理和劳工关系危机的处理预案。

另外，结合尽职调查，利用并购协议和雇佣合同明确并购后的福利待遇，减少信息不对称，提高透明度，以降低薪酬福利法律风险，也是有效的劳工管理

---

① 王永贵、李卅立：《从 1 到 M：论企业走出去的国际化战略画布》，中信出版集团 2020 年版，第 234 页。

措施。

(三)处理好与当地工会和社区的关系

大多数国家工会力量强大,对劳工保护极其严格,解雇员工需要征询企业职工委员会的意见,且应依法给予补偿。如何处理与工会的关系是中国企业对外投资面临的一大挑战。

中国企业要意识到充分沟通是企业妥善处理与工会关系的前提,要充分了解当地工人和工会的真实需求,将工会作为与工人之间的沟通桥梁,发挥工会的积极作用。建议中国企业在并购之初就与工会保持密切沟通,将工会作为企业发展的战略合作伙伴争取工会力量的支持,避免将其推向对立面。中国企业也要处理好与当地社区的关系。例如,在有的国家的外商投资审批中,取得社区居民的支持往往是通过审批的前提条件。在项目的执行中,良好的社区关系对投资项目的顺利开展也起着非常重要的作用。

(四)加强属地化管理

大多数国家对于外资企业招聘外籍员工都规定了准入制度。

有的国家要求申请工作签证的职位需要有充足的证明,确保在当地市场上无法找到合适人选才可申请外派人员来东道国工作,通常需要雇主在当地劳务市场发布一定期限的招聘广告,无果后才可办理此类签证。

有的国家甚至规定外籍劳务采取代理人管理制,所有外籍技术和普通劳务人员都须有代理人进行申请、担保、注销等一系列务工程序。

有的国家还规定外籍劳务人员都须在社会事务和劳动部申请获取劳动许可证,申请文件还需要经过公证和使馆的认证。上述规定对中国企业向东道国派出人员也带来了一定程度的障碍。

因此,中国企业也要加强属地化管理,对于并购企业尽量保持管理团队和员工的稳定性,短期内尽量不要撤换原高管和解雇员工,确保企业管理运营团队的持续和稳定。

（五）尊重当地文化，用当地文化管理员工

劳工问题不仅涉及工薪待遇，还会涉及工作环境、加班时限等。中国企业要尊重当地文化，更多地利用契约精神和劳工政策来管理员工。中国企业也要深入了解当地文化、尊重当地的文化习俗、文化禁忌以及宗教禁忌，处理好与当地员工和居民的关系。

第十七章
环境保护与碳关税合规风险与防控

日益频繁的跨国投资和国际贸易对促进全球经济发展起到重大作用，但各个国家之间资本和商品的贸易来往在促进跨国公司和国际货物贸易发展的同时也产生了严重的环境保护问题。例如，外国投资对东道国可能产生生物多样性破坏、水资源污染、危险废物不当处置等环境问题；国际贸易也可能会导致交通污染、海上倾倒、越境处置危险物质和废物、转移高污染产业等环境问题。

一、环境保护的国际规则

联合国自成立起召开过多次有关环境保护和发展的大会。

1972 年 6 月在斯德哥尔摩召开的人类环境会议，通过了《人类环境宣言》（也称为斯德哥尔摩宣言）和《人类环境行动计划》，并成立了处理环境事务的机构——联合国环境规划署。《人类环境宣言》宣布："人类有权在一种能够过尊严和福利的生活环境中，享有自由、平等和充足的生活条件的基本权利，并且负有保护和改善这一代和将来的世世代代的环境的庄严责任。"

1982 年 12 月，联合国通过了《联合国海洋法公约》。《联合国海洋法公约》以整个第七部分和多个其他条款来门规定海洋环境的保护和保存。紧接着，1985 年和 1989 年分别通过了《保护臭氧层维也纳公约》《控制危险废料越境转移以及处置巴塞尔公司》。

1992 年 6 月，联合国环境与发展大会在巴西里约热内卢召开，通过了《环境与发展里约宣言》、《联合国气候变化框架公约》和《生物多样性公约》等 5 项重要成果。《联合国气候变化框架公约》首次明确了国际环境保护各缔结国的权利与义务,旨在控制温室气体的排放量。1997 年 12 月,在日本京都举行的《联合国气候变化框架公约》第三次缔约方会议通过了《京都议定书》,140 多个国家和地区签署并实施了《京都议定书》。

2015 年 12 月 12 日,第 21 届联合国气候变化大会(巴黎气候大会)通过了《巴黎协定》,于 2016 年 11 月 4 日起正式实施。联合国环境规划署也于 2016 年更名为联合国环境署。中国于 2016 年 4 月 22 日和 9 月 3 日分别签字和批准加入了《巴黎协定》。《巴黎协定》是继 1992 年《联合国气候变化框架公约》、1997 年《京都议定书》之后,人类历史上应对气候变化的第三个里程碑式的国际法律文本,标志 2020 年后的全球气候治理格局的形成。

迄今为止,国际社会共制定了 200 多项全球性或区域性国际环境条约,基本形成了处理各领域环境问题的国际法律体系。《人类环境宣言》和《环境与发展里约宣言》虽然不是法律文件,但对于国际环境保护具有非常重要的意义。

另外,双边投资条约和双边或多边自由贸易协定也会在投资相关章中体现对东道国环境的保护。“在过去二十年中双边投资条约和自由贸易协定(这两类共同称为国际投资协定)给予环境考量的空间已大为扩大。”①

二、中国关于国际环境保护的立法

(一)法律规定

《中华人民共和国环境保护法》(2015 年 1 月 1 日起实施)针对国际环境保护没有明确的规定。《中华人民共和国海洋环境保护法》(2017 年 11 月 5 日起

① [法]皮埃尔·玛丽·杜普、[英]豪尔赫·E. 维努阿莱斯:《国际环境法》,胡兵、马亮译,中国社会科学出版社 2021 年版,第 544 页。

实施)关于国际环境保护的条款主要有两条:(1)在中华人民共和国管辖海域内从事航行、勘探、开发、生产、旅游、科学研究及其他活动,或者在沿海陆域内从事影响海洋环境活动的任何单位和个人,都必须遵守本法。在中华人民共和国管辖海域以外,造成中华人民共和国管辖海域污染的,也适用本法。(2)中华人民共和国缔结或者参加的与海洋环境保护有关的国际条约与本法有不同规定的,适用国际条约的规定;但是,中华人民共和国声明保留的条款除外。

(二)相关指南

2013 年 2 月 18 日商务部、原环境保护部印发了《对外投资合作环境保护指南》以进一步规范我国企业在对外投资合作中的环境保护行为,引导我国企业积极履行环境保护的社会责任,实现与东道国的互利共赢和对外投资的可持续发展。该指南第 22 条明确鼓励企业研究和借鉴国际组织、多边金融机构采用的有关环境保护的原则、标准和惯例。

三、中国企业境外环境保护的合规挑战

(一)严格的责任追究

大多数国家对环境保护规定了非常严格的责任,除了高额罚款外,还会涉及更多责任主体。例如,在澳大利亚个别州,环境保护责任追溯到企业之外的责任主体,包括因企业规避环境保护义务而获得重大利益的人员或影响企业行为的人员。在巴西,环境保护责任也会涉及揭开公司面纱,导致股东为企业环境保护承担责任。

(二)全球气候变暖导致境外投资环境保护成本增加

个别国家的局部地区规定了建筑物的能耗标准和温室气体排放标准。为符合这些规定,企业需要采取节能措施、安装节能设备,从而增加投资经营的成本。

（三）生态保护升级导致境外环境保护的因素增加

中国企业要注意不能忽视东道国企业所在区域的生态功能定位，对于可能受到影响的具有保护价值的动、植物资源，企业应提前筹划各种生态保护措施，减少对当地生物多样性的不利影响。例如，有的国家相关自然保护区域需要对特定动物的迁徙预留通道，这些都需要在合同中事前约定并预计相关成本的测算和分担。

（四）碳关税带来的新挑战

零排放的实现是异常艰难的任务，且不可能一蹴而就。2015 年 12 月巴黎气候大会以及通过《巴黎协定》将全球气候保护从规则提升到了现实行动，也让碳排放成为了目前国际环境保护最引人注目的课题。

2019 年 12 月，欧委会公布欧盟将在 2050 年在全球率先实现碳中和，并进一步将目标明确为 2030 年二氧化碳排放量将在 1990 年的基础上减少约 55%。2020 年 3 月，欧盟委员会发布《欧洲气候法》，从法律层面为欧洲所有政策设定了目标和努力方向，所有欧盟机构和成员国将集体承诺在欧盟和国家层面采取必要措施以实现此目标的义务。欧委会还发布六大绿色行动计划，不仅包括“从农场到餐桌”战略，以打造绿色和健康农业体系，大幅减少化学杀虫剂、化肥和抗生素的使用，以及提出交通运输行业要零排放计划，还包括发展电动汽车、在航空、航运和重型公路运输领域推广生物燃料和氢气等可持续替代燃料等。由此，中国企业投资欧盟农业和交通运输业一定要首先关注并在投资收益测算中关注可能会增加的碳排放治理成本。

除此之外，欧盟制定了全球第一份关于碳关税的法令，即实施欧盟碳边境调节制度（Carbon Border Adjustment Mechanism，CBAM），将要求欧盟进口商在进口特定种类产品时，参照欧盟排放交易体系（Emission Trading Scheme，ETS）的碳排放价格，缴费购买相应的碳含量交易许可（certificate），该安排将于 2027 年正式实施。

美国也提出了碳关税的立法草案,拟对减排力度不足的国家出口到美国的商品按照相应碳排放量征税。“该版草案比欧盟方案更激进。在征税产品、征收金额、征收期限和减免条件等方面,美国方案都明显地比欧盟方案更加严苛。”①

虽然上述法案和草案目前都尚未实施,但未来实施后将对碳密集型产品的国际贸易产生冲击,也对中国企业相关产品的出口带来新挑战。

四、中国企业境外环境合规风险防控及工具

习近平总书记曾讲:“我国企业走出去既要重视投资利益,更要赢得好名声、好口碑,遵守驻在国法律,承担更多社会责任。”②中国企业境外投资应当将环境保护纳入企业境外发展战略和生产经营计划,建立相应的环境保护制度,强化企业的环境和安全生产等社会责任。具体措施有:

第一,针对工程建设和能源开发项目,企业应当根据东道国的法律法规要求,事前进行环境保护评估和保护措施的设计,建立从项目立项到项目落地运营全生命周期的环境保护机制。

1. 要提前对拟选址建设区域开展环境监测和评估,掌握项目所在地及其周围区域的环境本底状况,并将环境监测和评估结果备案保存。

2. 要及时开展环境影响评价,并根据环境影响评价结果采取合理措施,降低其开发建设和生产经营活动可能产生的不利影响。

---

① 于治国、姜喆:《简评美国碳关税立法草案》,载中伦律师事务所网,https://www.zhonglun.com/Content/2021/07-28/1331191474.html。

② 《习近平主持中共中央政治局第三十一次集体学习》,载新华网,http://www.xinhuanet.com/politics/2016-04/30/c_1118778656.htm。

3. 要及时建设和运行污染防治设施，开展污染防治工作。废气、废水、固体废物或其他污染物的排放应当符合东道国污染物排放标准规定。

4. 要及时制定生产过程中可能产生的危险废物的管理计划。计划内容应当包括减少危险废物产生量和危害性的措施，以及危险废物贮存、运输、利用、处置措施。

第二，针对收购境外企业的项目，要对目标企业开展环境保护专项尽职调查，重点评估其在历史经营活动中形成的危险废物、土壤和地下水污染等情况，以及目标企业与此相关的环境债务，降低潜在环境负债风险。环境保护涉及现场地貌、自然条件等各种因素。环境保护专项调查需要有关专业人员前往项目所在地进行实地调查。

第三，中国目前已与多个国家签署了 BIT 和双边贸易协定，中国企业应当在充分研究 BIT 和东道国环境立法的基础上，在充分进行调查、评估和环境保护措施设计的基础上，在相关投资、收购协议等法律文件中与东道国当地政府或相关东道国主体明确约定相关环境保护义务的承担、赔偿责任的追究等，事先防范环境保护相关风险。

第四，企业可采取定期发布本企业环境信息、座谈会、听证会、积极参加当地环境保护公益活动等方式，加强企业与东道国政府环境保护监管机构以及所在社区和相关社会团体的联系与沟通，就本企业建设项目和经营活动的环境影响听取意见和建议，并借此树立企业良好环境形象。例如，吉利集团在 2010 年收购沃尔沃 100% 股权后，严格遵守当地法律法规和环保制度，并在收集、处置污染等方面加大环境保护力度。同时，“吉利还组织周边居民和社会各界人士参与吉利‘环境开放日’活动，通过多种渠道接收公众监督”。[①] 让利益相关方看到

① 王永贵、李卅立：《从 1 到 M：论企业走出去的国际化战略画布》，中信出版集团 2020 年版，第 198 页。

中国企业的合规努力和成效。

第五,一方面,中国企业应当积极贯彻落实中国政府制定的碳减排目标,另一方面,要密切关注相关国家关于碳关税的立法和政策趋势,适时建立针对性碳排放相关合规管理计划。

第十八章
国有企业境外合规特别事项

一、国有企业国家安全审查特别事项

国有企业境外投资往往面临东道国更严格的国家安全审查。实践操作中国有企业应突出强化独立法人、自主经营的商业属性,避免国家安全审查对国有企业的特别歧视。

根据中投大数据—投资数据库的统计,2019 年中国上市公司海外投资 100 强中,国有上市公司对外投资规模最大,投资金额 1378.41 亿元,投资金额占比 48.38%(民营企业投资金额占比为 45.06%)。[①] 但无论是美国还是澳大利亚外资并购安全审查,均突出加强了对外国政府投资的监管和审查力度,尤其针对中国国有企业的审查更严格。在中远集团并购美国长滩码头时,中远集团董事长魏家福专程飞赴美国,亲自出面为该收购扫清障碍。一方面,中远按照美国惯例聘请了公关公司;另一方面,魏家福董事长亲自走向美国主流媒体,阐述中远集团的商业目的和社会责任。"《华盛顿时报》采访魏家福董事长后刊登文章的标题是:'中远,我们的目的只是盈利'。"[②]最终并购取得成功。

因此,中国国有企业可以通过引进国际私募基金,包括引进东道国资本以及通过引进国际知名人士进入董事会优化公司治理等方式淡化国有企业国有股东

① 参见张新民等主编:《中国企业海外发展报告(2020)》,社会科学文献出版社 2020 年版,第 122 页。
② 周锡冰:《华为国际化 20 余年海外风雨历程》,中信出版集团 2020 年版,第 195 页。

背景，实现“荣辱共担”，促进股权多元化，并通过及时宣传、消除误解，培养东道国民众对中国国有企业独立法人、自主经营的商业属性的正确认识，减少国家安全审查对国有企业的特别阻力。

二、国有企业反垄断特别事项

需要特别注意的是，有的国家规定，如果母公司对子公司能够施加“决定性影响”，境外子公司违反反垄断法，母公司可能承担连带责任。同时，计算相关罚款的基础调整为整个集团营业额。另外，根据欧盟竞争法及其成员国竞争法的相关规定，反垄断申报时需对集团公司的信息进行完整申报，尤其“在欧委会近年来审查的多个反垄断申报案件中，欧委会倾向将所有中国国有资产监督管理委员会（‘国资委’）履行出资人职责的相关企业视为申报方中国国有企业所在的‘集团’”。[①] 针对上述欧委会“国企集团”泛化解释的倾向和母、子公司营业额合并计算的规定，中国国有企业应当客观地积极抗辩：

（1）《中华人民共和国企业国有资产法》第6条规定：“国务院和地方人民政府应当按照政企分开、社会公共管理职能与国有资产出资人职能分开、不干预企业依法自主经营的原则，依法履行出资人职责。”由此说明我国法律赋予了国有企业独立自主经营权。

（2）根据《中华人民共和国公司法》和《企业国有资产监督管理暂行条例》，国有企业是独立法人，国资委对国有企业的职责仅限于履行投资者作为股东的职能，法律授予国资委的权利是市场化的股东保护权利。

（3）实践中，国有企业能够独立决定预算、商业计划和商业策略，独立经营，自主决策，是平等的市场主体。

---

① 宁宣凤等：《涉国企并购的反垄断申报要点——关于进场交易和境外申报》，载北大法宝网2020年10月16日，http://sclx.pkulaw.cn/fulltext_form.aspx?Gid=1778424668&Db=lawfirmarticles。

因此,中国国有企业在涉外并购、重组、销售等业务中应当密切关注当地的立法和执法实践,谨慎评估和应对“国企一家”和揭开公司面纱主张母公司承担责任的风险和不确定性。

三、国有企业反补贴特别事项

国有企业是否为公共实体是中国企业反补贴实践长期以来的难题。SCM 协定第 1.1(a)(1)条规定了补贴的实施主体为“政府”或“任何公共机构”,即 SCM 协定将政府与公共机构作为补贴提供者加以约束。但由于 SCM 协定和美国反补贴法均未对“公共机构”作出明确规定,美国商务部在大量反补贴案件中错误地将中国国有企业认定为“公共机构”,并将其出售的原材料认定为财务资助从而纳入了反补贴的制裁范围。尽管中国主张只有履行法定的特定政府职能时某一主体才能被视为上述 SCM 条款中的“公共机构”,并曾诉诸 WTO 争端解决机制,但这一问题始终对中国国有企业具有很大挑战。

四、国有企业在 CPTTP 中的特别事项

《全面与进步跨太平洋伙伴关系协定》(CPTPP),是亚太国家组成的自由贸易区。2018 年 12 月 30 日,《全面与进步跨太平洋伙伴关系协定》正式生效。签署 CPTPP 的国家有日本、加拿大、澳大利亚、智利、新西兰、新加坡、文莱、马来西亚、越南、墨西哥和秘鲁。2021 年 9 月 16 日,中国正式提出申请加入《全面与进步跨太平洋伙伴关系协定》。

中国加入 CPTTP,需要进一步扩大改革开放以全面达到 CPTPP 规则标准。CPTTP 对国有企业设置了专门的特别规定,将对中国国有企业带来诸多新的合规挑战。

第一,CPTTP 规定了对国有企业的特别管辖。每一缔约方应给予其法院对

于基于在其领土内开展的商业活动而针对外国政府拥有或通过所有者权益控制的企业所提起的民事诉讼的管辖权。且本款不得解释为阻止一缔约方给予其法院如下管辖权：针对一外国政府拥有或通过拥有者权益控制的一企业提起本款中所指权利请求以外的权利请求。

由此，中国国有企业在其他缔约国境内，由于在该缔约国境内从事的商业活动与其他企业发生的民事诉讼，无论该中国国有企业是作为原告或是被告，该缔约国法院均具有管辖权。且该条对权利请求的范围没有进行封闭性的界定，将会导致操作中的扩充性解释。各个缔约国之间在立法体系、司法政策、执法水平以及司法协同等方面具有很大差异，CPTTP 针对国有企业的特别管辖，将对中国国有企业走出去、国际化，在其他缔约国境内面临更多争议解决成本以及地方司法保护主义的风险。

第二，CPTPP 对“非商业资助”进行了重新定义。CPTTP 第 17 条规定，非商业援助是指国有企业凭借其政府所有权或控制权而获得的援助。在此，“援助”是指：(1)资金的直接转移或潜在的资金或债务的直接转移，如赠款或债务减免，如条件优于该企业商业可获提的条件的贷款、贷款担保或其他种类的融资，如与私营投资者的投资惯例不一致的权益资本，包括提供风险资本的惯例。或(2)条件优于企业商业可获得条件的除一般基础设施外的货物或服务。上述定义将极大地扩增了可能构成补贴的范围，极容易导致其他缔约国增设各类补贴名目，提高对中国国有企业的打击力度，从而导致中国国有企业在境外的竞争力受挫。

第三，CPTTP 第 26 条规定了透明与反腐败。如一缔约方认为任何拟议或实际措施可能实质影响本协定的运用，或在其他方面实质影响另一缔约方在本协定项下的利益，那么该缔约方应在可能的限度内向该另一缔约方告知该拟议或实际措施。应另一缔约方请求，一缔约方应迅速对提出请求的缔约方认为可能影响本协定运用的任何拟议或实际措施提供信息并答复问题，无论提出请求的缔约方以往是否已获知该措施。一缔约方可通过其联络点向其他缔约方转达根据本条提出的任何请求或提供信息。该透明度原则对中国国有企业的信息披露也将带来挑战。

第四，CPTPP 对企业的监管范围不再仅仅局限于国际货物贸易领域，而是延伸到了服务贸易和对外投资。以对外投资和服务贸易为主营业务的中国国有企业在未来可能会面临更多的合作监管和调查措施。

虽然中国加入 CPTPP 的进程和时间尚存不确定性，但中国国有企业应当未雨绸缪，积极开展对 CPTPP 的研究，筛查企业在 CPTTP 时代国际市场竞争中可能面临的潜在法律风险，尤其应重点关注针对国有企业特别规定的潜在风险。另外，中国国有企业在建立并完善国际化合规治理体系过程中，应当提前对照 CPTPP 的要求建立并完善进出口业务、对外投资等领域的合规管理制度和合规应对机制。

结　语

中国企业走出去、国际化涉外合规治理体系的建立以及实践机制、策略的丰富和完善，是中国企业做强、做大，在全球市场进行产业布局和市场拓展的重要支持，也是一个永恒的系统性课题。

本书从企业的角度，将企业作为能动的实践主体，力所能及地从合规治理体系建设和境外合规应对策略设计两个方面，对中国企业国际化合规问题进行了初步探索。

在企业之外，无论从宏观理论的探讨、立法层面的研究，还是保障措施的完善，还有很多领域值得关注。

首先，在理论研究方面，我们应当加强对全球治理规则的研究，尤其应当提升国际法、国别法、比较法等在我国法学体系中的地位，加强理论界针对国际法、区域法、国别法、比较法以及涉外法律和涉外法治的研究，包括对国际组织、区域性组织以及国际法制史的研究，为涉外立法和企业涉外合规实践提供前瞻思考和理论引领。

其次，涉外立法的完善是规则体系的基础。其一，从传统领域的外国投资安全审查立法到数字安全、人工智能等新领域的立法，我国相关涉外立法需要针对立法空白领域进行填补和完善。其二，新颁布的涉外立法需要根据国际规则的发展和中国企业实践的需要进行细化。例如，我们需要密切关注《反外国制裁法》实施中遇到的问题，适时出台配套实施细则、行政规章和操作指引，促进中国企业豁免机制和追偿机制的实现，确保中国的反制措施法律的执行和实效。

其三，我们需要扩大中国法律的域外适用，加快推进我国法域外适用的法律体系建设，为我国涉外执法司法活动提供充分的法律依据。

再次，在保障措施方面，涉外法治人才建设已成为一个国家人才战略的重要组成部分。涉外法治人才队伍的建设是中国企业国际化的"瓶颈"，而企业自身涉外法律团队建设受制于整个人才市场涉外法治人才的供给。一方面，需要完善教育机构学科体系建设，如通过增加外语与法律双学位专业的设置和法律国际交流项目等措施来加大涉外法治人才的培养；另一方面，司法行政管理部门通过对社会律师、公司律师的国际化兼职、脱产培训等措施培育一批国际一流的仲裁机构、律师事务所和公司律师，也是对中国企业走出去、国际化提供专业高效的涉外法律服务和法治保障的重要措施。涉外法治人才建设是一个"百年树人"的工程，需要顶层设计，久久为功。

最后，在企业微观层面，关于中国企业境外上市、境外融资等方面的合规问题都是非常具有现实价值的课题，非常值得我们进一步去研究。

笔者非常希望，在中国企业国际化的进程中，在规则的研究、规则的制定、规则的严守、规则的运用等规则的运筹中，我们中国企业的公司律师能够进一步提升自身整合资源、解决问题的能力，进一步组织企业内外、行业内外、国内外的法律资源，形成合力、促进提升，从而为中国企业走出去建立国际化合规治理体系和工具，从而跨越陷进、重塑规则尽更多绵薄之力。

参考文献

一、著作及译著类

1. 黄进:《宏观国际法学论》,法律出版社 2022 年版。

2. 韩立余主编:《〈跨太平洋伙伴关系协定〉(全译本导读)》,北京大学出版社 2018 年版。

3. 屠新泉等:《世界贸易组织发展报告 2020—2021》,对外经济贸易大学出版社 2021 年版。

4. 叶军:《经营者集中附条件研究——欧美反垄断法律移植和中国本土化经验》,法律出版社 2022 年版。

5. 陈瑞华:《合规企业合规基本理论》,法律出版社 2022 年版。

6. 杜江波:《走向本质合规》,中国经济出版社 2022 年版。

7. [美]布兰登・L. 加勒特:《美国检察官办理涉企案件的启示》,刘俊杰、王亦泽等译,法律出版社 2021 年版。

8. 朱云汉:《全球化的裂解与再融合》,中信出版集团 2021 年版。

9. [英]IT Governance 隐私小组:《欧盟通用数据保护——GDPR 合规实践》,刘合翔译,清华大学出版社 2021 年版。

10. 刘军、屠新泉、杨凤鸣主编:《世界贸易组织概论》(第 5 版),首都经济贸易大学出版社 2021 年版。

11. [美]比尔・盖茨:《气候经济与人类未来》,陈召强译,中信出版集团 2021 年版。

12. 中金公司研究部、中金研究院:《碳中和经济学》,中信出版集团 2021 年版。

13. 叶海波主编:《反海外腐败合规实践指引》,法律出版社 2021 年版。

14. 单一:《规则与博弈——补贴与反补贴法律制度与实务》,北京大学出版社 2021 年版。

15. 白明:《被唤醒的条款:反倾销特殊市场情形规则理论与实务》,人民出版社 2021 年版。

16. 林惠玲:《美国反补贴实体法律及实施问题研究》,上海人民出版社 2019 年版。

17. [德]克劳斯·施瓦布、[法]蒂埃里·马勒雷:《后疫情时代:大重构》,中信出版集团 2020 年版。

18. [美]诺埃尔·毛雷尔:《帝国陷阱》,黄欣、石莉译,国际文化出版公司 2020 年版。

19. [法]弗雷德里克·皮耶鲁齐、[法]马修·阿伦:《美国陷阱》,法意译,中信出版集团 2019 年版。

20. 张新民等主编:《中国企业海外发展报告 2020》,社会科学文献出版社 2020 年版。

21. [美]威尔·杜兰特、[美]阿里尔·杜兰特:《历史的教训》,倪玉平、张闶译,中国方正出版社、四川人民出版社 2015 年版。

22. [印]考希克·巴苏:《信念共同体:法和经济学的新方法》,宣晓伟译,中信出版集团 2020 年版。

23.《毛泽东文集》(第 6 卷),人民出版社 1999 年版。

24.《毛泽东文集》(第 7 卷),人民出版社 1999 年版。

25.《毛泽东文集》(第 8 卷),人民出版社 1999 年版。

26. [阿]费洛迪:《合伙人:如何发掘高潜力人才》,高玉芳译,中信出版集团 2015 年版。

27. [美]格雷厄姆·艾利森:《注定一战:中美能避免修昔底德陷阱吗?》,陈定定、傅强译,上海人民出版社 2019 年版。

28. 王永贵、李卅立:《从 1 到 M:论企业走出去的国际化战略画布》,中信出版集团 2020 年版。

29. 周锡冰:《华为国际化:20 余年海外风雨历程》,中信出版集团 2020 年版。

30. 郑雅方:《美国外资并购安全审查制度研究》,中国政法大学出版社 2015 年版。

31. 吴巍:《企业营商风险与合规指引》,法律出版社 2020 年版。

32. 陈清萍:《中国对外反倾销政策效应评估》,经济管理出版社 2020 年版。

33. 乔小勇等:《我国反补贴政策产业救济效果评估体系与方法研究》,科学出版社 2016 年版。

34. 叶建川等编著:《知识产权国际保护》,知识产权出版社有限责任公司 2017 年版。

35. 杨帆:《知识产权的国际保护》,中国人民大学出版社 2020 年版。

36. 孙玉凤:《国际投资协定中的劳工权保护问题研究》,武汉大学出版社 2020 年版。

37. 李冰洁:《跨国公司进入模式——基于反倾销壁垒下的选择》,经济科学出版社 2014 年版。

38.《美国反倾销反补贴法规》,孙强等译,知识产权出版社有限责任公司 2019 年版。

39. 王铁崖主编:《国际法》,法律出版社 1995 年版。

40. 李小北等主编:《反倾销案例:中国在对外贸易中如何应对棘手问题》,经济管理出版社 2018 年版。

41. [比]弗雷德里克·莱卢:《重塑组织》,陈颖坚、薛阳译,东方出版社 2019 年版。

42. 戈勇、李响:《国际商法理论与实践》,中信出版社 2022 年版。

43. 孙才华:《美国经济制裁风险防范:实务指南与案例分析》,人民日报出版社 2020 年版。

44. [法]马克·拉叙斯、古文俊:《芯片陷阱》,法意译,中信出版集团 2021 年版。

二、期刊类

1. 乔小勇、李泽怡:《世界主要国家和地区对华实施反补贴调查的形势及应对举措》,载《国际商务研究》2017 年第 6 期。

2. 王雪、石巍:《数据立法域外管辖的全球化及中国的应对》,载《知识产权》2022 年第 4 期。

3. 梁开银:《美国 BIT 范本 2012 年修订之评析——以中美 BIT 谈判为视角》,载《法治研究》2014 年第 7 期。

4. 史梦凝:《美国双边投资条约中的劳工条款分析——兼论对中美双边投资条约谈判的影响》,吉林大学 2016 年硕士学位论文。

5. 陈一峰:《劳工、贸易与霸权——国际劳工组织基本劳工权利的缘起与争议》,载《北大法律评论》第 19 卷第 2 辑,北京大学出版社 2010 年版。

6. 蔡铭:《跨国公司劳工保护的国际法规制》,安徽大学 2014 年硕士学位论文。

7. 冯晓青:《国际知识产权制度变革与发展策略研究》,载《人民论坛》2019

年第23期。

8. 邵思蒙:《"后TRIPS时代"我国国际知识产权保护路径》,载《人民论坛·学术前沿》2021年第4期。

9. 马忠法:《国际知识产权法律制度的现状、演进与特征》,载《安徽师范大学学报(人文社会科学版)》2018年第3期。

10. 李浩琼:《国际知识产权制度的当今发展及其对我国的影响》,载《知识产权》2016年第12期。

11. 褚童:《巨型自由贸易协定框架下国际知识产权规则分析及中国应对方案》,载《国际经贸探索》2019年第9期。

12. 何艳:《投资条约中的国际知识产权执法制度研究》,载《江西社会科学》2018年第4期。

后　　记

有一个故事。

曾有人问笔者:“为什么要把自己的想法都写出来呢?”笔者指着面前的水杯说:“这只杯子只能装200毫升水,时间久了,水也就腐坏了。但不停地倒出旧水,杯子就能装入新水,杯子里将一直是鲜活的水。”

本书是笔者在担任中粮集团法律部副总监期间的业余时间里完成的,大致占用了2021年国庆长假至2022年国庆长假期间所有的法定节假日。领导和同事们惊诧于笔者在繁忙的工作之余,竟能静下心来找出时间写了这本书。

我的动因其实很简单。首先,实务性写作,是实践的重要组成部分,是化理论为行动的线路图和活方案,是为解决新问题和难问题找创新、找理念、找办法。中国企业走出去合规风险防控与应对正是我们需要解决的新难题。其次,实务性写作,是实实在在的知行合一,也是经验的扬弃与突破。它让我们每一天的决策变得更前瞻、更清晰、更果敢,也让我们每一天的实践变得更富有成效,并能形成行业提升性的生产力。中国企业合规治理国际化也是我们行稳致远、打造世界一流企业的基本功和新动能。

非常感谢国务院国资委政策法规局林庆苗局长及各位领导的高瞻指引与真诚帮助,各位领导的真知灼见给予笔者很多启迪与感悟。

非常感谢中粮集团吕军董事长及各位领导对法律与合规工作的高度重视与精心指领,中粮集团“市场化、国际化、防风险、高质量”的战略方针塑造了优秀的企业合规文化,也为中国企业国际化涉外合规探索提供了丰富的实践土壤和难得的学习机会。

非常感谢黄进会长、朱宏任会长、臧铁伟主任、高子程会长、刘超秘书长、张顺副主任、杜焕芳副院长、韩立余教授、陈瑞华教授、屠新泉教授和汤欣教授，各位专家对中国企业国际化的深刻洞察、对涉外法治与合规的大局思考、对企业合规实践的深入探索以及敬业与严谨、睿智与谦逊、宽厚与豁达的品格风范时刻鞭策着笔者虚怀高远、严修当下。感谢各位专家拨冗赐序、热情推荐给予笔者莫大鼓励。

非常感谢中国航空集团有限公司(中国国际航空股份公司)总法律顾问兼首席合规官张华先生、中国石油化工集团有限公司总法律顾问杜江波先生、中国五矿集团有限公司总法律顾问刘青春先生、中国交通建设集团有限公司总法律顾问兼首席合规官慈正开先生、中国电力建设集团有限公司总法律顾问兼首席合规官王书宝先生、中国铝业集团有限公司总法律顾问兼首席合规官胡振杰先生以及中国华电集团有限公司总法律顾问兼首席合规官董全学先生的鼓励与推荐。各位总法律顾问、首席合规官从事国资央企国际化法律合规工作多年，他们多维的国际化合规治理思维和丰富的国际化合规实践经验给予了笔者很多启发与帮助，让笔者受益匪浅。

非常感谢赛尔尼法务智库总裁、国家标准化管理委员会法律风险管理标准化工作组委员叶小忠先生。叶小忠先生牵头组织的《中国上市公司法律风险指数报告》给笔者提供了很多借鉴和启发。

非常感谢法治日报社辛红女士。辛红女士广阔的专业视野、资深的行业经验以及优秀的职业精神给予笔者难得的指导与帮助。

非常感谢中粮集团中国茶叶质量安全部王焘总经理助理在业余时间协助笔者绘制了“三线四维十二键”仪表图。

非常感谢中粮集团法律部钱妍女士、曾青女士、郭平女士、池源女士在日常工作中的支持，笔者一直记得每一个重大项目圆满结项时的心安与开颜。

非常感谢此书完成后试读的各位朋友，各位朋友精准入微的修改建议，饱含了对笔者的关爱和支持，且让本书变得更清简和明快，让它从一本法律专业书也成为一本商业管理书。

非常感谢北大法宝法律信息库，笔者查询了本书所涉所有的中国法律和外国法律。查询的过程也是思考的过程，每每在法律条文中迅速浏览、在精美逻辑中快速过滤，能够感受到近年来中国法律信息技术的突飞猛进给思维提供的强力支持与便捷。

非常感谢法律出版社法治与经济出版分社分社长助理陈妮副编审以及刘会泽、刘雪莲等编辑老师的专业与高效。此书从成稿到付梓，各位老师付出了艰辛努力，感谢你们缜密的逻辑思维和专业的编辑能力。

最后，感谢家人在笔者写作期间承担了所有家务。再次感谢所有鼓励笔者完成此书的领导、专家、师长、同事和朋友们，再次感谢你们的支持。

希望此书，对需要它的人有帮助。